Maria Leitner

Elisabeth,
ein Hitlermädchen

MARIA LEITNERs (1892–1942) erster Roman *Hotel Amerika* wurde 1933 von den Nationalsozialisten auf die Liste der zu verbrennenden Bücher gesetzt. 1934 ging sie ins Exil. Nach einer Internierung im Camp de Gurs lebte sie ab 1940 in Frankreich im Untergrund, wo sie 1942 starb.

PHILIPP HAIBACH, geb. 1972, lebt als freier Literaturkritiker in Berlin. Er schreibt u. a. für den *Freitag,* die *Berliner Morgenpost* und den *Tagesspiegel.*

Maria Leitner

Elisabeth, ein Hitlermädchen

Roman der deutschen Jugend

Mit einem Nachwort
von Philipp Haibach

Reclam

2025 Philipp Reclam jun. Verlag GmbH,
Siemensstraße 32, 71254 Ditzingen
info@reclam.de
Umschlaggestaltung: Favoritbuero, München
Umschlagabbildung: Shutterstock AI
Druck und buchbinderische Verarbeitung: GGP Media GmbH,
Karl-Marx-Straße 24, 07381 Pößneck
Printed in Germany 2025
RECLAM ist eine eingetragene Marke
der Philipp Reclam jun. GmbH & Co. KG, Stuttgart
ISBN 978-3-15-011532-9
reclam.de

1. Teil

Erstes Kapitel

Begegnung am 1. Mai

Sie glich einer Schwimmerin. Mit hastigen Armbewegungen zerteilte sie die Menge, die wie aufspritzend zur Seite wich und eine schmale Rinne frei ließ. Sie schlüpfte durch sie hindurch, während schon im nächsten Augenblick die Menschenwoge wieder über ihr zusammenschlug.

Diese Menge schien wie das Meer ganz ohne Grenzen. Zur Bewegungslosigkeit gebannt, hielt sie doch innerer Aufruhr in ständigem Auf und Ab.

Das Mädchen erreichte eine kleine Erhöhung. Von hier gewann sie einen ganz neuen Blick. Jetzt sah es aus, als wäre auf diesem Feld die ganze Stadt, das Wesentlichste der ganzen Stadt zusammengepresst.

Unzählige Tafeln schwebten über den Köpfen der Menge: »Belegschaft AEG«, »Ullstein«, »Brotfabrik Wittler«, »Aschinger«, »Siemens u. Schuckert«, »Kaufhaus Wertheim«, »Industriewerke Karlsruhe«, »Haus Vaterland«, »Tiefbau-Gesellschaft«. Wie auf dem primitiven Theater beschworen sie stärker als Bilder, die nur den schwachen Abklatsch der Wirklichkeit geben, die Stätten, die sie nur mit einem Wort andeuteten: Maschinenhallen, Kessel, aufglühenden Stahl, Kanonen und Flugzeuge, Wege und Bagger, knetende Eisenfinger der Brotmaschinen, Hochhäuser und Schächte.

In diesem unübersehbaren Tafelwald suchte das Mädchen ihren Platz. Könnte sie ihn doch endlich wiederfinden.

Die Gruppen waren kahl. Die Fahnen mit den Hakenkreuzen, die so weit waren, als wollten sie den Himmel bedecken, umflatterten das Feld, aber sie gehörten nicht zu den Gruppen.

In den Augen des Mädchens sammelte sich gespannte Aufmerksamkeit. Erst flossen die Gesichter gesichtslos ineinander.

Nur langsam begannen sich die einzelnen zu unterscheiden, so wie man sich an das Dunkel langsam gewöhnen muss, bevor man allmählich die Umgebung erkennt.

Wie verschieden waren die Gesichter, die sich plötzlich gegen den harten Hintergrund der Masse abzeichneten! Sie zerbrachen die scheinbare Einheit. Es tauchten entschlossene, triumphierende, verzweifelte, aufleuchtende, müde, hasserfüllte, aufrührerische, dumpfe, entschlossene, verängstigte, stolze, stumpfe, vergrämte, kampfbereite Antlitze auf.

Manchmal fühlte das Mädchen, wie Hass auf ihre Person übersprang. Sie wusste, er galt ihrem Kleid. Ihrem Ehrenkleid, auf das sie stolz war. Dem blauen Rock, der weißen Bluse, dem schwarzen Tuch, das von einem braunen geflochtenen Lederschlupf gehalten wurde, der braunen Kletterweste.

Einige Mal erreichte sie, zwischen zusammengepressten Zähnen abschätzend geflüstert, das Wort: »Hitlerika.«

Lass sie nur, dachte das Mädchen, lass sie nur. Das wird schon anders werden. Es ist schon jetzt viel besser. Früher waren sie schlimmer. Aber sie alle, auch die erbittertsten Feinde, werden merken, dass sie richtig, dass sie aus dem Elend geführt werden.

Doch es tat jetzt weh, in diesem Menschenlabyrinth allein herumzuirren. Langsam begann sie aus den dichtesten Massen herauszufinden. Die Menge wurde dünner. Man konnte jetzt an manchen Stellen das Feld sehen mit schütterem, krankem Gras. Rostig hatten sich gelbliche Flecke in das armselige Grün eingefressen. Gruppen lagen verstreut auf der mageren Wiese.

Die Stimmen der Verkäufer, die laut ihre Ware anpriesen, konnten sich jetzt ungehindert Gehör verschaffen.

»Warme Würstchen gefällig?« – »Saure Drops, die beste Erfrischung!« – »Die Riesensalzstangen, kauft die Riesensalzstangen!« – »Limonade, wer kauft Limonade?«

Es war wie auf einem Jahrmarkt.

»Hier ist's richtig«, sagte ein älterer Mann, der mit einer größeren Gesellschaft auf der Wiese lagerte. »Keine Lautsprecheranlagen, diesen Winkel haben sie vergessen. Man braucht nicht zuzuhören und wird doch vom Feuerwerk etwas sehen können.«

Das Mädchen hasste ihn. Warum musste sie gerade hierher geraten, fern von den Kameraden? Vielleicht sprach schon der Führer, und sie war gezwungen, diese Leute zu hören, die ungläubig waren, die immer nur das Schlechte sehen wollten.

Ihre Augen suchten so verzweifelt, so dringlich, dass sie einen SA-Mann, einen jungen Menschen, der schlendernd vorbeikam, zum Stehen brachten.

Der Junge streckte ihr den Arm entgegen und sagte: »Heil Hitler!«

Auch sie hob den Arm und rief mit heller, wie befreiter Stimme: »Heil Hitler!«

Der Junge hatte den Arm wieder heruntergelassen und fragte sie: »Suchen Sie etwas, Fräulein?«

Sie antwortete ihm erst nicht; ihr Blick verlor sich an ihm. Jetzt suchte sie nicht mehr, oder doch, sie suchte nur noch dieses Gesicht, diese Gestalt, diese Augen.

So möchte ich aussehen, wenn ich Junge wäre, dachte das Mädchen. Genau so, ein scharfes, vorspringendes Kinn möchte ich haben, eine so gerade Nase, solche blauen Augen und zwei solche goldenen Pfeile im tief braunen Gesicht, das brauner ist als seine braune Uniform.

Dann sagte sie ihm: »Ob ich etwas suche? O ja, ich suche das Warenhaus Alderman.«

Beide lachten.

Das Mädchen sprach weiter: »So was Dummes, ich habe meine Kolonne verloren und kann sie nicht wiederfinden. Schon seit einer Stunde irre ich hier herum in der Menge. – Ist das nicht großartig, so viele Menschen? Aber ich hätte zu gern unter meinen Kolleginnen gestanden, ich hätte ihre Gesichter während der Rede des Führers beobachtet; und Sie? Haben Sie auch Ihren Betrieb verloren?«

»Ich muss, offen gestanden, sagen, ich bin einfach ausgerückt.

Wenn Sie diese Büromenschen aus dem Bankhaus Wallenberg sehen würden, dort arbeite ich nämlich – unser Prokurist hat einen Regenschirm mit; stellen Sie sich das vor, mit einem Regenschirm vor dem Bauch marschiert er seit acht Stunden.«

»Sie müssten die Parfümerie-Abteilungsleiterin von unserem Warenhaus sehen, mit sooo hohen Absätzen, da kann sie natürlich nicht genug jammern: Sind wir eigentlich Soldaten, und so ähnlich. Von unseren Lehrlingen und Verkäuferinnen sind ja einige ohnmächtig geworden, das ist Unterernährung. Aber das wird anders werden. Und Ihre Kollegen, wie sind die sonst?«

»Ach, ich mag gar nicht ihre Redensarten hören; wissen Sie, wie diese älteren Leute sprechen?«

»Ich kann es mir vorstellen.«

»Das kennen wir, sagen sie. Alles kennen sie, alles haben sie schon erlebt. Diese Begeisterung, kennen sie, die Fahnen, kennen sie, den Krieg, kennen sie. Man kann es ihnen nicht klarmachen, dass sie diese Begeisterung, diese Fahne nicht kennen, dass unser Krieg nicht sein würde, wie der ihre war.«

»Aber wir werden ja gar keinen Krieg haben.«

»Ich meine, wenn wir zu einem gezwungen werden sollten. Sehen Sie, mit Ihnen verstehe ich mich. Sie sind nicht wie diese ewig Unzufriedenen.«

»Denken Sie, bei uns gibt es auch solche. Gestern, als ich eine Schuhschachtel öffnete – ich arbeite nämlich in der Schuhabteilung –, fand ich ein Flugblatt darin.«

»Haben Sie es gleich angezeigt?«

»Nein, das konnte ich nicht tun, ich hatte Angst, es hätte ein Mädel aus unserer Abteilung sein können: Tilly, Gilda oder Anna. Wenn ich höre, dass einem Kommunisten, den ich nicht kenne, dies oder jenes geschehen ist, da freue ich mich. Wieder so ein Hetzer unschädlich gemacht worden. Aber wenn ich jemanden kenne, dann ist das doch anders, finden Sie nicht?«

»Ich weiß nicht, ob Sie da recht haben. Was stand denn in dem Flugblatt?«

»So genau habe ich es nicht gelesen, es war ein Aufruf zum Roten Mai.«

»Es gibt keinen Roten Mai mehr, es gibt nur einen deutschen Mai, in dem alle einig sind.«

»Ja, schade nur, dass so viele Menschen nicht verstehen wollen, dass wir jetzt einig sind. Aber wir stehen hier und haben gar nicht die Rede des Führers gehört.«

»Das Feuerwerk dürfen wir nicht auch noch versäumen. Wir wollen einmal das Gelände vom strategischen Standpunkt betrachten, wie unser Sturmbannführer immer sagt. Wir müssen den richtigen Punkt finden, von dem man am besten alles übersehen kann. Geben Sie mir die Hand, sonst könnten wir uns wieder verlieren. Ich wäre dann so allein.«

»Allein unter so vielen Menschen?«

»Wenn wir uns wieder verlieren würden, wäre ich sehr einsam. Und Sie?«

»Also, hier ist meine Hand.«

»Gehen wir hier auf diese Terrasse.«

»Schauen Sie, wie schön, wie bunte Sterne für den Weihnachtsbaum.«

»Aber jetzt kommt noch etwas Schöneres, der Niagarafall.«

»Ach, das ist herrlich, dieser unendliche Lichterfall, der den ganzen Himmel überrieselt.«

»Möchten Sie mit mir zu dem Niagarafall?«

»Sie dürfen jetzt nicht sprechen, sonst kann ich nichts sehen.«

»Aber jetzt kommt was ganz Tolles: Trommelfeuer an der Westfront.«

»Aber nein, das ist ja schrecklich, mein Trommelfell! Das hört ja gar nicht auf. Ist es nicht wie Kanonendonner?«

»Lehnen Sie sich doch an mich, dann werden Sie keine Angst haben. Eine Frau ist eben dem Trommelfeuer nicht gewachsen, auch wenn sie ein Hitlermädel ist. Aber einem Mann macht so was Spaß. Was meinen Sie, wenn es wirklich losgehen würde;

das hier ist ja ein Kinderspiel. Aber es ist gut, wenn sich die Leute langsam daran gewöhnen.

Hätten Sie Angst um mich, wenn es Ernst würde? Wenn das Feuer kein Feuerwerk mehr wäre?«

»Das dürfen Sie gar nicht sagen.«

»Wir müssen weitergehen, es ist zu Ende.«

Die Massen überfluteten, wie Wasser, das über die Ufer tritt, das Feld. Sie versickerten in tausend Adern, die alle den Lichtern der Stadt zuströmten. Der ganze Raum war von Tönen erfüllt, aber es war wie das sinnlose Rauschen und Raunen des Wassers.

Nur hier und da wurden einzelne Sätze deutlich:

»Nein, so was von Menschenmengen!« – »Das Feuerwerk war wirklich großartig.« – »Viel Gerede, wenig Sinn.« – »Großer Rummel.«

Das Mädchen und der Junge hielten sich wieder an den Händen.

»Haben Sie das gehört?«, sagte der Junge, und seine Stimme klirrte vor Empörung. »Überall lauern noch Feinde, man muss wach sein.«

»Ja, das muss man, das glaube ich auch.«

»Wie gut, dass Sie ein Hitlermädel sind, ich glaube, ich hätte Sie sonst gar nicht angesprochen.«

»Und ich hätte Ihnen vielleicht gar nicht geantwortet, wenn Sie nicht ein SA-Mann wären.«

»Wir müssen uns wieder treffen, ja? Am Sonntagnachmittag im Tiergarten bei den Hirschen, sagen Sie: ja.«

»Ja.«

»Aber ich habe mich noch gar nicht vorgestellt. Gestatten Sie, mein Name ist Erwin Dobbien.«

»Sind Sie aber förmlich! Ich heiße Elisabeth Weber.«

»Elisabeth.«

»Erwin.«

Zweites Kapitel
Warenhaus Alderman, Schuhabteilung

In der Kantine schwebte der ranzige Hauch von abgestandenem Fett und zerkochtem Kohl. Auch nach sorgfältigster Lüftung blieben Geruchsfetzen in dem Raum hängen, die sich schnell mit den Dämpfen der neuen, sich immer gleichenden, freudlosen Mahlzeiten vermischten.

Der Tisch der Schuhabteilung stand in der linken Ecke des weiten Saales gegenüber einem der wandlangen Fenster, in die sich wie in Rahmen die Bilder von Häuserriesen, das Grün verkrüppelter Bäume, dunkle Menschenknäuel einhängten.

Ohne Unterlass strömte die Menge durch die einladenden, von goldbetressten Portiers behüteten Türen.

Das Verpönte gab diesem Palast aus seltenen Hölzern und teuren Steinen nur neue Anziehungskraft. Kein Verbot konnte den Wunsch, in Seide, Spitzen, Stoffen zu wühlen, ersticken, den Wunsch, Neues, Vielfältiges zu sehen.

Die Rosenholzintarsien, die perlmutterfarben schimmernden Porphyrsäulen, das Licht, das hell, doch ohne Grellheit aus blitzenden Röhren strahlte, gab dem billigsten Schund begehrenswerten Schimmer.

Mit glänzenden Augen rechneten die Frauen ersparte Groschen zusammen, um den verführerischen Kram erstehen zu können.

Aber auch, wenn man nicht kaufte, weil das Portemonnaie sich schwindsüchtig in der Tasche barg, oder auch, weil höhere Weltanschauung es verbot, konnte man dem Reiz des Suchens und Wählens nicht entgehen. Hier war im grauen, nüchternen Häusermeer der märchenhafte Basar aus Tausendundeiner Nacht.

Man mochte weniger kaufen, aber umso eifriger beschäftigte man die dienstbaren Geister des Hauses.

Sie stärkten sich jetzt in Etappen zu neuem Dienst.

Die Schuhabteilung wirkte im Saal wie ein großer lila Fleck. Die Mädchen trugen veilchenfarbene Kleiderschürzen. »Sie wirken dekorativ und schmutzen nicht leicht«, hatte der Zeichner, der ihre Tracht entworfen hatte, dem Dekorationschef erklärt. Aus der Ferne glichen sich die Verkäuferinnen, als wären sie standardisierte Blumen, die ein ehrgeiziger Gärtner nach neuesten Methoden züchtete.

Elisabeth war nicht mehr braun, auch sie war veilchenfarben. Jetzt war sie kein Hitlermädchen, jetzt stand sie im Dienste des Hauses Alderman, und das zwischen Martha, Tilly, Emilie und Anna. Sie saß genauso erschöpft da wie alle. Sie tauchten ihre Löffel mit dem gleichen Ausdruck der Müdigkeit in die trübe Brühe, die schon durch ihre graue Schleimigkeit jede Hoffnung auf Freuden des Gaumens erstickte.

Nur ein Mädchen kam erst jetzt mit ihrem Suppenteller, den sie auf der Handfläche balancierte.

Sie mimte eine Frau mit neuen engen Schuhen, die aber ungeheuer stolz auf diese Schuhe ist, das eitle Gesicht schmerzgeplagt, und doch vor Stolz strahlend.

»Gilda, setz dich endlich!«

Gilda tänzelte mit dem Teller zum Tisch, die braunen Locken tänzelten, die langen Wimpern tänzelten.

»Ich verstehe nicht, dass diese Gilda nicht müde ist.« Martha hielt den Suppenlöffel in der Hand, als wäre seine Last zu viel für sie. »Die Pause sollte man wenigstens ausnützen, um sich auszuruhen.«

»Ich kann doch nichts dafür, ich muss doch immerfort an meine letzte Kundin denken.« Gilda lachte und machte große Augen. Die Mädchen sagten, dass sie Gildas wegen lila Schürzen tragen müssten, damit Gildas Augen noch veilchenfarbener wirkten. Der Zeichner hatte sich in sie verguckt.

»Iss doch erst mal.«

»Eidechsenschuhe hat sie gekauft, ihre Hühneraugen tun mir ja so leid; ich habe ihr von den Eidechsen erzählt, was die für eine unverwüstliche Haut haben, weil sie ein so gefährliches Leben in den Urwäldern führen. Eidechsenschuhe zerreißen nie. – Sind das auch echte Eidechsen? hat sie mich gefragt; darauf habe ich ihr gesagt: Aber, gnädige Frau, unser Chef, Mister Elderman, war selbst mit einer Expedition in den südamerikanischen Urwäldern auf der Eidechsenjagd. Und ich habe dazu nicht gelacht! Sie hat's mir geglaubt. Deshalb musste sie die Schuhe kaufen, auch wenn sie ihr zu eng waren.«

»Du wirst noch wegen deiner Albernheiten herausfliegen; denk daran, dass ich dir das prophezeit habe«, sagte Emilie, die Gilda nicht anders als missbilligend anblicken konnte.

»Mister Elderman auf der Eidechsenjagd, das ist gut; ich möchte nur wissen, woher er wirklich kommt.«

»Aus Amerika jedenfalls.«

»Er ist Amerikaner, ein Mister, da kannst du nichts gegen machen; jetzt gehören die meisten Aktien einem Amerikaner.«

»Nichts gehört ihm, man tut nur so, man muss nur sehen, wie er vor Herrn Direktor Lanz katzbuckelt.«

Tilly spürte gegen diesen neuaufgetauchten Chef Abneigung, weil er einmal missbilligend sich über ihre Art, Schuhe zu präsentieren, geäußert hatte.

Dieser Mister Elderman, der im Hause Alderman plötzlich aufgetaucht war, hatte vor vielen Jahren als ein simpler, sich vor Gläubigern flüchtender Herr mit einer kleinen Abfindung seines reichen Onkels Europa verlassen; er wurde kein Millionär wie in den Märchen, das Schicksal war ihm nicht hold. Er fristete sein Leben aus jämmerlichen Provisionen, die ihm aus kleinen, bunt zusammengewürfelten Geschäften zuflossen. Er hatte sich schon damit abgefunden, dass er als verbrauchter Mann, zermürbt von kleinlichen Sorgen, im Exil sterben würde, als ihn ein Notar im eingeschriebenen Brief zu sich bat. Er hatte zwar keine Erbschaft gemacht, wie er in der ersten freudigen Überraschung erhofft hatte; der Notar wollte von ihm wissen, ob er amerikanischer Staatsangehöriger geworden sei, und prüfte aufmerksam seine Papiere. Als kein Zweifel mehr bestand, dass er Bürger des mächtigsten Staates sei, eröffnete ihm der Notar, dass seiner eine bedeutende und ausgezeichnet bezahlte Stellung im Hause Alderman harrte. Er würde sogar, allerdings mit allen nötigen Rückversicherungen, pro forma Mitbesitzer des Hauses. Mister Elderman konnte sich erst kaum über diese neue Wendung in seinem Schicksal fassen, aber er nahm natürlich die Berufung an. Warum auch nicht? Wenn man ihn in Deutschland brauchte! Er würde seine Verwandten nicht im Stich lassen.

So erhielt das Haus Alderman eine amerikanische Note, und Verordnungen des dahinstürmenden Nationalsozialismus wurden von ihr besänftigt und entgiftet.

»Natürlich ist das Ganze nur eine Schiebung«, sagte Elisabeth. »Die Juden verstehen es zu gut, sich zu drehen und zu wenden.«

»Warum nur die Juden?«, fragte Anna und sah dabei Elisabeth so prüfend an, dass diese sich verärgert wieder mit ihrer Suppe zu beschäftigen begann. »Hat sich bei den Großkonzernen irgendwas geändert?«

»Hast du Sorgen, Anna! Großkonzerne! Das interessiert mich nicht. Mich interessiert nur, wie schlecht heute wieder die Suppe ist, das ist auch 'ne Schiebung.« Tilly sah unzufrieden um sich.

Auf die Anna muss man aufpassen, ich hätte das Flugblatt doch anzeigen sollen. Elisabeths Gesicht wurde ganz düster.

»Ich verstehe gar nicht, wie ihr euch erlauben könnt, von Schiebung zu sprechen«, sagte Emilie, die, obgleich sie in letzter Zeit glühende Nationalsozialistin geworden war, nie vergaß, dass sie das Brot des Hauses Alderman aß. »Man hat doch keinen Amerikaner nötig; Herr Direktor Lanz ist doch der eigentliche Inhaber, und er ist Arier.«

»Er ist Schwiegersohn und nicht Inhaber.«

»Er hätte 's nicht mal nötig, Arier zu sein, er ist doch Österreicher.«

»Ich kann gar nicht verstehen, wie ihr so viel reden könnt«, sagte Martha. Sie ist eine geschiedene Frau, die noch für zwei Kinder zu sorgen hat. Ihr Mann hat sich einfach aus dem Staube gemacht und ist jetzt irgendwo im Ausland. »Ich habe das Gefühl, ich schaffe es nimmer; mein Rücken – als hätte man ihn in Stücke geschlagen.«

»Das ist auch kein Wunder, wir müssen jetzt viel mehr schaffen. Rechne es dir aus: Aus unserer Abteilung sind zwei Mädchen entlassen: die Hirsch, weil sie Jüdin ist, die Mertens wegen marxistischer Umtriebe.«

Anna sprach ruhig, aber Elisabeth betrachtete sie voller Misstrauen: Warte nur, du, ob du nicht auch wegen marxistischer Umtriebe entlassen wirst. Wühlmaus! Immer mit diesen hinterhältigen, aufreizenden Bemerkungen. Sie versucht, die Mädchen aufzuhetzen. Das ist unrecht. Man soll nicht das Aufbauwerk stören. Ich kenne diese Stillen, an die man nicht so leicht heran kann. Aber ich werde aufpassen!

Anna sieht gar nicht wie eine Maus aus. Sie hat große braune Augen und ein so klares Gesicht. Sie ist die beste Verkäuferin in der Abteilung, ruhig und sicher; die Kunden lassen sich gern von ihr beraten, und sie schwätzt ihnen nie etwas aus Spaß auf wie Gilda.

»Ach, ich habe es euch noch gar nicht erzählt«, rief Tilly, »ich habe vor einigen Tagen die Hirsch, das arme Luder, getroffen. Wie die aussieht! Jeden Knochen an ihr kannst du zählen. Fünfzehn Jahre war sie hier angestellt; geschuftet hat sie wie keine, und jetzt kann sie glatt verhungern.«

Die Tilly soll schweigen, dachte Elisabeth. Jetzt bedauern sie natürlich alle die Hirsch, sie kann doch nichts dafür, dass sie Jüdin ist, denken sie, auch wenn sie es nicht sagen. Aber warum sollen die Fremden Brot haben und die Deutschen hungern. Wie viel Millionen Arbeitslose haben kaum zu essen. Sie überlegte das alles schnell, um das Gefühl zu betäuben: die arme Hirsch!

»Weißt du, das ist gar nicht so klug von dir, eine Jüdin zu bedauern«, sagte Emilie und sah kampfbereit auf Tilly.

Elisabeth, die eigentlich auch aussprechen wollte, was Emilie sagte, empfand doch Unwillen, vielleicht nur, weil Emilie erst seit so kurzer Zeit in der Bewegung war.

Gilda schnupperte in der Luft herum und machte dann ein ganz begeistertes Gesicht.

»Ich weiß nicht, hier riecht's so stark nach Märzveilchen, spürt ihr's auch?«

Das allgemeine Lachen erboste nur Emilie:

»Ach, Gilda«, sagte sie geringschätzig, »weißt du, deine Mutter hat den richtigen Namen für dich ausgesucht, so ausländisch und komödiantisch.«

Gilda schluckte, das war gemein von der Emilie, ihr ihren Namen vorzuwerfen. Kann sie etwa dafür, dass ihre Mutter eine Opernschwärmerin ist? Eine Opernsängerin, die ihre Stimme verloren hatte und die jetzt armen Mädchen, die genauso hoffnungslos für Opern schwärmten wie sie, Stunden gab?

Die Mädchen hatten ihre Teller gewechselt und stocherten jetzt unlustig im Gemüse und dem hauchdünnen Fleisch herum.

»Ach, Kinder«, sagte Tilly und schob ihren Teller plötzlich weit von sich, »ich hatte heute einen Kunden, der hatte Schweißfüße, ihr könnt euch das nicht vorstellen.«

»Du Schweinigel. Dich hat sicher die Direktion gemietet, uns noch das bisschen Appetit zu verderben, das wir noch haben«, rief Martha.

»Natürlich, wir sollen nicht merken, dass die Portionen immer kleiner werden.«

»Kein Wunder, wird ja alles ständig teurer.« Das sagte Anna.

Jetzt konnte Elisabeth nicht länger an sich halten. Sie wusste, Anna machte nur ihre Bemerkungen, um Unzufriedenheit zu säen. Es war ihre Mundpropaganda. Sie wollte nur das Schlechte sehen, nie das Gute.

»Wie kannst du immer nur so kleinlich sein.« Sie blickte erst Anna an, als sich aber ihre Augen begegneten, wandte sie sich ab und sah geradeaus vor sich hin. »Du willst nicht das Große sehen, jeder Kampf bringt Schwierigkeiten mit sich, jeder Kampf verlangt Opfer. Wenn man eine neue Welt aufbauen will, muss man von jedem Opfer verlangen.«

»Opfer von wem?«, fragte Anna. »Wer bringt die Opfer, Elisabeth? Wer soll die Opfer bringen?«

Natürlich, jetzt denkt sie an die Margarine und an das Fett; die Reichen kaufen keine Margarine, die Reichen verdienen mehr und die Armen weniger, will sie mir sagen. Sie will es nicht sehen, dass sich dahinter noch etwas Großes abspielt. Es ist nur so schwer, das in Worte zu fassen, es zu erklären. Ich könnte ja ein leichtes Spiel mit der Anna haben, aber ich will sie überzeugen, nicht anzeigen.

»Man kann doch die Opfer nicht auf die Waagschale legen, wir wollen eine neue Welt. –«

»Kuckuck, ich kann auf die neue Welt blicken.«

Tilly hatte das Fleisch auf die Gabel gespießt und hielt die dünne Scheibe, als wäre es durchsichtiges Papier, vor ihre Augen.

»Lass doch die dummen Späße, jede Revolution hat Schwierigkeiten mit sich gebracht.«

»Ach was, Revolution, das ist doch gar keine Revolution.«

Emilie wollte dazwischenfahren, aber Gilda ließ sich nicht aufhalten. »Es hat sich doch nichts geändert, es ist alles beim Alten geblieben. Wisst ihr, wie eine wirkliche Revolution aussehen würde? Da käme eine Kommission und suchte nach Talenten. Mich würden sie freilich gleich entdecken. Wie, Fräulein Gilda, Sie mit Ihrer Begabung für Tanz und Schauspielerei Schuhverkäuferin? Das ist ja Wahnsinn. Vergeudung der edelsten Menschenkräfte. Sie müssen lernen, sich bilden. Sie müssen eine große Künstlerin werden. – Aber ich habe kein Geld, würde ich sagen. – Kein Geld, was für eine Kleinigkeit, machen Sie sich keine Sorgen! Gibt es denn nicht genug Geld in der Welt? Wie viel Geld brauchen Sie, um sich ausbilden zu lassen? Wie, nicht mehr? Hier haben Sie es, bitte sehr! – Aber meine Mutter braucht auch Geld, um zu leben. – Natürlich, ja, wie viel? Erledigt, bitte sehr! – Aber, ach, mein Großvater braucht auch Geld! – Aber ja, natürlich, bitte sehr! – Das wäre eine Revolution.«

Alle lachen.

»Das könnte dir so passen«, sagte Emilie.

Elisabeth konnte die Augen nicht von Gilda wenden, während sie sprach. Was konnte sich dieses Mädchen alles ausdenken? Wie, wenn eine Kommission zu ihr käme? Was würde sie sich wünschen? Das Glück! – Das Glück? Das ist viel; was für ein Glück? – Nur das einfachste. – Liebe? – Ja, Liebe! – Wen lieben Sie? Wissen Sie es schon? – Ja, sie wusste es schon! – Was möchten Sie, ein Häuschen, ein Gärtchen? – Es genügte mir ein Fleckchen Erde, von dem ich sagen könnte: Hier bin ich zu Hause. – Sie verlangen nicht viel, ja bitte sehr. Sie möchten Kinder? – Ja, Kinder. – Bitte sehr.

Tilly schreit: »Ich würde der Kommission sagen ... jetzt weiß ich gar nicht, was ich sagen würde, man hat so viel zu wünschen –«

Emilie schüttelt missbilligend den Kopf. »Gilda, du bist doch das verrückteste Luder hier im ganzen Hause. Ach was, das ist ein Kompliment für dich. Es gibt keine Verrücktere in der ganzen Stadt.«

»Warum müsst ihr euch immer zanken?«, fragte Martha.

»Du hast recht, man sollte gar nicht hinhören auf diesen Quatsch«, sagte Emilie. »Gestern war ich im Kino, da habe ich ein wunderbares Stück gesehen. ›Blut und Erde!‹ Was führen die Bauern für ein schönes Leben! In einem Bildstreifen konnte man sehen, wie Adolf zu den Bauern spricht und wie er umjubelt wird. Und wie das fremde Blut den Bauern schadet. – Herrlich war es, sage ich euch!«

»Im Kino finde ich ja das Landleben sehr langweilig«, erklärte Tilly.

»Du verstehst eben nichts Höheres.«

»Gestern war ich mit meinem Freund auch im Kino. Mein Freund hat ein kleines Lichtspieltheater entdeckt, wo sie ganz alte Filme spielen. Da kann man wenigstens lachen. Einen Chaplin habe ich gesehen.«

»Gib mir die Adresse.«

»Ach, du möchtest dir auch so was ansehen!«

»Beruhige dich, ich würde nie etwas sehen wollen, was eigentlich gar nicht erlaubt ist.«

»Ach Gott, wir wissen schon längst, wie tugendhaft du bist, aber da gebe ich dir auch gar nicht die Adresse.«

»Brauche ich nicht, das wird ja sowieso verboten werden.«

»Übrigens haben sie noch einen ollen Film gespielt, wo der Albers als Nationalsozialist auftrat.«

»Das ist doch unmöglich. Früher hat der doch mit einer Jüdin gelebt. Da konnte er doch gar keine Nazis spielen!«

Tilly begann zu trällern: »Das ist die Liebe der Matrooosen!«

»Na, hör mal, so uralte Klamotten singst du – und noch dazu ganz falsch.«

»Das ist doch aus dem Film ›Bomben auf Monte Carlo‹.«

»Na, das ist doch noch lange vor Adolf gewesen, und den Film haben Juden gemacht, der wird doch auch verboten werden.«

»Aber der Albers ist doch darin wie ein Nationalsozialist. – Elegant, sag ich dir, ganz in Weiß und mit Gold. Du, er sieht wirklich dem ›Hermann‹ ähnlich. Ach, ist er schick. Er verliert sein Geld im Kasino, aber das Geld gehört ihm gar nicht. Er verlangt es von der Spielbank zurück, aber die tun, als hätten sie gar nichts gehört. Da bombardiert er Monte Carlo. Tolle Sache, was? Er hat nämlich ein Kriegsschiff; natürlich kriegen die von der Spielbank Angst und rücken das Geld raus. – Warum soll das verboten werden?«

»Der Film ist doch von Juden gemacht, das Lied darfst du gar nicht singen: Das ist die Liebe der Matrosen. Das hat ein Jude komponiert. Mein Freund ist ss-Mann, der weiß das alles.«

»Ach, ist dein Freund ss-Mann?«, rief Gilda. »Schwarz muss dir sehr gut zu Gesicht stehen. Erinnert ihr euch noch, als Emiliens Freund Reichsbannermann war? Ein hoher Reichsbanner-Funktionär.«

Die Schuhabteilung lachte so schallend, dass sich die andern Tische nach den Veilchenfarbenen umsahen, denn es war viel stiller geworden im Saal.

Frau March durchschritt den Raum. Sie ist die Leiterin der

Personalabteilung. Die Mädchen erzittern, wenn sie sie mit den Blicken nur streift; sie möchten sich am liebsten unsichtbar machen. Sie könnte vielleicht auf den Einfall kommen, man sei überflüssig. Frau March hat eine besondere Organisationsbegabung. Ihre Chefs erkennen sie dankbar an.

Sie hat die Fähigkeit, zu berechnen, wie eine Arbeit, die früher von zweien gemacht wurde, jetzt eine schaffen könnte. Sie hätte ihre Begabung wahrscheinlich mit demselben Eifer zur Geltung gebracht, wenn sie der Allgemeinheit Nutzen gebracht hätte. So aber erfreute sie nur die Chefs des Hauses Alderman. Wenn sie im Chefzimmer verschwand, zitterten die Mädchen: Jetzt macht sie Abbau-Vorschläge. Wer war überflüssig?

Frau March trug ein schwarzes Seidenkleid, das leise rauschte. Ihren Busen zierte als einziger Schmuck das Doppelkreuz der nationalsozialistischen Frauenschaft. Sie übertrieb aber nie die Gesinnung, die sie leicht, ohne besondere Grübeleien, wechselte.

Sie stand jetzt vor dem Tisch der Schuhabteilung und grüßte mit »Heil Hitler«, aber nicht laut und aufdringlich, sondern nur so, wie man guten Tag sagt. Die Hand reckte sie nicht hart in die Luft, sondern hob sie nur, als verscheuchte sie eine Fliege.

Der Veilchentisch merkte erst auf, als sie dicht davorstand und das »Heil Hitler« sich mit dem Mädchenlachen vermischte.

Die Mädchen begannen erschrocken, sich mit ihren Tellern zu beschäftigen. Einige murmelten leise, nur Emilie stand mit erhobenem Arm auf und schmetterte laut den Gruß.

»So ist's richtig«, sagte Frau March huldvoll. »Zu der Jugend gehört Fröhlichkeit. – Worüber habt ihr euch unterhalten?«

Emilie stand noch immer, ihr halboffener Mund rundete sich, als versuchte er, Worte zu formen, die das Gehirn noch nicht klar vorgezeichnet hatte.

Aber Frau March wandte sich an Elisabeth:

»Nun erzähl, worüber habt ihr gesprochen?«

Elisabeth erhob sich halb von ihrem Sessel, ihre braunen Augen richteten sich in ihrer klaren Offenheit, die ihr die Zuneigung ihrer Vorgesetzten gewann, auf Frau March.

»Über Hans Albers«, sagte sie und lächelte etwas verschämt.

Die Tafelrunde atmete befreit auf.

»Na, ihr seid doch immer die gleichen Dummchen. Wir leben in einer großen Zeit, und ihr merkt nichts davon.«

Frau March ging nachsichtig lächelnd weiter.

Das Rauschen ihres Kleides brachte langsam überall das Lachen und Durcheinander im Saal zum Verstummen.

Erst als sie schon längst fort war, rief Gilda:

»Emilie hätte anders geantwortet.«

»Ach was, Elisabeth gehört doch zu Frau March, die sich mit dem Direktor Lanz zusammen nur darüber den Kopf zerbricht, wen sie von uns fortschicken soll. Ich will überhaupt nichts mehr reden, ich habe ja auch nie was gesagt. Ich habe bemerkt, wie prüfend mich immer die March ansieht, wenn ich müde bin. Sie lauert nur darauf, dass man irgendein Wort sagt, das einem schaden könnte. Man weiß auch nicht, was die Elisabeth spricht, wenn wir nicht dabei sind.«

»Martha, ich glaube wirklich, du bist zu müde, als dass du noch wüsstest, was du daherredest. Das ist eine ganz große Gemeinheit, aber ich kümmere mich nicht mehr darum, was ihr zusammenmeckert. Ich sage euch etwas: Übermorgen ist Sonntag.«

Plötzlich lief über die weiten Flächen der Wangen, der schmalen Gracht zwischen den Augen ein leuchtendes Lächeln.

Noch einmal sagte sie vor sich hin: »Übermorgen ist Sonntag.«

Tilly starrte sie aufmerksam an: »Elisabeth, du bist ja verliebt – hört mal, Elisabeth Weber, das deutsche Heldenmädchen, ist verliebt. Ich sage euch das, ich, Tilly.«

Plötzlich treibt ein langanhaltendes Klingelzeichen die Mädchenschar wie ein Wirbelwind durcheinander. Eine neue Schicht kommt, die alte geht.

»Sechs Stunden noch bis zum Ende«, flüsterte Martha.

»Ach ja, aber übermorgen ist Sonntag.«

»Sechs Stunden noch, wann werden sie ein Ende nehmen?«

»Ach, Sonntag, bald ist wieder Sonntag!«

Drittes Kapitel

Marschmusik unter blühenden Kastanien

Der Sonntag kam, ein Sonntag, genau wie ihn sich Elisabeth und Erwin ersehnt und erwünscht haben.

Hoffentlich wird es nicht regnen, dachte Erwin, während er Konten nachschlug, Unterschriften verglich und Zahlenreihen zusammenrechnete. Hoffentlich wird es nicht regnen. Nicht als ob ihn selbst etwas störte, wenn es goss, das Unwetter möchte er sehen, das ihn hindern könnte, eine Verabredung einzuhalten. Aber die Mädchen, und selbst die bei Hitler, sind so zimperlich und haben Angst um ihre Kleider und Hüte. Und wenn es regnet, denken sie gar nicht mehr an den Treff im Tiergarten und gehen einfach ins Kino mit dem ersten Besten, der in der Nähe ist.

Der Prokurist Melchior brüllte ihn an: »Was ist endlich mit dem Konto Hauswirt und Haas? Ich möchte nur wissen, Herr Dobbien, wo Sie eigentlich immer Ihren Kopf haben.«

Wenn das endlich ein Ende nehmen würde, die Konten und die Zahlenreihen und der Herr Melchior mit seinem Gebrüll! –

Wenn es nur nicht regnet am Sonntag. Elisabeth kniete vor einer Dame, der sie die Schuhe anpasste, als betete sie. Auch ihr Gesicht drückte inbrünstiges Flehen aus.

Vielleicht hat er die Verabredung schon längst vergessen. Man weiß doch, wie die Männer sind. Aus dem Auge, aus dem Sinn! Ich würde natürlich auch hingehen, wenn es regnete. Aber im Regen vergeblich zu warten, das ist scheußlich. Nicht, als ob ich Angst hätte vor dem Regen, aber es wäre doch so trostlos.

Aber die Befürchtungen waren überflüssig. Der Sonntag im Tiergarten war schön. Blauseiden fiel der Himmel auf den grünsamtenen Rasen. Das war ein gepflegter Rasen, wie geduscht und rasiert. Mit bunten Blumen bestickt. Wie schön ist der Tiergarten, denken beide. Sie haben ein bisschen Angst, sie könnten sich nicht gleich wiedererkennen.

Sie brauchen die bronzenen Hirsche, die die Zeit mit grünen Fingern ganz sachte berührt hatte, nicht wartend zu umkreisen. Beide sind vor der verabredeten Zeit da.

Aber wie sollten sie sich nicht wiedererkennen! Sie kennen sich nicht seit einigen Tagen, sie kennen sich seit ewigen Zeiten.

»Sie sehen heute so mädchenhaft aus«, sagte der Junge und nahm die Hand Elisabeths.

Sie trug ein geblümtes Organdykleid – der Stoff war aus dem Ausverkauf, und beim Zuschneiden hatte ihr Gilda geholfen. Bis jetzt hatte sie sich nicht viel aus Kleidern gemacht, es war ihr gleich, wie sie aussah, aber jetzt war das anders. Doch sie war auch heute ohne Hut. Hüte waren so spießig! So bürgerlich!

Erwin blickte lächelnd auf ihre Haare, auf diese leuchtende Kappe, die ihren Kopf umschloss.

»Jedes Mal, wenn ich ein Mädchen mit sehr hellen, glatten Haaren sah, dachte ich, Sie sind es. Ich bekam ganz kalte Hände, komisch, nicht? Aber wenn die Mädchen näherkamen, sahen sie Ihnen nicht ein bisschen ähnlich.«

»Und ich habe bei jedem SA-Mann erst gedacht, Sie sind es. Aber keiner –«, erst wollte sie sagen, keiner sei so schön gewesen, aber nein, so was sagt man doch nicht.

»Aber keiner?«

»Keiner waren Sie.«

Sie gingen ganz langsam zwischen den Wiesen und den Bäumen. Die Bäume standen nahe beieinander, so dicht, dass ihr Schatten grüne Kühle ausströmte und den Duft gefallener Blätter, die sich, in langsamem Tod modernd, in neues Leben, in neue Säfte wandeln. Wunderbar war dieser Waldatem, der die gelassene, ruhige Gemächlichkeit, mit der die Natur waltete, verriet. Eingehüllt von ihm, wurden die Menschen von der Ahnung ihrer Unvergänglichkeit berührt und von der Gewissheit, dass der Tod nur ihre Gestalt ändern könne.

Es waren auch andere Menschen da, viele Menschen, junge

25

Paare, die genauso selbstvergessen dahinwandelten wie sie. Alle lebten so sehr ihr eigenes Leben, dass sie so wenig störten, als wären sie Tiere oder Bäume.

Der Junge hatte seinen Arm um ihre Schulter gelegt. Durch den leichten Stoff spürte seine Hand das leichte Pochen ihres Blutes, diese Begleitmusik des Lebens. Es teilte sich seinem Handteller mit; es war, als verbinde sich ihr Blut und wäre in denselben Kreislauf eingeschlossen.

Sie fühlt seine warme, starke Hand, und sie kann nur langsam weitergehen. Es ist, als wären sie zusammengewachsen, unlöslich verbunden.

Die Bäume haben bald nicht mehr die Dichte des Waldes; sie lassen die Stadt hereindringen; Häuser schimmern durch ihr Grün. Von den beiden ist das weiche Dahinträumen, ohne dass sie es gewahr wurden, gewichen. Schon ist die Hand, die unlöslich schien, von der Schulter des Mädchens gewichen. Ihr Gang wird straff, sie reißen die Glieder zusammen, sie marschieren.

Sie merken die Wandlung selbst erst, als Musik, Trompetenklirren, Trommelgewirbel klar ihr Bewusstsein erreichen.

Sie lachen.

»Mein Gott, wir sind wie brave Zirkuspferde; wenn die die Musik hören, auf die sie abgerichtet sind, traben sie gleich im Kreise«, sagte Elisabeth.

»Das gerade ist schön, die Marschmusik ist wie ein Schlachtruf, sie rüttelt uns auf.«

Jetzt hatten sie den Wald hinter sich. Das breite, weiße Band einer Autostraße teilte das Grün. Die Luft erzitterte von Hupen, Geschrei, Lachen, Musik; Staub- und Benzinwolken hingen schwer über ihr. Schwarz standen die Menschenreihen, alle wollten sie Musik hören, sehen, wie andere Menschen sich bewegten, sich kleideten; ihr eigenes Leben hatten sie gelangweilt abgehängt.

Aus allen Cafés sickert Musik, sie trifft sich ohne Ordnung, sie wirbelt wie in einem rauschenden, reißenden Schlund chaotisch durcheinander.

Die beiden standen da wie geblendet.

»Wollen wir in die ›Zelten‹ gehen?«, fragte der Junge, »Militärmusik ist doch zu schön.«

»Ach ja«, sagte das Mädchen.

Die Kaffeegärten waren nebeneinandergereiht, Menschen und Musik strömten aus ihnen im Durcheinander. Es war ein ständiges Kommen und Gehen.

»Wir sehen uns erst alle an, bevor wir uns irgendwo hinsetzen.«

»Ja, wir suchen uns den Garten aus, der uns am besten gefällt.«

Von überall lockte gleich stark, gleich klirrend, mit dem gleichen militärischen Schmiss die Musik.

In dem einen Café spielten Matrosen. Der Kapellmeister war als Kapitän gekleidet, Goldtroddeln tanzten im gleichen Takt wie sein Dirigentenstab. Die Matrosen marschierten auf dem Podium und verbanden die Musik mit einer Schiffsübung. Am Ende zogen sie an einem Mast eine Hakenkreuzfahne in die Höhe. Ein Teil des Publikums klatschte im Takt.

Aber aus dem Nachbargarten prasselten viel stärkere Beifallsbezeugungen herüber, und Erwin zog Elisabeth weiter mit sich. Sie wären am liebsten überall gleichzeitig gewesen.

Drüben spielten friderizianische Grenadiere. Sie trugen weiße Hosen, lange, rote Röcke und hohe Helme, die sich wie Zuckerhüte über ihre weißen Perücken stülpten.

»Was für Riesenkerle!«, sagte anerkennend Erwin. »Man könnte meinen, es seien Soldaten und nicht Musiker.«

Er drückte vergnügt Elisabeths Arm.

Die Grenadiere streckten gleichzeitig riesige Posaunen in die Luft. Die lauten Töne überspülten die Zuhörer mit anfeuernden Rhythmen. Die durcheinanderschwatzenden Tisch- und Zaungäste wurden aus ihrer kleinen Eigenwelt gerissen und von den gleichen klirrenden, aufreizenden, kriegerischen Klängen umfasst. Sie marschierten zwischen den Tischbeinen auf ein unbekanntes Ziel los. Es war schön, so zu marschieren, während man bequem im Stuhl saß, Bier trank und sich an die Schulter seines

27

Mädchens lehnte. Sie wurden in Zentauren verwandelt; ihr Körper spaltete sich, die Beine marschierten abenteuernd, während sich die Ellenbogen heimatlich auf den Tisch stützten und die Hände das Bierglas umfassten.

Die Begeisterung war ungeheuer, und doch schien es, im Nachbargarten war sie noch größer. Eine dichte Menschenmenge pilgerte ohne Unterlass dahin, und Erwin und Elisabeth drängelten in froher Laune dazwischen.

Hier spielten »Husaren«. Sie trugen eine Phantasieuniform: rote Pumphosen und hohe, schwarze Lackstiefel, blaue Jacken mit goldenen Schnüren und rote Kappen, auf denen goldene Knöpfe glänzten.

Die Husaren spielten:

»Der Gott, der Eisen wachsen ließ.«

Einige traten vor die Kapelle und sangen:

»Der wollte keine Knechte!«

Von allen Ecken des Gartens ertönten Beifallsrufe.

Die Husaren sangen weiter:

»Drum gab er Säbel –«

einer der Husaren zog seinen Säbel und ließ ihn in der Sonne erglänzen –

»Schwert und Spieß
dem Mann in seine Rechte.«

Zwei andere traten vor und fuchtelten mit irgendwelchen Instrumenten, die wahrscheinlich Schwert und Spieß darstellten.

Ein Teil des Textes ging im Beifallssturm unter.

Dann aber verschaffte sich wieder der Chor Gehör:

»Lasst brausen, was nur brausen kann
in hellen, lichten Flammen,
ihr Deutschen alle, Mann für Mann,
zum heilgen Krieg zusammen.
Und hebt die Herzen himmelan
und himmelan die Hände,
und rufet alle, Mann für Mann:
Die Knechtschaft hat ein Ende!«

Eine Menge brauner, schwarzer, aber auch ziviler Arme hoben sich in die Höhe. Die Biergläser klangen lauter. Aus verschiedenen Teilen des Gartens kam im Durcheinander das Echo:

»Die Knechtschaft hat ein Ende!«

Dann hörte man einige Augenblicke nur den gedämpften Klang der Biergläser, die auf ihre Filzplatten gestellt wurden.

Die Husaren-Musikanten schlugen jetzt mit voller Kraft auf die Trommeln, die Blechinstrumente ertönten im lauten Bass, Flöten versüßten mit weichen Trillern die scharfen Diskante. Der Chor sang:

»Lasst klingen, was nur klingen kann,
die Trommeln und die Flöten,
wir wollen heute, Mann für Mann,
mit Blut das Eisen röten,
mit Henkerblut, Franzosenblut,
o süßer Tag der Rache,
das klinget allen Deutschen gut,
das ist die große Sache!«

Der Jubel war groß, die Menge drängte sich in die Nähe des Podiums, um sich von der Musik berauschen zu lassen.

Elisabeth und Erwin wurden vorwärtsgeschoben. Er wollte etwas sagen, aber seine Stimme ging in dem Lärm unter. Er drückte seinen Mund an Elisabeths Ohr: »Ist es nicht herrlich?«

Aber das Lied war noch nicht zu Ende. Zwei Husaren sprangen vor, sie mussten einen höheren Rang unter den Musikanten bekleiden, denn ihr Dolman war von oben bis unten goldglänzend. Sie griffen hinein in dieses schimmernde Uniformenstück und entnahmen ihm, als hätten sie sie ihrem Herzen entrissen, eine Hakenkreuzfahne, die sie kunstvoll hin und her flattern ließen.

Dann sang wieder der Chor:

> »Lasst wehen, was nur wehen kann,
> Standarten wehn und Fahnen,
> wir wollen heut uns Mann für Mann,
> zum Heldentode mahnen.
> Auf, fliege, hohes Siegspanier,
> voran den kühnen Reihen,
> wir siegen oder sterben hier,
> den süßen Tod der Freien!«

Die sonntäglich geputzte Menge klatschte, schrie »Sieg Heil!«; mit geröteten Köpfen und winkenden Armen riefen die Männer die Kellner zu neuen Bestellungen, die Frauen wandten sich zufrieden lächelnd wieder den Kuchentellern und Kaffeetassen zu.

Elisabeth und Erwin wurden – es erschien ihnen wie ein Wunder – zu einem leeren Tisch hingedrängt.

Es war ein kleiner Ersatztisch, der etwas abseits stand. Es war wunderbar, sie konnten ungestört an einem Tisch zusammensitzen. Jetzt waren sie zusammengehörig hier in der großen Menge. Der Tisch stand unter Kastanien, die wie zu einem Freudenfest ihre duftenden Kerzen angezündet hatten.

Konnte es etwas Schöneres geben?

Die beiden sahen sich in die Augen und schwiegen.

Erst als das kühle Bier schon vor ihnen stand, sagte Erwin: »Ich finde diese Begeisterung herrlich, findest du nicht auch?«

»Waren deine Eltern auch dagegen?«

»Wogegen?«

»Dass du zu Hitler gingst.«

»Ach, nein, mein Vater lebt nicht mehr, aber er wäre sicher dafür gewesen, er hasste die Novemberverräter. Er war ja nur in der Reserve, aber ein echter Offizier. Meine Mutter war auch für Hitler. – Und deine Eltern waren dagegen?«

»Ganz und gar, ich hatte zu Hause viel zu kämpfen, sie wollten es mir verbieten, dass ich in die Hitlerjugend eintrete. Sie haben mich ausgelacht; sie haben mich dumm gescholten, sie wollten mein Hitlerbild zerreißen.«

»War denn dein Vater ein Roter?«

»Er hat keiner Partei angehört, er ist schwerkriegsverletzt und sehr verbittert. Er ist Nachtwächter bei Siemens und Schuckert in Reinickendorf. Aber mit Verbitterung und Geschimpfe kommt man doch nicht weiter.«

»Ja, das denke ich auch.«

»Weißt du, unsere Gegend war ganz rot, und die Nachbarn haben jeden scheel angesehen, der braun war. Sie haben natürlich oft mit mir diskutiert. Wenn ich die Kommunisten gefragt habe: ›So, nun sagt mir, wann kommt euer Paradies?‹, da haben sie geantwortet: ›Ein genaues Datum können wir dir nicht angeben, vielleicht hängt es auch von dir ab, Elisabeth. Wir müssen erst die Mehrheit der Arbeiter gewinnen, ja, wir müssen die Mehrheit des Volkes überzeugen, dass es für sie keinen anderen Ausweg gibt als die soziale Revolution. Und dann noch müssen wir zu den schwersten Kämpfen bereit sein, denn die Besitzenden werden ihren Besitz mit Krallen und Zähnen verteidigen. Vielleicht werden wir das Paradies selbst nicht mehr erleben.‹«

»Na, ich habe mich auf Diskussionen mit der Kommune gar nicht eingelassen.«

»Ja, aber wenn wir sie überzeugen wollten bei Diskussionen. Ich kann aber auf das Besserwerden nicht warten, bis ich alt geworden bin. Ich will jetzt glücklich sein, wo ich jung bin. Hitler hat nichts von ›Vielleicht werden wir das Paradies nicht mehr selbst erleben‹ gesprochen. Er hat gesagt, es würde gleich, sofort anders werden. Es interessiert mich nicht, was in hundert Jahren geschieht!«

»Du hast recht, Elisabeth.«

»Und Hitler sagt: ›Die Frau soll Mutter werden und ihr eigenes Heim haben.‹ Das finde ich auch sehr richtig. Das ist doch nicht schön, zu Nutzen des Herrn Alderman das ganze Leben lang Schuhe zu verkaufen. Und dabei immer noch zittern zu müssen, man könnte noch diese jämmerlich bezahlte Arbeit verlieren.«

»Du gefällst mir, wenn du sprichst, du gefällst mir sehr.«

Einige rotgetönte und sahnefarbene Kastanienblüten fielen auf die Tische und Biergläser. Es war schön, hier zu sitzen.

Dann aber erinnerte sich Erwin wieder an die Eltern Elisabeths und fragte mit etwas Misstrauen:

»Und jetzt, sind sie vielleicht auch jetzt noch gegen Hitler? Du musst sie genau beobachten, auch wenn du ihr Kind bist.«

»Ach, ich gebe schon Acht, schon weil ich Angst um meinen Vater habe. Einmal, das war noch ganz am Anfang, kam nachts SA in unser Haus. Da wohnte ein berüchtigter Kommunistenführer. Es war so still, die Leute horchten angestrengt. Man konnte Schläge hören und Geschrei, einen furchtbaren Schrei. Das war sicher die Frau; es war abscheulich, es zu hören. Wir waren alle wach und standen am Fenster. Mein Vater sah mich an, so von Wut erfüllt, als wäre ich schuld an dem, was da unten geschah. Aber wie sollte es mein Fehler sein, dass dieser Kommunist weiter hetzte. Ich habe es meinem Vater erklärt, warum niemand das Aufbauwerk des Führers stören dürfte. Ich glaube, dass er seitdem eingesehen hat, dass ich recht habe. Sie sehen, dass wir gesiegt haben; sie sagen jetzt nichts mehr. Ich kann ruhig mein Hitlerbild aufhängen, sie würden es nicht mehr anrühren.«

»Wo wohnt ihr?«

»In der Vinetastraße, im Norden. Ich glaube, es ist nicht sehr schön da. Aber ich weiß das nur, wenn ich unsere Straße mit ganz fremden Augen ansehe. Sonst gefällt es mir eigentlich. Die armseligen Blumen auf den Balkons, die Kinder, die ich alle kenne – ich kenne auch alle Katzen und Hunde in der Gegend. Und du, wo wohnst du?«

»Wir wohnen in der Schlüterstraße.«

»So? Das ist ja im Westen, am Kurfürstendamm. Ihr seid wohl reich?«

»Ach, du dummes Kleines! Was machst du für ein besorgtbetrübtes Gesicht! Wir reich? Hast du 'ne Ahnung, mein Kind. Wir haben weiter nichts wie Geldsorgen. Zu Hause höre ich nur Gejammere.«

»Ja, das ist doch aber eine feine, teure Gegend. Im ›Kundendienst‹ haben wir alle Straßen von Berlin durchgenommen, damit wir die Kunden entsprechend bedienen können. Die Kurfürstendamm-Gegend ist die teuerste.«

»Das lernt ihr alles? Das ist ja witzig.«

»Das ist gar nicht so witzig. Aber du sagst, ihr seid arm. Wovon lebt ihr denn in der teuren Gegend?«

»Also, mein Kind, du sollst alles ganz genau erfahren. Mein Vater war Regierungsrat, und so bekommt meine Mutter eine Pension. Aber die vielen Notverordnungen – hier wird abgezogen, dort wird abgezogen! Wir haben eine große Wohnung und dadurch viele Sorgen. Die Frauen hängen so an dem alten Kram und können sich von nichts trennen. Ach, wie viel die Damen lamentieren, das kannst du dir gar nicht vorstellen.«

»Wohnen denn bei euch mehrere Damen?«

»Das will ich meinen. Erstens mal haben wir zwei Zimmer vermietet, an eine Dame, natürlich aus unserem Bekanntenkreis. Dann wohnt meine Großmutter noch bei uns, die Mutter meiner Mutter. Früher war sie wohlhabend, aber durch die Inflation hat sie ihren letzten Pfennig verloren. Dann wohnt auch noch die Schwester meiner Mutter bei uns; meine Tante hat auch nichts. Ihr verstorbener Mann hat ihr etwas Geld hinterlassen, sie hat damit einen kleinen Antiquitätenladen aufgemacht, aber natürlich ging der Laden gar nicht, sie musste ihn aufgeben. Die

Leute können in schlechten Zeiten keine Kunstgegenstände kaufen. Ich kann's ja überhaupt nicht begreifen, wie Leute wegen irgendeiner ollen Dose oder Tasse aus dem Häuschen geraten können. Kannst du das verstehen?«

»Ich weiß nicht. Bei Alderman gibt's auch eine Antiquitätenabteilung. Aber ich habe nie daran gedacht, mir die alten Sachen anzusehen.«

»Also, glaubst du mir nun, dass wir nicht reich sind?«

»Ja, schon, es ging ja alles darnieder. – Und deine Damen waren für Hitler?«

»Ja. Sie haben es selbst immer gesagt, es muss anders werden. Aber freilich, dass ich in die SA ging, das gefiel ihnen schon weniger. Sie möchten den Nationalsozialismus, aber so einen ganz feinen, damenhaften. Doch gerade deshalb wurde ich SA-Mann. Ich musste mich vor diesen Frauen, die mich verzärtelten und verhätschelten, retten. Ich wollte kein Muttersöhnchen werden. Es war herrlich, unter Männern zu sein, harte Disziplin zu fühlen. Ich war erst sechzehn – damals war ich noch kein richtiger Mann.«

»Aber jetzt bist du einer.«

»Ja, jetzt bin ich einer. Siehst du, so lange ist es schon her, dass ich bei Hitler bin.«

Die roten »Husaren« begannen zwischen der Hecke der neugierigen und begeisterten Zuschauer zu dem Podium zu marschieren. In völligem Durcheinander holten sie zur Probe Töne aus ihren Instrumenten hervor. Es war wie eine Ouvertüre der chaotischen, ziellosen Erwartung.

Die Biergartenbesucher sehnten den Moment herbei, dass die Musik sie wieder aufrüttle und zu einer Einheit peitsche.

»Es ist herrlich, so zwischen Begeisterten zu sitzen«, begann wieder der Junge, »hier fühlt man, dass wir in Deutschland eine Revolution haben. In der Bank, da ist es anders. Dort bin ich enttäuscht. Dort scheint es mir, dass sich nichts geändert hat. Die Reichen haben ihr ganzes Geld behalten, die Zinsen werden ihnen ins Haus geschickt, sie haben ihre Aktien, genau wie früher.«

»So ergeht es mir bei Alderman. Wir haben gegen die Warenhäuser gekämpft, aber im Grunde hat sich nichts geändert. Der Besitzer heißt jetzt Elderman und nicht Alderman, oder die Bank hat Aktien übernommen. Aber das ist für uns, die Angestellten, ohne Bedeutung. Die Mädchen meckern, und ich spüre, dass ich nicht fähig bin, sie wirklich zu überzeugen. Sie sind ungeduldig, und ich weiß, man muss Geduld haben, nicht hundert Jahre, aber einige Monate. Aber manchmal fällt es sogar schwer, einige Monate zu warten.«

»Bald wird wieder die Musik spielen. Da wird man spüren, wir sind ein einig Volk von Deutschen, die bereit wären, sich für ihr Vaterland zu opfern. Diese Menschen, die von Adolf Hitler geführt werden, würden niemals einen Verrat begehen. Mit diesen Menschen und mit diesem Führer hätte der Krieg anders geendet.«

»Meine Mutter sagt, im Krieg hätte man gehungert.«

»Aber wenn wir gesiegt hätten, wären die Opfer nicht vergeblich gewesen. Wegen des Verrats müssen wir leiden, wir, die Jugend. Wir tragen die Lasten des Verrates.«

»Ich bin schon im Krieg geboren, ich kann mich ganz verschwommen erinnern, dass ich viele kalte Nächte in ein Tuch gewickelt draußen schlief. Das Gesumme vieler durcheinanderredender Frauen begleitete meinen Schlaf. Es war wie ein trauriges Lied. Vielleicht aber weiß ich nur davon, weil es meine Mutter oft erzählt hatte. Damals, weißt du, mussten sich die Frauen nächtelang für einige Kartoffeln, für ein Stückchen Brot anstellen.«

»Ich bin genau ein Jahr vor dem Kriegsausbruch geboren, am 2. August 1913. Die Leute dachten damals, der Krieg würde 1913 ausbrechen, weil es eine Unglückszahl war. Da haben sie auch so viel vom Krieg gesprochen wie jetzt. Ich glaube, der Krieg war schön. Mein Vater hat mir viel davon erzählt. Die Menschen wurden aus dem grauen Alltag gerissen, sie konnten sich für das Vaterland opfern, sich begeistern. Sie erlebten vielerlei Abenteuer, es war kein Leben mit Bürostunden und Wecker und ewigem Einerlei. Ich fand nichts schöner, als wenn mein Vater Kriegsgeschichten erzählte. Schon als ganz kleines Kind war ich glücklich, wenn ich seinen Säbel anrühren durfte.«

Plötzlich begann wieder die Musik und begleitete klirrend seine Worte.

Die Köpfe und Hände gaben dem Rhythmus nach und bewegten sich im Takt. Der Chor der roten »Husaren« sang:

> »Viele Jahre zogen dahin,
> geknechtet das Volk und betrogen,
> Verräter und Juden hatten Gewinn,
> sie forderten Opfer, Legionen.
> Im Volk uns geboren, erstand uns ein Führer,
> gab Glaube und Hoffnung an Deutschland uns wieder,
> Volk ans Gewehr!
> Volk ans Gewehr!«

Der rote Husar mit dem goldstrotzenden Dolman hatte die Hakenkreuzfahne, die er vorhin aus seiner Brust gezogen hatte, auf eine Stange aufgepflanzt und umklammerte sie fest, als müsste er sie gegen eine Welt von Feinden verteidigen.

Der Chor sang:

> »Jugend und Alter und Mann für Mann
> umklammern das Hakenkreuzbanner;
> ob Bürger, ob Bauer, ob Arbeitsmann,
> sie schwingen das Schwert und den Hammer.
> Für Hitler, für Freiheit, für Arbeit und Brot,
> Deutschland erwache! Juda den Tod!
> Volk ans Gewehr!
> Volk ans Gewehr!«

Durcheinander tönten die Stimmen: »Volk ans Gewehr!«

Erwin sang: »Volk ans Gewehr!«

Auch Elisabeth sang: »Volk ans Gewehr!«

So konnten sich ihre Stimmen miteinander vermengen.

Viertes Kapitel

Junge Liebe im Gelände

Der See liegt zwischen Sandhügeln, über deren sanften Buckel Kiefern klettern, schlank und dürr; nur ihr Haupt grünt grau angehaucht, wie vom Sand gepudert. Auf das trübe Wasser hat der Himmel abgefärbt und ihm blauen Glanz verliehen.

Zwischen dem Geäst ragen hohe Essen; Rauchwolken, diese schwarzen Fahnen der Arbeit, wehen auch an diesem Sonntag in der Luft.

Die beiden standen auf dem obersten Kamm und blickten hinab, aufmerksam, als müssten sie jede Einzelheit ihrem Gedächtnis einprägen.

Elisabeth lehnte sich an Erwin, ihre Nasenflügel bebten, als versuchten sie, die Bestandteile der Luft zu prüfen:

»Spürst du das? Das ist Jasmin, vermischt mit trockenem Gras. Der Sand riecht auch, wenn er heiß wird. Und die Kiefern.«

Der Junge zeigte wie ein Feldherr hinab auf die Sandfläche, die die Winde gewellt hatten, als hätten sie versucht, sie dem Meere ähnlich zu machen:

»Jetzt will ich mal sehen, was du von Geländekunde verstehst. Also was ist das für ein Gelände?«

»Schau den See, ich glaube, ich habe noch nie etwas so Blaues gesehen. Warum schreibt niemand ein Lied über den blauen Tegeler See?«

»Natürlich, jetzt beeilst du dich, über etwas anderes zu sprechen, weil du nichts weißt. Also, ich will dir helfen. – Ist das ein offenes, ein bedecktes oder durchschnittenes Gelände?«

»Schön wäre es, zu segeln. So ein Boot wünschte ich mir, wie das dort.«

»Du weißt es also nicht. Und du willst ein Hitlermädchen sein?!«

»Schau, wie schneeweiß die Segel sind, als hätte sie die Sonne wie eine gute Hausfrau gebleicht.«

»Also, ich will's dir erklären, auch wenn du noch so gern unwissend bleiben möchtest. Das ist ein durchschnittenes Gelände. Wir haben eine weite Sicht, aber die Begehbarkeit des Geländes ist durch Gräben und Bodenerhebungen gehindert. Siehst du die Geländefalten und Mulden? Was ist dabei zu lachen? Mädchen können doch nichts ernst nehmen.«

»Ich lache doch nicht über dich. Ich lache, weil es warm ist und weil es so schön duftet. Wir wollen mal sehen, ob du mich fangen kannst in deinem durchschnittenen Gelände.«

Sie stößt einen Schrei aus wie jemand, der nicht weiß, was er mit seiner vielen Kraft anfangen soll. Ihre junge Stimme schwebt lange hallend, torkelt trunken von der Sommerluft.

Ihre Muskeln spannen sich, ihr Körper fühlt sich, als wäre er nach langer Gefangenschaft befreit; er schnellt hoch, verliert seine Schwere, überfliegt Gräben, ihre Arme stemmen sich gegen die Luft, als wollten sie die Erfahrungen der Vögel und der Flugzeuge sich zunutze machen.

Jetzt braucht sie nicht ängstlich Befehlen der Vorgesetzten zu folgen. Sie muss nicht Wünsche von Kunden erraten, sie ist frei, sie kann schreien, und niemand sagt ihr: Bist du wahnsinnig geworden? Sie kann dahinrasen, niemand fragt sie: Wohin rennst du, Irre?

Sie läuft, als flüchte sie vor übergroßer Gefahr, und fühlt sich doch beglückt, als Männerarme sie umklammern, ihren Kopf nach hinten biegen. Er bettet sich heimatlich auf das braune Linnen des Hemdes.

Sein Gesicht schwebt über ihr, dieses Gesicht, das sie vor wenigen Wochen noch gar nicht kannte, das fremd in der Welt umherging, ohne dass sie etwas von ihm ahnte. Und jetzt gehörten seine Züge mehr zu ihrem Leben als ihre eigenen. Das Leben war leer ohne dieses Gesicht; es erschien ihr unerwartet in allen Ecken des Hauses Alderman, es erschien ihr abends, wenn sie am Familientisch saß, nahm ungefragt den Platz des Vaters ein und lächelte.

»Ha, mein Kind, du meinst, ich könnte dich nicht mit Leichtigkeit fangen, hier, wo ich jede Krume Erde kenne. Wie oft bin ich hier im Dunkeln herumgeklettert, hier hatte ich meine erste Nachtübung. War das aufregend! Ich musste mich von zu Hause fortstehlen, meine Mutter hätte es nie erlaubt, dass ich gehe. Sie war für Hitler, ja, aber meinst du, sie hätte gern gesehen, dass ich auch wirklich für ihn kämpfe? I wo! Ich sollte zu Hause schön meine Schularbeiten machen und dann bei Mama und Tante hocken. Stell dir vor, es war ja auch etwas Besonderes, ein Schuljunge in Uniform bei einer militärischen Nachtübung. Meinen alten Damen wären die Haare zu Berge gestanden, wenn sie es geahnt hätten. Natürlich war ich nie in Uniform zu Hause, niemand im Haus oder in der Straße durfte mich sehen, ich wäre sonst glatt aus der Schule geflogen. Na, mir selbst lag ja nicht viel an der Penne.«

»Vielleicht hätte der kleine Junge wirklich lieber Schularbeiten machen sollen«, sagte Elisabeth.

»Du bist mir eine schöne Kämpferin. So, ich hätte Schulaufgaben machen sollen? Wie aber wäre dann Hitler an die Macht gekommen?«

»Ja, du hast recht, es wäre schlimm geworden, wenn du nicht früh genug mitgemacht hättest. – Also erzähle weiter.«

»Ich bin im langen Mantel zu unserer Kneipe geschlichen, dann zogen wir los. Jetzt konnte jeder meine Uniform sehen. Wir gingen soldatisch, unsere Schritte knallten scharf auf dem Asphalt. Manchmal blieben Leute stehen, sie machten dumme Bemerkungen wie: Und so was gestattet die Regierung! Wenn sie sich ärgerten, machte es uns erst richtigen Spaß. Die Regierung! Als ob die uns viel zu sagen hatte. Aber riskiert haben wir doch alle was. Stellung oder Schule, nicht? Wir waren schon über Spandau marschiert, da kamen uns Arbeiter entgegen. Sie hatten sicher Nachtschicht bei Borsig; sie wurden ganz frech und unverschämt. Wir waren nicht faul und antworteten ihnen gehörig. Es waren nur vier oder fünf und wir ein ganzer Sturm. Sie konnten ja doch nichts gegen uns ausrichten. Es hat Spaß gemacht, so herumzubrüllen, jeder konnte seine Wut auslassen, und es passierte doch nichts. Aber der eine, so ein ganz Kleiner, Magerer, hat sich ganz nahe an uns herangewagt und beschimpfte uns gemein.«

»Warum musstet ihr euch gerade mit den Arbeitern herumzanken?«

»Warum? Weil sie uns angepöbelt haben! Es kam ja noch schöner. Wir hatten einen Scharführer, der war ein richtiger Raufbold; der ließ sich das schon gar nicht bieten. Mit einem Sprung war er bei dem Kleinen und knallte ihm eine. Er knallte ihm eine, dass er gleich hinfiel und das Blut ihm aus Mund und Nase floss.«

»Ach, scheußlich!«

»Ach ja, scheußlich, das dachte ich auch. Zwei von den Arbeitern gingen gleich davon, in Richtung Borsig, um Verstärkung zu holen. Einer blieb bei dem Verletzten, und einer schlich uns ganz vorsichtig nach, wir konnten ihn aber doch sehen. Wahrscheinlich, um unsere Spur nicht zu verlieren.«

»Aber das ist doch nicht richtig, wenn man in Überzahl ist, jemanden zu überfallen.«

»Du hättest nur hören sollen, was die herumschrien, da konnte man wirklich in Wut geraten über solche Dummheit und Beschränktheit. Was meinst du, was sie gebrüllt haben?« –

»Was denn?«

»Kapitalistenknechte! Lakaien der Bourgeoisie! Ist das nicht geradezu blöd, mit so etwas zu kommen? Ich zum Beispiel, ich ein Lakai der Bourgeoisie! Ich habe meine Zukunft aufs Spiel gesetzt, um an der Nachtübung teilzunehmen. Warum, warum habe ich es getan? Für Deutschlands Ehre! Für Deutschlands Ehre war es mir ganz egal, ob ich aus der Schule flog. Es war mir gleich, was für ein Zeugnis ich bekam. Ich musste mich aus dem Hause schleichen, ich musste vor meiner Mutter Angst haben. Und so ein Kerl nennt mich ›Lakai der Bourgeoisie‹! Wieso denn, warum denn?«

»Meinst du, sie haben mich nicht auch genug beschimpft?

Hysterische Hitlerrieke haben sie gesagt. Braune Ziege und so ähnlich.«

»Hätte ich dich schon damals gekannt – die, die dich beschimpft haben, hätten es bitter gebüßt.«

»Oft ging's auch so: Der Hitler braucht Soldaten. Da haben sie ganz frech vor sich hin gesungen und haben mir dabei in die Augen geschaut.«

»Ja, die von der Kommune haben sich was geleistet. – Aber darin vielleicht haben sie gar nicht so unrecht. – Du, warum weichst du mir aus?«

»Aber Erwin!«

»Manchmal ist es so schwer zu sprechen. – Wir Jungens in unserem Sturm, eine ganze Gruppe, haben einen Schwur geleistet: Wir wollen die Natur nicht ausspielen. Wir wollen uns nicht gegen ihre Gesetze vergehen. Das ist undeutsch und schadet der Nation.«

»Wir Mädels im Bund haben auch den Beschluss gefasst, uns nicht gegen die Natur aufzulehnen. Die Frau muss ihre Natur erfüllen, sonst begeht sie auch gegen die Nation eine Sünde.«

»Siehst du, und doch wehrst du dich immer gegen mich!«

»Nein, nein! – Aber du wolltest doch von deiner Nachtübung erzählen.«

»Dein Interesse soll wohl nur eine Ablenkung sein.«

»Ach, Erwin, wie kannst du nur so etwas sagen! Also, wie war es, haben sie euch gefunden?«

»I wo! Wir waren zu schlau, um Rotmord in die Arme zu laufen. Wir hatten schon Tarnübungen gemacht, wenn auch nicht nachts. Aber da war es ja noch leichter. Wir hatten auch noch keine Knarren. Die sollten wir erst am Übungsplatz bekommen, von den Waffenbrüdern, die das Waffenlager des Sturmes verwalteten. Die Waffen brachte die zivile Abordnung mit, die keinen Verdacht erregen konnte. Bei Keilereien suchte die Polizei immer die Uniformierten durch und fand natürlich nichts. Das war schlau eingefädelt. Wir Jungens durften auch gar keine Waffe mit nach Hause nehmen. Wenn die Eltern etwas rauskriegten, hätte es doch nur Krach gegeben.«

»Und was geschah weiter?«

»Die zivile Abordnung war uns weit vorausgeeilt, und wir mussten zusehen, wie wir aus dem gefährdeten Geländeteil entkommen konnten. Hier war es, hier, an dieser Stelle, hätte uns Rotmord niedermachen können! Siehst du, so habe ich mich in die Falten der Erde geklebt. Man muss geduckt vorspringen, die Beine seitlich angewinkelt, und so den Körper immer langsam vorschieben. Guck, so, auf Ellenbogen und Fußspitzen bewegen wir uns vorwärts. Wir können auch die Füße schleifen lassen und uns nur Zentimeter für Zentimeter auf den Ellenbogen vorschieben und den Körper nachziehen.«

»Und so konnte man euch nicht entdecken?«

»Nein, so konnten wir uns verbergen und doch vorwärtskommen. Weißt du, wie man diese Bewegung nennt?«

»Nun?«

»Du bist kein richtiges Hitlermädchen. ›Robben‹ nennt man das, weil man sich wie eine Robbe fortbewegt. So, ich strecke den Arm aus, meine Hände suchen einen Halt. Hier das Gestrüpp. Ich gleite auf dem Boden dahin; mein Kopf verbirgt sich in der Erde. Ich muss den Kopf tief in das Gras drücken.«

»Du guckst ja durch die Grashalme.«

»Das gehört zur Übung, man darf nicht vergessen, Umschau nach dem Feind zu halten.«

»Aber es gibt keine Feinde hier.«

»Doch, es gibt einen Feind.«

»Wer denn? Meinst du mich?«

»Ja, du! Du bist mein Feind.«

»Erwin, wie du das sagst! Ich dein Feind!?«

»Ja, du, du quälst mich!«

»Komm doch her, sprich nicht so.«

»Hast du denn nie Hunger und Durst nach einem Menschen gehabt?«

»Ach, Erwin!«

Sie sind allein im Gelände, es ist nichts auf der Welt als sie beide. Niemand als sie! Sie müssen zueinanderdrängen.

Ihre Gesichter sind sich ganz nahe, ihr Ausdruck ist ernst, fast düster, als lastete auf ihnen die Schwere ihres Gefühls.

Wieder schwebt über Elisabeth dieser Kopf, der in seinen Zügen das ganze Leben in sich trägt, alle Freuden und alle Leiden, die es für sie in Bereitschaft halten mag.

Die Arme hoben sich aus dem Grase und zogen ihn zu sich hinab wie das unausweichliche Schicksal.

Fünftes Kapitel

Gespensterzug der Gasmasken

Wieder war Sonntag. Kein Sommertag mehr; grau fiel der Himmel durch die Fensterscheiben des Hauses Alderman, die so weit waren, als wollten sie es mit der Stadt, mit ihrem Menschenstrom, mit ihren Häuserschluchten vermählen.

Vor den Verkaufstischen, manche schlummerten unter grauen Tüchern, standen Verkäuferinnen, aber sie mimten nur ihr wochentägliches Selbst. Andere Angestellte hatten sich in Kundinnen verwandelt, die laut wählten, feilschten, mäkelten, aber so übertrieben, dass es gleich klar war, das Ganze sei nur ein Spiel.

Noch merkwürdiger: An der großen Treppe, bei dem Hauptaufgang, wand sich eine schmale Gestalt, mit einer schweren Gasmaske angetan, die sie zu erdrücken schien, im Tanz.

Zwei Lehrmädchen schlugen Schuhleisten gegeneinander; es hörte sich an, als klapperten Invaliden mit ihren hölzernen Beinen. Das war die Musik.

Elisabeth stand hinter einer Säule. Die Töne schlugen hart gegen ihren Schädel, als wollten sie ihn zerschellen. Wenn sie die Hände zu ihrem wunden Kopf hob, klebten sie eisig.

Bin ich krank? Was ist nur mit mir? Wäre die Gasschutzübung doch endlich vorbei, und Gilda sollte aufhören zu tanzen.

Der hölzerne Rhythmus der Schuhleisten brach jäh ab. Das Getue der Verkäuferinnen und unechten Kundinnen verstummte. Das Rauschen des schwarzen Seidenkleides Frau Marchs erfüllte die Halle.

Nur die kleine Gestalt mit der unförmigen Maske wand sich unbekümmert wie in Todesqualen.

Sie hörte nicht den empörten Aufschrei Frau Marchs:

»Bist du irrsinnig geworden?«

Erst als die energischen Hände Frau Marchs ihr die Maske vom Gesicht rissen, sah sie sich mit aufgeschreckten Augen im Raum um, als wäre sie aus einem grausigen Traum erwacht.

»Es ist unerhört, was du hier treibst, man spielt nicht mit ernsthaften Dingen.«

»Aber, Frau March, ich habe nur geübt, ich werde doch eine Gelbkreuz-Vergiftete sein.«

»Ich werde auch eine Gasvergiftete vorstellen«, sagte Emilie zurechtweisend, »und drehe mich deshalb doch nicht im Kreis wie eine toll gewordene Katze.«

Da alle Umstehenden lachten, gestattete sich auch Frau March ein zwischen Nase und Mund leicht dahinhuschendes Lächeln.

»Trage jetzt sofort die Gasmaske auf ihren Platz; aber wir werden noch miteinander reden.«

Frau March ließ ihre Augen im Kreise umherwandern. Unter ihren scharf prüfenden Blicken nahmen die Mädchen unwillkürlich straffere Haltung an.

»Die Luftschutzkommission kommt sogleich, macht mir keine Schande; ich erwarte von euch strengste Disziplin.«

Vorläufig aber nahte nur, wie die Vorhut einer kommenden Armee, Pg. Brandel, Betriebszellenobmann und Luftschutzobmann des Hauses Alderman. Er kam mit gewichtigen Schritten, als lastete auf ihm ständig das schwere Gewicht seiner verantwortungsvollen Posten.

Pg. Brandel, der in seiner zivilen Stellung immer noch der wenig fähige Abteilungsleiter geblieben war, hatte amtlich im Hause Alderman eine von allen beneidete Karriere gemacht.

Stolz erklärte er jedem, der es hören wollte, dass er die erste Zelle der Zerstörung im Hause Alderman gewesen sei. Eine Zelle der Zerstörung aber, die bei den Betriebswahlen auf Unterstützung seitens des Hauses rechnen konnte. Pg. Brandel war ein erbitterter Kommunistenhasser, der die Untermenschensaat mit Stiel und Wurzel auszurotten versprach. Aus diesem Grunde verzieh ihm das Haus Alderman einige kleine Entgleisungen gegen das Judentum.

Heute fühlte er sich als Statthalter des Nationalsozialismus in dem einst so scharf bekämpften Haus.

»Alles in Ordnung?«, fragte Luftschutzobmann Pg. Brandel seine Untergebene, Luftschutzhauswartin Frau March.

»Jawohl«, schnarrte Frau March. Sie war nur im Rahmen des Luftschutzes dem Pg. Brandel untergeordnet. Im Hause Alderman nahm sie als Leiterin der Personalabteilung einen bedeutend höheren Grad ein. Ihre von den Chefs gepriesene und von den Untergebenen gefürchtete Tüchtigkeit hatte dem Pg. Brandel harte Worte gegen Frauenvorherrschaft in den Mund gelegt. Die Frau sollte ihren von der Natur und Gott zugewiesenen Platz einnehmen und nicht nach Stellungen streben, die dem Mann und Familienvater vorbehalten bleiben sollten.

Überdies, Frau March hatte seine Annäherungen, die ihren weiblichen Reizen galten und die trotz ihrer unweiblichen Beschäftigung so üppig von der Dürre der Frau Brandel abstachen, deutlich abgewiesen.

Jetzt fand er endlich Gelegenheit, ihr seine Überlegenheit zu beweisen.

Schon nahte die Luftschutzkommission, geführt von Herrn Direktor Lanz. Zwei Reichswehroffiziere und drei Herren aus dem Luftschutzministerium.

»Die Uniformen des dritten Wehrmachtteils, der Reichsluftwaffe, gefallen mir wirklich gut«, flüsterte fachmännisch erläuternd Pg. Brandel Frau March zu. »Die Farbe wie Stahl und der Sakkoschnitt des offenen Rockes praktisch und elegant.«

»Ja, sehr fesch«, versicherte Frau March, die ihrem Wortschatz gern Ausdrücke der Wiener Direktrice aus der Maßabteilung beilegte.

»Sehen Sie die Hoheitsabzeichen der Luftwaffe, ein anfliegender Adler auf dem hochgekanteten Hakenkreuz.«

Herr Direktor Lanz diente den Herren mit Erläuterungen über die technischen Einrichtungen des Hauses, die auf Abwehrmaßnahmen sowohl gegen Feuer wie Gasbomben zielten. Er hatte seit Tagen Zahlen und Daten wie ein Schuljunge in der

Stille des Direktionszimmers gebüffelt. Jetzt war er überzeugt, dass seine Fachkenntnisse ohne weiteres ausreichen würden, um ganz Deutschland gegen alle Gefahren des Luftkrieges zu sichern.

Pg. Brandel hatte erst gehofft, dass er zur Führung der Luftschutzkommission auserwählt sein würde. Er versuchte sogar die Zelle zur Erfüllung seines ehrgeizigen Wunsches zu mobilisieren. Aber das nützte ihm nichts; es gab höhere Stellen, gegen die er machtlos blieb.

Herr Direktor Lanz war früher Offizier, wenn auch nur in der etwas verschlampten Armee der ehemaligen österreichischen Verbündeten, während es Pg. Brandel nicht einmal zum Gefreiten gebracht hatte. Aus unerklärlichen Gründen – er selbst konnte es sich jedenfalls nicht erklären – blieb er einfacher Infanterist.

Herr Direktor Lanz führte die Herren zu dem Rand der Balustrade, von wo man das Haus wie einen märchenhaften Tempel, gefüllt mit allen Eitelkeiten des Lebens, übersehen konnte.

Hinter ihnen stand, verborgen von einer Säule, Elisabeth. Die Stimme des Direktors Lanz drang zu ihr mit gleichmäßigem Gemurmel.

»Der Rohbau ist aus Eisenbeton hergestellt – Novo-Zement, wurde aus Elbkies, dem 33 Prozent Salzsplitt hinzugefügt wurde, zubereitet. – Der Beton hat eine durchschnittliche Festigkeit von über 100 kg.«

Er umfing eine Säule und rüttelte an ihr. »Bei uns hätte Simson kein Glück; unsere Säulen stehen unerschütterlich fest!«

Aber Elisabeth hatte zum ersten Mal das Gefühl, dass nichts sicher und fest sei, dass das Haus Alderman zusammenstürzen könnte und in Nichts vergehen.

Auf der anderen Seite der Balustrade stand Pg. Brandel und verriet in leisem Ton der Frau March, welchen Rang die Uniformstreifen und -abzeichen bedeuteten: »Sehen Sie, der Herr mit den grünen Brustaufschlägen und grünen Hosenstreifen ist ein Ministerialdirektor im Range eines Generalmajors.«

»Sie wissen aber auch alles, Herr Brandel«, versicherte anerkennend Frau March.

»Ich verstehe vielleicht mehr von Militär als ein richtiger Militär«, gab Pg. Brandel zu. »Die zwei anderen Herren, das sind Stabsoffiziere der Reichsluftwaffe.«

»Wieso wissen Sie das, Herr Brandel?«

»Die Schwingen aus Aluminiumgespinst verraten mir das«, lachte Pg. Brandel zufrieden. »Ich kann Ihnen sogar sagen, dass der eine Herr einen sehr wichtigen Posten haben muss, denn er trägt einen Eichenkranz auf dem Kragenspiegel. So einer mit dem Eichenkranz arbeitet vielleicht die Pläne aus für unsere Luftangriffe, wenn es einmal so weit ist. Der andere, der ist keine so wichtige Persönlichkeit, hat nur ein kleines Eichenlaub auf dem Kragen, kann im höchsten Fall ein Hauptmann sein, nicht mehr!«

»Nein, wie Sie sich auskennen, großartig!«

Dem Pg. Brandel entging der höhnische Unterton.

»Wissen Sie, Frau March, ich finde es eigentlich nicht richtig, dass der zivile Luftschutz gar keine Uniformen trägt.«

Pg. Brandel besaß eine Uniform in seiner Eigenschaft als Sturmbannführer und eine zweite als Amtswalter. In dieser konnte er sogar das Haus Alderman betreten, allerdings wurde er gebeten, im Kundendienst möglichst die Uniform zu meiden. Aber eine Luftschutzuniform wäre etwas so ganz Neutrales, die könnte man immer tragen. Er träumte von Kordeln, Tressen, Uniformen, Knöpfen, Stickereien und von einem weiten, rot oder weiß gefütterten Mantel. Könnte ihm Frau March, wenn er aussähe wie ein General, widerstehen? Und war er nicht eigentlich ein General im zivilen Luftschutz?

Herr Direktor Lanz dozierte:

»Unser ganzes Haus ist mit einer Sprinkleranlage versehen, die mit nicht weniger als 10 200 Sprinklerdüsen alle Räume vom Keller bis zum Dach vor jeder Art Brandkatastrophe mit unbedingter Sicherheit schützt. Sobald irgendwo im Haus eine Temperatur von zweiundsiebzig Grad erreicht wird, lösen sich automatisch die in der Nähe befindlichen Sprinklerdüsen aus und überströmen die Brandstelle mit einem Wasserregen, der das Feuer im Keim erstickt. Uns könnten Feuerbomben nicht so leicht etwas anhaben.«

»Ausgezeichnet, wirklich bemerkenswert«, versicherte der Ministerialrat.

Herr Lanz lächelt pflichteifrig: »Wir können aber auch wirklich regnen lassen; neben unseren Sprinkleranlagen verfügen wir auch über eine Drencheranlage. Durch sie können wir das Haus, im Falle eines Brandes, vom Dach bis zum Erdgeschoss in Regenschleier hüllen.«

»Sehr schön, sehr schön«, sagte der Generalstabsoffizier mit dem Eichenlaub.

Herr Direktor Lanz versuchte jetzt schnell, das Haus Alderman als richtung- und beispielgebend hinzustellen: »Man müsste alle lebenswichtigen Betriebe in Deutschland mit Sprinkler- und Drencheranlagen versehen«, sagte er.

»Ja, das wäre recht nützlich, vor allem für die lebenswichtigsten, die Rüstungsbetriebe; nur ein bisschen kostspielig.«

»Aber das gäbe die glänzendsten Arbeitsbeschaffungsmöglichkeiten. Für die Sicherheit des Vaterlandes dürfte auch nichts zu teuer sein.« Herr Direktor Lanz sah sich schon als Ratgeber des Generalstabes der Luftwehr.

In diesem Augenblick heulten die Sirenen auf, und Glocken begleiteten unheilvoll ihr schrilles Aufheulen.

Alle wussten, dass das nur ein Signal sei zur Probe, und doch wurden die Mädchen aufgescheucht von den Alarmzeichen, die klangen, als wüssten sie um die Vergeblichkeit ihres Rufes. Kopflos liefen die Angestellten durcheinander.

Aber Frau March hatte ihre Kaltblütigkeit bewahrt. Mit einer Armbewegung rief sie alle zur Besinnung. Sie stand da wie ein Dirigent, der den Tumult der Töne zu einem gesetzmäßigen Zusammenklang zwingt.

Schnell erinnerten sich einige Verkäufer und Lehrlinge ihrer Pflicht und begannen mit Streifen aus starkem Papier, die in einem besonderen Schrank in Reserve standen, die wandhohen Fensterscheiben quer zu überkleben.

»Wir wollen so die Scheiben vor dem Zerspringen schützen. Im Falle, dass eine Fliegerbombe in der Nähe krepieren sollte. Wir kombinieren die Schutzübung gegen Gas- und Brandbomben«, erläuterte Herr Lanz, der sozusagen außerhalb des giftigen Zauberkreises stehen sollte und sprechen durfte.

»Wirklich bemerkenswert«, versicherte der Ministerialrat mit dem grünen Rockaufschlag.

Die Mädchen hatten sich schon inzwischen, geführt von der dirigierenden Hand Frau Marchs, aus dem Knäuel des Durcheinanders zu einer ordentlichen Gänsereihe gefügt.

Alle hatten Taschentücher hervorgeholt, saubere, kräftige, sorgfältig gebügelte Taschentücher, denn man wusste, man würde sie in voller Öffentlichkeit zu einem höheren Zweck gebrauchen.

Diese Taschentücher, vor Mund und Nase gepresst, sollten sie vor den Einwirkungen der Giftgase schützen, bis sie den Raum, in dem sich ihre Gasmasken befanden, erreichten.

»Leider war es technisch undurchführbar, dass jeder auf seinem Arbeitsplatz die Gasmaske aufbewahrte«, sagte Direktor Lanz zu den Stabsoffizieren.

Emilie hatte noch schnell und auffallend, damit ihr Eifer Frau March nicht entgehe, ihr Taschentuch in ein zu diesem Zweck schon am Morgen hingestelltes Wasserglas getaucht. Ja, sie hatte es nicht vergessen, dass ein nasses Tuch besonders geeignet sei, das Eindringen von Giftgasen zu verhindern.

»So eine Streberin, diese Emilie«, flüsterte Tilly Anna zu. Sie hielt aber betreten inne, als sie die warnende Hand Frau Marchs erblickte. Tilly fand die ganze Szene wahnsinnig komisch. Diese endlose Reihe von weißen Taschentüchern, als hätte das ganze Haus Alderman gleichzeitig Nasenbluten bekommen! Ein dummer Lachreiz quälte sie. Von Zeit zu Zeit brachen aus ihr kleine, undisziplinierte Gickser.

Elisabeth ging vor ihr. Sie presste das Taschentuch vor Nase und Mund, als könnte sie so die Übelkeit bezwingen. Alle ihre Poren spürten giftigen Gasgeruch; es nützte ihr nichts, dass sie sich beschwichtigte: Es ist nur eine dumme Einbildung, das ist unmöglich.

Vor Elisabeth wankte Gilda wie eine, die durch Giftschwaden watet.

Alle Mädchen gingen, als wären sie gezwungen, durch schwere Hindernisse ihren Weg zu bahnen.

Die Hand Frau Marchs schrieb ihnen vor: Geht langsam! Schnelle Bewegung beschleunigt die Atemtätigkeit! Ihr müsst euch seitlich halten, so könnt ihr den Giftgasen leichter entgehen! Atmet flach, nicht tief!

Sie hatten die Garderobenräume erreicht, in deren Schränken die Gasmasken, jede auf ihrem Platz, warteten.

Die befehlenden Gebärden Frau Marchs gaben den Mädchenhänden den Auftrag, die Gasmasken zu umfangen. Sie hielten sie jetzt vor sich hin. Das alles ging lautlos und so schnell vor sich, dass die Gedanken dahinsterben mussten.

Elisabeth erzitterte, als sie das Gebilde aus Glas, Schlauch, Asbest in den Händen hielt. Sie wollte alles auf Kommando, ohne Bewusstsein tun wie die anderen. Aber die Gedanken brachen aus dem Gekläffe und Gehämmer der Schmerzen. Niemand darf ahnen, dass ich Angst habe, Angst, meinen Kopf in der Maske zu begraben. Wenn ich mich weigerte, wäre es eine nie wiedergutzumachende Schande. Ich muss sie aufsetzen, und wenn ich sterbe.

Aber wie sollte sie sie nicht aufsetzen, da sie in einer Linie mit so vielen steht, die mit der gleichen Bewegung die Masken über ihre Köpfe heben, um sie dann gleichzeitig fallen zu lassen wie ein Visier. Alle Gesichter sind jetzt vergraben, wie in einem Sarg.

Sie marschieren. Wie sollte Elisabeth nicht auch marschieren! Wie sollte sie die Füße anders setzen als die anderen. Wie sollte sie nicht gleich den anderen die Treppe gleichmäßig trappend hinuntergehen! Jetzt durfte man schnell gehen, jetzt hatten sie alle Gasmasken an. Jetzt streicht die vergiftete Luft, ehe sie sie einatmen, ehe sie in die Augen gelangt, durch chemische Stoffe, die das Gas unwirksam machen. Alle wissen das, sie haben es gelernt; Elisabeth weiß es.

Und doch, sie spürt das Gift, sie kann kaum atmen. In einem Atemeinsatz, der in die Gasmaske eingeschraubt ist, befindet sich das Filter. Elisabeth weiß das, Elisabeth hat das gelernt. Aber ihr ist, als läge ein schwerer Stein vor ihrem Mund. Der Helm stülpt sich auf ihren Kopf, als wollte er Bitterkeit aus allen Blutstropfen zu ihrem Mund pressen. Die Bitterkeit legt sich in die Höhlen der Wangen, auf die Zunge, ganz rau wird das rohe Fleisch. Ihr ist, als würde sich von nun an jeder Bissen und jeder Schluck in ihrem Munde bitter verwandeln.

Ihre Augen wurden eine widerliche, geleeartige Masse, trüb spiegeln sich die Gegenstände in ihnen wie in einem Sumpf; und doch sieht sie durch die Fenster der Maske die Gegenstände schärfer als sonst. Aber sie sind wie von Gift zersetzt.

In der Abteilung für Herrenkleidung sehen die Wachspuppen, an denen die Anzüge beispielhaft sitzen, wie Tote aus. Einige Frackschöße sind durch die dahinstürmenden Mädchentruppen in Bewegung geraten und wirken wie schwarze, fliegende Fledermäuse.

Die schillernden duftigen Abendkleider wehen leise und traurig wie leere Hüllen, unter denen das Fleisch von Maden zerfressen wurde.

Die Hüte mit grünen und roten Federn, die quer durch die weichen Filze gezogen sind, die Hüte mit zarten Blumen und Schleiern sehen aus, als wären unter ihnen die Köpfe weggeschossen.

In der Spielwarenabteilung ist das dumme Lächeln auf den Porzellangesichtern der Puppen erfroren, als wüssten sie, dass nie warme Kinderhände sie berühren würden.

In der großen Lederwarenabteilung türmen sich Koffer übereinander, als hätten sie Flüchtlinge in Verzweiflung durcheinander stehengelassen.

Die Uhren in der Uhrenabteilung zeigen alle eine andere Zeit, aber diese Zeiten sind vergangen; die Uhren stehen, als müsste man nicht mehr die Stunden kennen.

Ich bin vergiftet, dachte Elisabeth in hilflosem Schreck.

Der kleine, kalte Verstand wollte den Körper in Panik beruhigen, ihn einschläfern, einlullen mit dem Einwand, alles sei nur Spiel. Unernst. Einbildung. Aber der Körper ließ sich nicht beschwichtigen, er konnte das Spiel nicht mehr für Spiel nehmen.

Man hatte jetzt den Treppenabsatz erreicht, der zu den Kellern hinabführte. Hier war es schon ganz dunkel; die elektrischen Licht- und Gasanlagen blieben wegen der »Feuersgefahr« ausgeschaltet.

Vor den Mädchen stand Frau March und gab ihnen ein Zeichen; mit der Gasmaske sah sie genau aus wie die anderen. Nur das Rauschen ihres schwarzen, seidenen Kleides verriet sie.

Die Lichtwarte, die zwischen den Gruppen in bestimmten Abständen verstreut waren, zündeten die Kerzen an, die sie mit sich geführt hatten.

Der Weg hinab glich einer Schlucht, die zu einer Berghöhle führte.

Die Schatten der unförmigen Köpfe glitten über die Stiegen, als fielen sie in einen Abgrund.

Die Schritte zerstörten die Stille unten, aufgeschreckt gab sie die Laute weit hallend wieder.

Man hatte jetzt über einen Vorraum, der mit automatisch zuklappbaren Türen versehen war, die Schutzhalle erreicht.

Die Luken waren mit Sandsäcken verrammelt. In der Dunkelheit flammten Tafeln mit Aufschriften auf, die sich schnell wieder im Dunkel verbargen.

»Senfgasspritzer nicht mit der Hand abwischen!«

»Benetzte Hautstellen mit einem Tuch abtupfen!«

»Gegenstände nicht berühren!«

Über große Kisten leuchteten in Phosphor Worte: »Erde«, »Chlorkalkbrei«. Wie Reklameschriften in der Nacht!

Dann blitzte wieder eine leuchtende Schrift auf:

»Von Gas getroffene Hautstellen mit Chlor oder Erde bedecken!«

Die Kerzen wurden ausgelöscht. Die Lichtwarte erinnerten sich, dass offene Flammen Sauerstoff verbrauchen.

Nur hier und da blitzten Taschenlampen auf. Die Masken hockten auf der Erde, die abweisende Kühle ausströmte.

Die Giftgasvergifteten fielen vorschriftsmäßig um. Emilie hatte mit der Lebenswahrheit einer in die Ecke geschleuderten Wachspuppe die Beine von sich gestreckt.

Gilda aber lag da, als arbeitete in ihrem sich aufbäumenden, bebenden Körper das zerstörende Gift.

Sanitäter, die Gummianzüge und Gummihandschuhe schützend übergezogen hatten, näherten sich ihnen und gossen Chlor über sie aus. Dann stellten sie phosphoreszierende Tafeln über die Köpfe der Getroffenen mit der Aufschrift: »Giftgasvergiftete! Nicht anrühren!«

Emilie fiel ganz aus ihrer Rolle. Sie schüttelte sich wie eine Katze, die sich in einen Kalkeimer verirrt hatte.

Gilda aber erduldete alles, als wäre sie nicht mehr von dieser Welt. Ihr schönes Kindergesicht war von so grausamen Qualen verzerrt, dass die Mädchen trotz des Verbotes zu ihr eilten, sie trösteten, beschwichtigten.

Jetzt war das Programm eigentlich schon erledigt; man wartete auf das Signal, das das offizielle Ende der Übung verkünden sollte.

Die meisten Mädchen hatten die Gasmasken abgenommen. Tilly hatte sich gerade gegenüber den »Gasvergifteten« auf den Boden gekauert, sie hielt die Haube im Schoß und lachte; die Tränen liefen über ihr Gesicht. Sie lachte. Sie glich einer Irren. Sie lachte.

Die Offiziellen kümmerten sich nicht um sie, sie umstanden die Herren aus dem Luftfahrtministerium.

Herr Direktor Lanz machte mit seiner gleichmäßigen Stimme, die doch die Wichtigkeit seiner Worte unterstrich, Angaben über Kosten und Entstehungszeit des Schutzkellers. Das Haus

Alderman hatte ein Lagerhaus errichten lassen, um die Keller, in denen früher Ware aufgestapelt war, frei zu machen.

Hier sollte ein Muster-Sammelschutzraum entstehen, der kaum seinesgleichen hatte. Im Falle einer Gefahr würden phosphoreszierende Tafeln die Passanten, die von einem Bombenoder Giftgasangriff auf der Straße überrascht würden, auf den Sammelschutzraum des Hauses Alderman hinweisen. Von der Straße her würde auch erst eine Vorhalle, die mit Saugapparaten versehen sei, zu dem Hauptschutzraum führen. Auch hier würden die Türen hermetisch zuklappen, um das Eindringen der Giftgase von der Straße aus zu verhindern.

»Und hier, die Wände!« Die Hand Direktor Lanz' glitt streichelnd über die Mauer. »Alle sind mit feuerhemmendem Anstrich überzogen.«

»Ausgezeichnet, wirklich bemerkenswert«, sagte der Ministerialrat, während die Herren mit Eichenkranz und Eichenlaub sämtliche Luftschutzwarte zu der ungewöhnlich gelungenen Übung beglückwünschten.

Der Herr mit dem Eichenkranz wandte sich noch besonders zu Direktor Lanz:

»Die Sorgfalt, mit der Sie alle Einzelheiten bedacht haben, ist wirklich vorbildlich. Wir werden nicht versäumen, Luftschutzrevier I/182 unserer vorgesetzten Stelle besonders lobend zu erwähnen.«

»Ein Lob von so fachmännischem Mund ist Lohn für alle Mühen und Kosten«, versicherte Direktor Lanz im Namen des Hauses Alderman. »Sie sehen hier bei uns die Organisationsmöglichkeiten eines großen Hauses.«

»Unleugbar, unleugbar«, bestätigte der Herr mit dem Eichenkranz.

Die »Gasvergifteten« begannen sich vom Chlorbrei zu säubern. Aus dem Durcheinander wurden befreite Rufe hörbar: »Gott sei Dank, das Theater ist vorbei!« – »Ich will nie wieder Gasvergiftete sein!«, sagte Emilie. »Ich habe genug davon.«

Nur Elisabeth stand an die Wand gelehnt, unfähig, sich zu bewegen. Ihre Hände wehrten sich gegen die geringste Kraftanstrengung und lagen tatenlos an den Seiten. Sie hoben sich nicht, um die Maske abzulegen. Wieder entstieg widerliche Bitterkeit ihrem Inneren und brach aus ihrem Mund. Vielleicht wollte sie ihren Händen diese Bewegung gar nicht befehlen; sie hatte Angst, die Mädchen könnten ihre Niederlage erspähen, wenn sie die Maske ablegte. Das wäre schrecklich, niemand darf erfahren, dass gerade sie versagt hatte. Sie blieb abgeschlossen in der doppelten Dunkelheit des Kellers und der Haube.

Ich bin vergiftet, etwas in mir ist vergiftet.

»Menschenskind, was ist mit dir los? Du zitterst ja am ganzen Körper.«

Sie hörte die ruhige, warme Stimme Annas. Anna, ein Mensch aus dieser Welt, liebe Anna! Sie klammerte sich an diese Hand, die sich ihr entgegenstreckte, als könnte sie sie ins Leben zurückführen.

Anna nahm ihr die Gasmaske ab. Die breiten, straffen Wangen waren verschmiert. Ihr Gehirn schmerzte, als lastete weiter die Haube auf ihm.

Anna hatte sich über sie gebeugt: »So, jetzt tupfen wir die bösen Gase ab, ganz vorsichtig.«

Anna lachte. Ganz leicht huschte das Tuch über Elisabeths Gesicht.

»Du, Anna, du darfst nie im Leben jemandem erzählen, was mit mir geschehen ist.«

»Sei ruhig, ich werde es nie verraten.«

»Ich begreife mich nicht. Ich verstehe nicht, wie mir das geschehen konnte. Anna, schwöre.«

»Also, Elisabeth, ich schwöre dir genauso feierlich, als wäre ich Frau March und stünde vor dem Amtsvorstand, der mich als Luftschutzhauswartin verpflichtet, von genauso tiefem Ernst durchdrungen, schwöre ich, kein Lebender soll je erfahren, dass sich Elisabeth Weber bei der Gasschutzübung bekotzt hat. Bist du nun zufrieden?«

Sechstes Kapitel
Kostenanschlag des Familienglücks

»Wie viel würdet ihr im Monat brauchen, wenn ich nicht zu Hause wäre?«, fragte Elisabeth.

Sie verfolgt mit den Augen, die wie die Linse einer leeren Kamera die Bilder aufnimmt, ohne sie festzuhalten, die tätigen Hände ihrer Mutter. Sie kramen in dem Wäschekorb, in dem jedes Stück, wie ein Invalide des Lebens, der Pflege harrt.

»Willst du denn fortziehen?«

»Nein, Mutter, ich frage nur so. Ich meine, wie viel braucht ein Ehepaar, um leben zu können?«

Elisabeth blickt der blitzenden Nadel nach, die gierig von einem Loch gefressen wird.

»Willst du denn heiraten?«

»Mutter, ich frage nur; ich habe mich bis jetzt gar nicht darum gekümmert, was das Leben kostet, ich habe dir nur ganz gedankenlos das Geld gegeben und wusste nicht, wie du es in Essen, Wohnen, Licht und Wärme aufteilst. Man sollte doch wissen, was das Leben eigentlich kostet.«

»Welches Leben? Du kannst so leben und so leben.«

»Ich meine das einfachste Leben.«

Elisabeth hatte ein weißes Blatt vor sich liegen, sie malte darauf Zahlen; eine steile Falte zeichnete sich zwischen den Augenbrauen ab, als schrieben die Gedanken hinter der Stirn schon andere Ziffern, die ihr Sorge machten.

»Die Miete! Wie viel Miete zahlen wir ganz genau?«

Aber ihr Bleistift wartete auf gar keine Antwort, er schrieb allerlei Zahlen durcheinander.

Die Miete? Was nützt es ihm, wenn er weiß, in dieser alten, verfallenen Mietskaserne kostet die Wohnung soundso viel. Könnte man Erwin eine solche Wohnung zumuten? Mit den

Gerüchen, die sich aus den Wohnungen der verzweifelten Armut befreien und, wie nach Gefährten suchend, zu den Nachbarn dringen! Mit der Feuchtigkeit, die sich frech ausbreitet, weil keine Wärme sie verjagen kann! Mit dem Klosett im Hof links! Mit dem Lärm, der, gemischt aus Kindergeschrei, Zank, Radiogedröhn, Geschirrgeklapper, wie eine lästige Begleitmusik jeden Gedanken und jeden Traum begleitet!

Aber eine Neubauwohnung! Schreib nicht, Blei! Es hätte doch keinen Zweck!

»Was kostet Licht?«

»Es kann viel kosten, es kann wenig kosten. Du kannst in Helligkeit leben oder im Dunkeln.«

»Was kostet Heizung?«

»Was hat es für einen Sinn, zu fragen, was alles kostet? Du kannst frieren, und es kann dir warm sein.«

»Aber sag doch, wie viel ist das Wenigste, was man braucht?«

»Das Wenigste? Du kannst, solang du da bist, immer zwischen Leben und Tod wandern; fehlen dir einmal ein paar Mark, dann bist du schon nach der bösen Seite gekippt, der Tod kann dich leicht haben. Dann bekommst du doch die paar Mark, immer nur die armseligen Pfennige, die dich gerade vor dem Schlimmsten retten, aber nicht mehr. Nie so viel, dass du aufatmen könntest. Von wie viel kannst du leben? Von so viel, dass du jeden Tag denkst: Jetzt ist es zu Ende! Und dann geht es doch weiter! So war es bei mir, meist war es so.«

»Aber, siehst du, Mutter, es ging doch, man muss nur kämpfen. Es ist vielleicht ganz schön, wenn man so für sein Leben kämpfen muss?«

»Ich hätte dir Besseres gewünscht. Ihr Jugend von heute, ihr denkt doch überhaupt nicht an die Zukunft, euch ergeht es noch schlechter als uns. Als ich so alt war wie du, hatte ich schon einen Teil meiner Ausstattung beisammen, Leintücher, Kissen, Handtücher, alles haltbar, nicht so ein Zeugs, was man heute verkauft. Und zwei Federbetten hatte ich, sie waren so leicht, als wären sie mit Daunen gefüllt gewesen; beste Gänsefedern, nicht solche, wie man sie in der Stadt bekommt. Aber ich habe sie hergeben müssen im Kriege. Die Unterstützung reichte doch nicht, ich habe sie gegen Mehl und Fett getauscht.«

Die Mutter schwieg. Elisabeth wusste, sie hatte ein Kind begraben. Vielleicht hatten das Mehl und das Fett nicht gereicht.

Nach einer Weile sagte die Mutter:

»Und du, du hast gar nichts.«

Plötzlich wurde das Gesicht Elisabeths ganz hell, die Falte zwischen den Augenbrauen verschwand, ihre Hand berührte leicht den Arm der Mutter.

»Siehst du, heute haben wir es gar nicht nötig, Groschen auf Groschen zu legen, um uns sauer Stück für Stück zu kaufen. Hitler hilft der Jugend. Du vergisst, Mutter, die Ehestandsbeihilfe …!«

»Hör doch auf mit dem ewigen Unsinn. Das nennst du Hilfe!«

Die Mutter hatte einen ganz roten Kopf bekommen.

»Du bekommst ein paar Möbelstücke, und dafür kann man dir vorschreiben, was du in Zukunft zu tun und zu lassen hast, ob du arbeitest oder nicht, ob du Geld verdienst oder nicht. Du bekommst Ehestandsbeihilfe, ja, aber dafür musst du deine Stellung aufgeben, dafür fragen sie dich nach deiner Gesinnung und nach deinen Urahnen. Und damit bist du zufrieden, ja, das findest du schön und richtig?«

»Ach, Mutter, du bist ungerecht. Ist es nicht selbstverständlich, dass man für Hilfe auch Gegenleistung verlangt?«

Elisabeth kritzelt nicht mehr, sie denkt an die Ehestandsbeihilfe und wie man sie erlangen würde:

Wie gut, wie herrlich, dass wir beide der gleichen Rasse angehören. Wie schrecklich wäre es, wenn Erwin Jude wäre oder ich eine Jüdin. Würden wir deshalb anders fühlen? Aber wozu solche Gedanken? Wie wunderbar, dass wir die gleichen Ansichten haben, dass wir beide zu Hitler gehören, dass er für uns beide der Führer ist. Wie wäre es, wenn Erwin Kommunist wäre, würde ich ihn dann auch lieben? Ich glaube, ja. Aber wie schrecklich wäre es! Oder ich wäre Kommunistin! Würde Erwin mir dann auch gehören? Nein, ich kann es nicht glauben, bestimmt würde er von mir nichts mehr wissen wollen. Ich liebe ihn mehr als er mich! Meine Gefühle würden sich nicht ändern. Aber was für unsinnige Gedanken – wir gehören zusammen, nichts braucht uns zu quälen!

Die Mutter begann wieder zu sprechen:

»Deine großartige Ehestandsbeihilfe – als ob man nicht jeden Pfennig zurückzahlen müsste. Bei den Henkels oben in der vierten Etage haben sie die Möbel wieder zurückgeholt, weil sie die Raten nicht bezahlen konnten. Schöne Hilfe!«

»Aber warum konnten sie die Raten nicht bezahlen? Weil der Mann seine Stellung verloren hat. Und warum hat er sie verloren? Wegen politischer Unzuverlässigkeit. Meinst du, der Staat soll noch seinen Feinden Geschenke machen?«

»Ja, du hast recht, alle, die nicht bei Hitler sind, sollen verhungern und krepieren. Aber du, du bist doch bei ihm; warum sitzt du denn dann da mit so 'nem sorgenvollen Gesicht? Denkst du, ich kenne dich nicht?«

»Ich bin nicht bei Hitler, weil ich jede Sorge los sein will. Aber du, Mutter, du gibst mir keine Antwort auf meine Frage.«

»Weil du keine Antwort hören willst. Da brüstest du dich groß mit der Ehestandsbeihilfe. Jeder Möbelhändler gibt dir eine solche Beihilfe, wenn er eine Sicherheit hat. Arbeitslosen gibt der Staat auch keine Ehestandsbeihilfe, nur wenn du deine Arbeit aufgibst, dann – ein Möbelhändler wird das nicht von dir verlangen.«

»Wenn man ein Kind bekommt, muss man nicht alles zurückzahlen. Ein Drittel wird erlassen.«

Elisabeth lauschte erschrocken dem heiser belegten Ton ihrer Stimme nach: Ich hätte nichts sagen sollen; wozu ihren Verdacht erregen?!

Die Mutter hatte die Brille abgelegt, als könnten die Gläser sie hindern, klar die Wahrheit zu sehen. Elisabeth hatte sich schnell wieder über das Blatt gebeugt und schrieb ordentlich und sauber hintereinander die Worte, die in ihrer Gesamtheit die Grundlagen des Lebens waren: Brot, Mehl, Butter, Fleisch, Margarine, Eier. Man musste nur danebenschreiben, was das alles kostete, und schon hatte man den Preis des Lebens.

»Ein Drittel wird dir erlassen?«

»Nicht mir, ich spreche doch im Allgemeinen, nicht von mir.«

»Ich spreche auch nicht von dir, ich spreche von denen, die es betrifft. Ein Drittel wird erlassen, aber die Frau darf nicht mehr arbeiten. Verdient heute der Mann mehr, oder verdient er weniger? Ein Drittel wird erlassen, aber meinst du, es kostet nichts, ein Kind aufzuziehen?«

»Was kostet ein Kind, was kostet Milch, Mutter? Was kostet Butter, was kostet Margarine? Warum sagst du mir nicht einfach die Preise?«

»Ich sage dir nicht die Preise, weil andere die Preise machen. Was willst du aufschreiben? Morgen ist doch wieder alles teurer.«

Warum kann die Mutter nie ruhig und sachlich antworten? Elisabeth weiß, was hinter den Worten der Mutter klingt. Sie will sagen: Deine großen Herren machen das Leben der kleinen Leute teuer.

»Versuch nur, fein säuberlich alles aufzuschreiben, morgen schon macht man einen Strich durch deine Rechnung.«

»Du stichelst nur immer, Mutter.«

»Geh nur, du, geh nach deinem eignen Kopf, gib nur Acht, dass du ihn dir nicht einrennst.«

Es ist gut, dass ich weit von hier wegkomme, denkt Elisabeth. Es wird schön sein, mit einem Menschen zu leben, der genauso denkt wie ich.

Wie ein Geizhals immer an Geld denkt, so gaukeln vor Elisabeths Augen Bedarfsdeckungsscheine. Sie sind schöner als Geld, sie sind wie eine Bürgschaft des Heimes, sie strahlen Wärme aus wie der eigene Herd. Sie sind nicht unpersönlich wie Geld, das unnütz und unrecht vergeudet werden kann.

Wie viel werde ich bekommen? Tausend Mark? Nein, so viel nicht, wir könnten das auch gar nicht zurückzahlen; Erwin verdient zu wenig. Die Dekorateurin, die den Filialleiter geheiratet hat, bekam tausend Mark, aber die hatte ja auch eine bessere Stellung als ich. Wie viel würden wir bekommen? Achthundert Mark? So viel wohl auch nicht, aber sechshundert, so viel bestimmt! Wir sind doch beide schon so lange bei Hitler. Es wird großartig sein, mit so viel Bedarfsdeckungsscheinen Einkäufe zu machen.

Elisabeth umkreiste die Möbelgeschäfte. Da sah sie wie in einem Zauberspiegel ihr zukünftiges Leben. Hinter den Fensterscheiben standen in jeder Preislage die Träume vom bürgerlichen Glück. Sie suchte das Billigste. Aus der Ferne wirkte alles gleich, Mahagoni und Fichtenholz mit Mahagonianstrich, die Eisbärfelle und die Bettvorleger aus weißen Baumwollresten, das Kristall und das Pressglas, Silber und das billigste Alpaka.

Elisabeth begann zu rechnen. Wie viel Bedarfsdeckungsscheine kostet dieser Tisch, an dem sich die Familie schmausend niedersetzen kann? Wie viel die Lampe, die so sanftes Licht ausstrahlt, wie viel das Bett mit weichen Polstern und schneeweißem Überzug, das die Flanierenden zum Ruhen einlädt. Das Heim im Schaufenster!

Elisabeth sieht die Bedarfsdeckungsscheine dahinschmelzen, bevor sie sie noch bekommen hat. Was braucht man nicht alles, und warum braucht man es?

Elisabeth sieht eine Rechnung ohne Grenzen:

Miete
Licht
Gas
Wäsche
Möbel
Kleider
Nahrung
Schuhe

Fahrgelder
Reparaturen
Kinderzeug

Unendlich lang, ohne Grenzen scheint ihr die Rechnung, die ihr das Familienglück präsentiert.
Werden sie sie bezahlen können?

Siebentes Kapitel

Der Stammbaum

Ein kurzer Satz, und plötzlich sind alle Sorgen mit weicher Hand weggewischt, nur die Worte:

»Komm morgen Nachmittag zu uns, meine Mutter möchte dich kennenlernen.«

Alles ist so einfach, so gut, so schön. Das Leben bekommt ein warmes, gütiges Antlitz.

Elisabeth wirft das Laken über das alte Sofa, das ihr als Bettstatt dient, und streicht es gerade.

Lebe wohl, du alte Berg-und-Tal-Bahn, die du mit deinen Drähten mir Ringe in das Fleisch schnittest, aus Rache, dass du eine so schwere, starke Person erdulden musstest, statt deine wohlverdiente Altersruhe zu genießen. Du sollst dich bald der Muße erfreuen, denn ich werde mein eigenes Heim haben und ein Bett.

Lebe wohl, du arme Plüschdecke, die du aussiehst wie das traurige Fell eines räudigen Hundes.

Lebe wohl, du Vase mit dem abgebrochenen Schnabel, du hast oft Erwins Blumen beherbergt. Meine Mutter hatte dich auf einem Jahrmarkt gewonnen, auf dem sie zum ersten Male Arm in Arm mit meinem Vater sich zwischen die Buden drängte.

Aber du, Bild meines Führers, du wirst mit mir kommen, immer wird dir ein Ehrenplatz eingeräumt werden, wohin ich auch gehe. Du guter Führer, führe mich zum Glück. Du willst uns Jugend Glück geben, ein einfaches und gesundes Glück. Wir wollen nicht verkommen wie die Jugend, die uns voranging, in Schützengräben, im Elend, in Arbeitslosigkeit, auf der Straße. Führe uns jetzt. Einmal nur hatte ich Zweifel. Ich fragte: Wohin führst du uns? Aber es war nur ein Augenblick des Kleinmutes, glaube es mir, mein Führer.

Morgen! Morgen wird alles gut! –

Und jetzt war morgen. Elisabeth stieg mit Erwin die Treppen des Hauses in der Schlüterstraße hinauf. Das war ein anderes Stiegenhaus als das in der Vinetastraße. Es war nicht die samstägliche, halbstündliche, mühselig erscheuerte Sauberkeit, die sofort von schmierigen Kinderhänden, Frauenlatschen, dreckigen Männerstiefeln, eifrigen Kugeln, hüpfenden Kreiseln, verirrten Kohlenstücken und Brotkrumen verwischt und vermanscht wird. Es schien, als lauerten im Treppenhaus der Schlüterstraße unsichtbar feste Reinemachehände und gönnten keinem Staubkorn kürzestes Verweilen. Die roten Läufer verrieten, wie verschwiegene Diener, keine Fußspuren. Sie wurden von hellglänzenden Messingstäben in Ordnung gehalten. Bronzene Göttinnen, die nur mit einem leichten, fließenden Tuch umgürtet waren, hoben dienend Leuchter hoch, deren sanftes Licht auf die Treppen strömte.

»Ich habe mir gleich gedacht, dass du so vornehm wohnst.«

»Ach, rede keinen Unsinn. Weißt du, früher stand hier unten groß eine Tafel: ›Nur für Herrschaften‹. Das ist ja nun mal endgültig vorbei. Herrschaften! Solche reaktionären Begriffe kennen wir nicht mehr in der Volksgemeinschaft. Die SA, die HJ und die PO haben gemeinsam eine Aktion durchgeführt gegen solche entwürdigenden Aufschriften. Weg mit ihnen! Du wirst zwischen Meineke- und Bleibtreustraße keine solche Tafeln mehr sehen.«

»Nur zwischen Meineke- und Bleibtreustraße?«

»Natürlich werden die anderen auch noch drankommen, das ist ja selbstverständlich.«

Elisabeth wollte noch fragen: Aber benutzen denn das Milchmädchen, die Zeitungsfrau, die Dienstmädchen jetzt diese Treppen?

Aber nein, nicht immer fragen, immer zweifeln, nicht immer denken: Was würde der oder jener jetzt sagen, der gegen Hitler ist? Nicht immer sprechen, nicht alles verderben.

Dann sagte sie: »Bei uns im Treppenhaus steht auch eine

65

Tafel: ›Das Herumstehen und jede laute Unterhaltung im Flur ist streng untersagt.‹«

»Diese Tafeln müssen auch fort, alle Tafeln! Die Jugend wird sie niederreißen.«

Erwin half Elisabeth aus ihrem Mantel. Sie wagte kaum, in den klaren Spiegel zu blicken. Ihr Bild erschien ihr trampelhaft in dem Rahmen, auf dessen dunklem Ton helle Blumen eingepresst waren, zierlich und doch wie für die Ewigkeit bestimmt.

Als sie das Zimmer betraten, hoben drei Damen gleichzeitig den Kopf. Eine, im mittleren Alter, stand auf und kam mit ausgestreckter Hand Elisabeth entgegen. Sie begrüßte sie in höflichem, aber zu nichts verpflichtendem Tone.

Die beiden anderen Damen warteten, bis Elisabeth zu ihnen hinkam und ihnen die Hand gab, dann erhoben sie sich kaum sichtbar auf einen kurzen Augenblick.

Elisabeth wurde aufgefordert, an dem Teetisch Platz zu nehmen. Man trank sehr dünnen Tee aus sehr dünnen Teetassen. Elisabeth hatte Angst, sie könnten in ihren schweren Händen zergehen.

»Das ist Ludwigslust«, erklärte ihr die älteste Dame, die Großmutter, der die behutsame Art, mit der Elisabeth die Tasse hielt, auffiel. Sie sprach zu ihr, als wäre sie eine Porzellankennerin: »Das ist das blaue Zwiebelmuster, mein Onkel war Direktor der Porzellanmanufaktur. Als Kind war es für mich die größte Belohnung, wenn ich durch die Arbeitsräume gehen durfte. Wenn ich dieses Service benutze, muss ich immer an die schönen alten Zeiten denken.«

»Tun wir der Gegenwart nicht unrecht«, sagte die Mutter.

Man aß kleine, steinharte Biskuits, die die Damen mit diskreter Bewegung im Tee zergehen ließen, bevor sie sie zum Munde führten. Sie entnahmen sie einem Lackgefäß, auf dem Blumen, Schmetterlinge und Baumblätter so lebendig, und dem Leben doch so vollkommen entrückt, hingehaucht waren, dass sie Elisabeth zwangen, ihre Schüchternheit und Abwehr zu überwinden, und sie rief: »Wie schön!«

War es nicht unrecht, sich überhaupt mit solchen Dingen abzugeben?

»Nicht wahr?«, sagte die Großmutter, »das ist ein Erbstück von meiner Mutter, sie hat es von einem Verehrer bekommen, der Großkaufmann in Japan war und auf Besuch nach Deutschland kam. Er wollte meine Mutter heiraten, aber daran war gar nicht zu denken. Schon einer, den man nicht in der Stadt hat aufwachsen sehen, war ein Fremder, dem gegenüber Vorsicht geboten war. Aber einer, der nach Japan zog, der konnte nur ein Abenteurer sein. Meine Mutter hat uns Kindern oft von Japan erzählt, von einem Japan, wie es in ihrer Vorstellung lebte.«

Ich komme ja von viel weiter her als von Japan. Die hier kennen sicher gar nicht meine Welt. Elisabeth fühlte sich so fremd, sogar Erwin schien ihr ganz verändert. Er war ein wohlerzogener junger Mann, der lächelnd und höflich Zucker und Zitrone herumreichte und den man sich gar nicht als SA-Mann vorstellen konnte.

»So junge Menschen können doch sicher gar nicht verstehen, wie man so stark von der Vergangenheit angezogen werden kann.«

»Na, ich kann's sicher nicht kapieren, besonders wenn man in so einer großartigen Zeit lebt wie wir.« Das war wieder der alte Erwin.

»Es ist wie ein Wunder«, versicherte die Tante, die der japanischen Dose ein neues Stück Biskuit entnahm. »Wir standen vor einem Abgrund, als der Retter kam.«

»Ja«, sagte die Mutter, »nach diesen dunklen Tagen wieder Hoffnung. Wie wahr ist doch der alte Spruch: Wo die Not am größten, ist Gottes Hilfe am nächsten!«

»Wir alten Leute können Verschiedenes nicht ganz begreifen, aber vielleicht wird jetzt unser Leben leichter.«

»Aber Großmutter, du meckerst ja, und ich habe Elisabeth erzählt, dass du auch für Hitler bist.«

»Also, zum Beispiel so etwas: ›Großmutter, du meckerst!‹ – so etwas wäre zu meiner Zeit unmöglich gewesen, und noch manches andere auch.«

Die Mutter lenkte schnell ein: »Sie tragen schon lange des Führers Kleid, mein Kind?« Und ohne eine Antwort abzuwarten, setzte sie hinzu: »Das ist schön!«

Die ahnen sicher gar nicht, wie schwer es mir oft wurde. Aber ich sollte gar nicht so hässlich denken: Die!! Sie können mir doch nicht fremd sein, denn sie gehören ja zu Erwin.

Ihr gegenüber hing sein Bild, im Matrosenanzug, vor dem Hintergrund eines Kriegsschiffes, er mochte darauf elf oder zwölf Jahre alt sein. Das Kinn sprang schon hart aus dem weichen, kindlichen Gesicht vor, die runde Matrosenmütze saß etwas schief auf dem kurzgeschorenen Kopf.

Daneben war er als kleines, nacktes Dickerchen abgebildet.

Elisabeth betrachtete sein Bild mit solcher Innigkeit, als wollte sie es in ihr Inneres versenken. In ihr wuchs vielleicht etwas ihm Nahes, Ähnliches.

Die Mutter wurde des hingegebenen Blickes gewahr, mit dem Elisabeth das Bild betrachtete; sie sagte erklärend: »Diese Aufnahme haben wir eine Woche vor Kriegsausbruch machen lassen; mein Mann nahm sie mit ins Feld wie ein Amulett.«

Konnte sie sich hier wirklich fremd fühlen, in diesen Räumen, in denen Erwin lebte? War sie nicht mehr als seine Mutter? Sie war ja stärker mit ihm verbunden als die anderen, die hier häuslich lebten. Sie konnte ihn zurückzaubern, neu gebären, neu entwickeln, neu erziehen.

Als sie vom Teetisch aufstand, sagte die Mutter: »Kommen Sie, mein Kind, ich will Ihnen etwas zeigen, das Sie sicher interessieren wird.«

Elisabeth folgte ihr gehorsam und fing noch schnell einen unruhigen, unsteten Blick Erwins auf. Er hatte sie allein gelassen.

Neue Zimmer öffneten sich. Die Möbel standen so unverrückbar da, als könnte ihr Platz ebenso wenig geändert werden wie die Formen einer Landschaft. Die Teppiche leuchteten freudig, das Alter machte sie nur noch frischer. Silber schimmerte gegen das Dunkel der Möbel, in Glasschränken standen Tassen.

Fächer, wie Abglanz vergangener Freuden, schmiegten sich an alte Spitzen.

Der Mutter missfiel Elisabeths allzu aufmerksamer Blick, ihr schien, als würde sie jedes Stück abwägen. Aber das Mädchen wollte sich nur für immer jede Linie, jede Farbe einprägen wie ein Bild, das man fürchtet, nie wiederzusehen.

»Kommen Sie, setzen Sie sich, mein Kind«, sagte die Mutter, die sich an einen Schreibtisch, der zu leicht für jede Arbeit schien, gesetzt hatte.

Elisabeth fühlte sich zu plump für den Sessel, den sie ihr anwies, als müsste unter ihrer Schwere der Glanz der Seide erlöschen, die blassblauen Blümlein vollends verwelken. Ihre derben Schuhe spiegelten sich unbeholfen in dem Parkett. Ihr war, als lehnten die Gegenstände sie ab.

Frau Dobbien hatte ihren Schreibtisch geöffnet, die Hände umspannten eine Rolle, die sie langsam vor sich ausbreitete.

Auf dem Blatt war ein weitverzweigter Baum, der viele Früchte trug und weite Schatten warf. Sorgsam und haarscharf genau waren die Linien gezogen. Erst bei näherem Hinschauen war zu entdecken, dass die Früchte verkleinerte Abbildungen waren und eine winzige Ahnengalerie darstellten.

»Ist das nicht entzückend?«, fragte die Mutter, die Elisabeth näher zog. »Ein Verwandter von uns hat dieses Bild gemacht. Im Mittelalter wäre er sicher ein Miniaturmaler geworden. Heute widmet er sich Stammbäumen, mit welcher Geduld, mit welcher Liebe! Diesen hat er natürlich mit besonderer Hingabe gemacht, er ist ja selbst eine Frucht dieses Baumes. – Hier, das sind meine Urahnen, sie waren friesische Bauern, richtige Könige auf ihren Inseln. Wir besitzen von ihnen noch einige Schmuckstücke aus handgetriebenem Gold, es sind wahre kleine Kunstgegenstände.«

Da lag die Hand Frau Dobbiens quer über dem Stamm und den Ästen, durch die weiße, durchsichtige Haut liefen wie unruhige blaue Flüsschen die Adern; die Nägel schimmerten rosig poliert und endeten in gleichmäßigen weißen Halbmonden.

Unsichtbar, und doch in allen Einzelheiten gegenwärtig, lag daneben die Hand der Mutter Weber.

Erwin würde vielleicht abgestoßen werden, aber Elisabeth kannte die Geschichte der Schrammen des von Gicht gekrümmten kleinen Fingers, ihr waren die grauen Linien, die die Kartoffelschalen in die geritzte Haut einzeichneten, vertraut.

»Und da, sehen Sie, Kind, mein Großvater; er war Pfarrer in der Gegend von Husum; er erinnerte an eine Gestalt von Storm. Sie kennen doch sicher diesen großen Romanschriftsteller?«

»Nein, den kenne ich nicht.«

Was ist denn mit mir, was habe ich denn erhofft? Dass sie mir um den Hals fallen wird und sagen: Du bist meine Tochter, du gehörst zu uns? Wir rücken ein bisschen zusammen, und du bleibst hier? War ich wirklich so dumm, mir Ähnliches auszudenken?

Der Zeigefinger mit dem spitzen Nagel bewegte sich weiter zwischen den Ästen und Früchten: »Der Vater meines verstorbenen Mannes, er war Offizier. Erwins Vater hätte auch lieber die militärische Laufbahn ergriffen, aber die war zu kostspielig in der kaiserlichen Zeit, und die Mittel waren knapp. – Mein Vater war Privatgelehrter. Wir waren viele Kinder zu Hause. Ach, Sie können sich nicht vorstellen, wie man bei uns alles einteilen musste.«

Elisabeth musste lächeln. Was die Schwierigkeiten des Lebens betraf, da fühlte sie sich bei weitem Erwins Mutter überlegen.

Frau Dobbiens Hand führte Elisabeths Augen zu einem Bilde an der Wand, auf dem ein Offizier mit Orden, Arm in Arm mit einer Dame in weitausgeschnittenem Ballkleid, abgebildet war.

»Dort sind Erwins Großeltern.«

»Meine Vorfahren waren Bauern und Arbeiter«, sagte Elisabeth, und sie wusste gar nicht, dass ihre Stimme kalt und hart klang. »Wir haben keine Bilder zu Hause.«

Nein, die gab es bei ihnen nicht, nicht einmal ein Hochzeits-

bild der Eltern. Die Mutter war schon in Umständen, als sie hei-
rateten. Sie trug den toten Bruder.

Nur ein Bild des Vaters als Muschkot hing im Schlafzimmer,
da war er mit vielen anderen fotografiert, die sich alle vollkommen ähnlich sahen.

»Aber Kind, das ist doch schön, man kann darauf nur stolz
sein, wenn man sagen kann: Ich entstamme Bauern und Arbeitern. Alle haben nach ihrer Art dem Vaterlande gedient;
und darauf kommt es an, dass sich jeder mit ganzer Kraft einsetzt.«

Elisabeth blickte auf das Blatt, das auf dem Schreibtische aus-
gebreitet war. Plötzlich war der starre Stolz von ihr gewichen.
Ihre Hand lag vertraulich auf dem Baumstamm, ihre Finger berührten eine Frucht an der äußersten Spitze eines Zweiges: »Das
ist doch Erwin, nicht wahr?«

Die Stimme der Mutter wurde ernst, fast feierlich: »Ja, das ist
Erwin. Wäre es nicht schade, wenn diese Frucht unreif gepflückt
würde, hinabgerissen von dem Baume, aus dessen Wurzeln sie
nur gespeist werden kann? Sie würde dem Elend preisgegeben
sein; eine Frucht muss erst ihr Wachstum voll erfüllen. Kann
und darf Unreifes Opfer fordern?«

»Nein, niemand will Opfer, niemand will Unreifes pflücken.«

Elisabeth spürte, dass sie zu laut, zu unbeherrscht war. Sie redete nicht richtig, sie konnte sich nicht so gewunden, nicht so
unpersönlich ausdrücken, aber sie verstand sehr gut: Sie war eine
Fremde, die nichts an dem Baum zu suchen hatte, man jagte sie
mit schönen Worten weg!

Die Tür öffnete sich, und im Rahmen erschien Erwin mit
ängstlichem Gesicht.

Die Musik im Nebenzimmer endete, das Radio gab die
Pausenzeichen: Volk ans Gewehr! Volk ans Gewehr!

Erwins Augen schienen zu fragen: Was hast du ausgerichtet,
warst du geschickt?

War es ihre Schuld, dass alles im Nichts endete?

Die Mutter sagte in dem gleichen höflichen und unverbindlichen Tone wie bei ihrem Kommen: »Es hat mich wirklich gefreut, Sie kennenzulernen.«

Elisabeth hatte nur einen Gedanken: Du darfst hier nicht weinen, du darfst nicht!

Unerträglich oft wiederholte der Lautsprecher:

Volk ans Gewehr! Volk ans Gewehr!

Achtes Kapitel

Jugend, mach Platz!

Für Elisabeth tragen die Minuten schwere Bleigewichte. Es musste eine Entscheidung kommen, etwas Endgültiges beschlossen werden. Aber sie machen nur Pläne. Wenn sie Erwin hört, ist alles gut: Dummes Kleines, warum machst du dir Sorgen? Meinst du, ich werde dich im Stich lassen? Schau mir in die Augen, glaubst du so etwas?

Nein, Elisabeth glaubt das nicht! Wird die Last nicht zu schwer, armer Erwin?

Kleinmütige, hast du Angst vor dem Leben? Wenn ich dich stütze, brauchst du dich nicht zu fürchten, wir werden uns schon durchbeißen, wir werden uns durchschlagen.

Ja, Erwin.

Wir werden heiraten, wir werden erst ein möbliertes Zimmer nehmen; man kann auch in einem möblierten Zimmer glücklich sein.

Ja, ich werde weiterarbeiten, und wir werden sparen.

Wir werden nur das Billigste essen, Sülze mit Bratkartoffeln.

Es gibt noch Billigeres; du wirst sehen, was für eine gute Hausfrau ich sein werde.

Und erst, wenn du deine Arbeit aufgeben musst, werden wir um die Ehestandsbeihilfe einkommen.

Und ein Drittel wird gleich erlassen, wenn das Kind da ist.

Und dann, was meinst du, liebes Kind, bis dahin werde ich ja viel mehr verdienen. Ich werde die Gehaltsstufen mit ungeheurer Schnelligkeit hinaufklettern. Ich werde alle Frechheiten des Herrn Prokuristen Melchior wortlos schlucken.

Guter Erwin!

Wenn er da ist, scheint alles leicht. Aber wenn Elisabeth allein ist, sind seine Worte längst verklungen. Dann kehren die Gedanken, die Sorgen im gleichen Kreislauf immer wieder wie Gefangene im Kerkerhof.

Sie stand im Ankleideraum der Angestellten im Hause Alderman und zog den veilchenfarbenen Kittel über. Wuchs sie nicht unförmig mit jedem Tage? Sie fühlte sich so schwer, sie war überrascht, dass der Spiegel ihr Bild schlank wiedergab.

»Na, du tust ja so, als ob dich die ganze Sache gar nichts anginge«, schrie Tilly und packte sie am Arme.

»Was ist denn los?« – Ahnte man schon etwas?

»Du bist wohl ganz und gar damit einverstanden? Dir passt es so!? Du hast es ja gewünscht, herbeigesehnt.« Tilly hatte ein ganz verzerrtes Gesicht.

»Tilly, bist du verrückt geworden? Sprich doch nicht in Rätseln!«

»Bist du denn blind die Treppe raufgegangen, hast du nichts gesehen?«

»Ich weiß von nichts.« Aber Elisabeth begann sich zu erinnern, dass am Eingang und auf den Treppen ungewöhnliches Leben herrschte, aber sie war zu sehr mit ihren eigenen Gedanken beschäftigt, als dass sie darauf besonders geachtet hätte.

»Hast du denn den Anschlag nicht gesehen, er betrifft dich doch auch.«

»Tilly, rede endlich!«

»Also komm!«

Unten im Flur standen dicht zusammengedrängt, durcheinanderrufend und -schreiend, Angestellte aus allen Abteilungen. Zum unzähligsten Male las einer laut den Anschlag:

Zur Kenntnisnahme an das Personal!
Wir geben hiermit bekannt, dass die Regierung einen Gesetzentwurf vorbereitet, der den Arbeitsplatzaustausch für Jugendliche regeln soll.

»Was soll denn das?«, flüsterte Elisabeth.

»Das heißt, dass man uns Jugendliche in Lager sperren wird!«, rief Gilda und machte eine Bewegung, als wollte sie sich auf das Plakat stürzen.

»Werde nur nicht hysterisch!«, sagte Emilie.

Die Stimme des Plakatvorlesers wurde lauter:

Um die glatte Durchführung des Gesetzes zu gewährleisten, sollen schon jetzt die nötigen Vorkehrungen getroffen werden.

Heiligste Pflicht der Jugend ist es, den Männern, die für die nationale Befreiung gekämpft haben, den Männern, die bereit waren, ihr Blut auf den Schlachtfeldern hinzugeben, ihre Dankbarkeit zu beweisen. Es ist ihre nationale Pflicht, ihren Arbeitsplatz alten Kämpfern, verdienten Frontsoldaten und Familienvätern zu überlassen. Nur wenn sie freudig diese Pflicht erfüllt, ist sie des Führers würdig!

»Es ist die nationale Pflicht der Jugend, keine Arbeitslosenunterstützung zu nehmen«, flüsterte jemand.

Die Jugend braucht im nationalsozialistischen Deutschland nicht zu fürchten, dass sie auf die Straße gesetzt wird. Arbeitsdienstpflichtlager und Lager für Landhelfer werden sie aufnehmen, um sie zum Dienst am Vaterland im Geiste des Führers zu erziehen. So soll allen Jugendlichen die Möglichkeit gegeben werden, ihre Pflicht der Volksgemeinschaft gegenüber zu erfüllen.

»Ich werfe mich vom Dachgarten runter«, jammerte Gilda.

»Du Schandfleck!« Emilie gab ihr einen Rippenstoß.

Jugendliche Angestellte unseres Betriebes, erleichtert uns unsere vom Führer gestellte Aufgabe, meldet euch freiwillig! Die Fragebogen, die wir an das Personal verteilen werden, müssen unverzüglich, wahrheitsgemäß ausgefüllt, an die Personalabteilung geleitet werden.

»Wann meldest du dich freiwillig?«, fragte Gilda Emilie.

»Mit Drückebergern unterhalte ich mich nicht.«

Ausnahmen können nur in den Fällen gemacht werden, wo Jugendliche alleinige Familienerhalter sind. Als alleinige Familienerhalter gelten nur solche, deren Eltern keine Unterstützung, Renten oder Pension erhalten, und dort, wo kein älteres Familienmitglied einem Erwerb nachzugehen imstande ist. Will ein Jugendlicher, um dieses Gesetz zu umgehen, heiraten, wird ihm und seiner Familie jede Unterstützung gesperrt.

Heil Hitler!

(gez.) Heinrich Lanz, Führer des Betriebes

Wilhelm Brandel, Betriebsobmann

Katharina March, Leiterin der Personalabteilung

Neben dem großen Aushang stand auf einem Zettel:

»Alle Jugendlichen werden angehalten, dem ausgefüllten Fragebogen ein ärztliches Attest über ihre Tauglichkeit bzw. Untauglichkeit zum Arbeitsdienst beizufügen.«

Elisabeth strich sich mit der Hand über das Gesicht – wie feucht und kalt ihre Finger waren!

Was mochte das nur heißen? Zu heiraten, um das Gesetz zu umgehen? Wenn man ein Kind bekommt, umgeht man doch das Gesetz nicht! Und zum Arzt muss man auch! Warum musste das alles noch kommen?

Das alberne Lachen der Elsa Kranz, die im Büro bei Frau March arbeitet, drang zu ihr: »Nein, habe ich ein Glück!! Vorige Woche bin ich fünfundzwanzig Jahre alt geworden, die ganze Nacht habe ich geweint, man wird doch schon alt, wenn man die Fünfundzwanzig überschritten hat! Ach, nein, und jetzt muss ich merken, was für ein Glück ich habe, dass ich schon ein hohes Alter erreicht habe.«

»Die Gans möchte ich am liebsten gleich erschlagen«, flüsterte Gilda.

Die Stimme des Fräulein Karcher aus der Handarbeitsabteilung übertönte das Lachen von Elsa Kranz: »Es schadet gar nichts, wenn das Grünzeug ein bisschen Disziplin lernt. Bisher waren nur die Jungen angesehen, die durften frech sein; wir Alten waren Dreck.«

Die junge Generation nannte Fräulein Karcher »das alte Möbelstück von Anno Tobak«. – »Wie untüchtig die heutige Jugend ist«, jammerte ständig Fräulein Karcher, sie wollte damit die Angst um ihre abnehmenden Kräfte betäuben.

»Sie sollen so etwas nicht sagen, Fräulein Karcher«, entgegnete ihr Anna. »Sie wissen sehr gut, wie bitter schwer es die Jugend heute hat. Wir Angestellten sollten zusammenhalten; heute geht es gegen die Jungen, morgen kann es die Alten treffen.«

Mich hat es schwer getroffen, schwerer als irgendjemanden, dachte Elisabeth. Sie beneidete Anna, die jetzt dagegen sprechen konnte. Sie durfte jetzt gegen diese Ungerechtigkeit kämpfen. Ja, es war eine Ungerechtigkeit, wenn sie auch der Führer befohlen hatte. Niemand heiratet, um ein Gesetz zu umgehen, sondern weil er heiraten wollte, heiraten musste.

»Sie trifft es ja nicht, Sie sind doch über das Alter schon hinaus«, erwiderte kampflustig Fräulein Karcher.

»Ja, ich bin schon achtundzwanzig, aber welche Gewissheit habe ich, dass nächstes Jahr nicht auch die Achtundzwanzigjährigen als Jugendliche gelten. – Und sind Sie wirklich so sicher, dass man nicht Sie mit irgendeiner anderen Ausrede entlässt?«

»Später wird man überhaupt alle Frauen entlassen«, rief Tilly und sah Elisabeth ganz zornig an, »du bist es ja zufrieden, du hast ja dafür gekämpft!«

»Lass mich, willst du mich auch noch quälen?«

»Wozu das Gejammere? Wenn wir Dienst getan haben, können wir doch wieder zurückkommen«, sagte Emilie.

»Wer hat dir das vorgesungen? Meinst du, man wird dann uns zuliebe die Familienväter wieder auf die Straße setzen?«

»Also, man muss auch gerecht sein«, sprach bedächtig Martha. »Dieses Gesetz richtet sich auch gegen Alderman. Der würde doch lieber die Karcher oder mich entlassen als Gilda oder Elisabeth. Ich kann euch nur sagen, ich bin froh, dass ich nicht mehr in Angst leben muss, man würde mich entlassen und ich stünde mit meinen zwei Kindern auf der Straße. Der Alderman kann jetzt nicht mehr tun, was ihm passt.«

»Du kannst ganz sicher sein, die Zeche wird nicht das Haus Alderman bezahlen, sondern du und ich und wir alle. Wir, die kleinen Angestellten, die man jeden Tag auf die Straße setzen kann, mit und ohne Gesetz. Das Haus Alderman bekommt eine große Anleihe – es steht in der Zeitung –, man kauft ihm Verwaltungsgebäude für viele Millionen ab, man kämpft gegen die Warenhäuser, aber man schenkt ihnen Millionen vom Geld der Steuerzahler.«

Plötzlich stand Elisabeth vor Anna: »Hör mal, Anna, du darfst nicht so unvorsichtig reden, du kannst dir damit schaden.«

Anna sah sie prüfend und doch voller Wärme an, aber da erschien sofort eine tiefe Falte zwischen Elisabeths Augen: »Da irrst du dich aber gründlich, meine Liebe; du denkst, ich laufe den Meinen davon und komme zu euch, nur weil einmal ein bisschen etwas schiefgeht, weil es schwer für mich wird. Nein, nein, ich bleibe bei dem, an den ich glaube. Ich halte die Treue, auch wenn man Opfer von mir verlangt.«

Ein Mädchen aus dem Glaswarenlager sprach: »Meine Schwester hat bei Loeser und Wolff gearbeitet. Sie hatte ihren Bräutigam mit Ehestandsbeihilfe geheiratet, und er hat dafür ihre Stellung in der Fabrik bekommen. Früher haben sie auch zusammengelebt, der Mann bekam Unterstützung. Jetzt fällt die Unterstützung weg. Und wie viel verdient mein Schwager? Genauso viel, wie meine Schwester bekam, als sie mit sechzehn Jahren angefangen hat, und die Firma Loeser und Wolff bekommt ein halbes Jahr lang für jeden Neuen Anlernebeihilfen.«

»Das Haus Alderman wird auch Beihilfe bekommen, da könnt ihr euch drauf verlassen.«

Das Rauschen eines Seidenkleides ließ schnell alle Gespräche verstummen, Frau March stand vor den Mädchen: »Ja, wollt ihr denn heute überhaupt nicht mit der Arbeit beginnen?«

»Arbeiten soll man auch noch!« Gilda ging mit Elisabeth die Treppe hinauf. »Wie ich diese Bude hasse, und doch bin ich verzweifelt, dass ich von hier fort muss.«

»Ach, Gilda, man darf sich nicht so gehenlassen.«

»Meine Mutter und mein Großvater werden verhungern; man wird mich bestimmt nicht als Familienerhalterin anerkennen. Unten im Hauseingang bei uns ist ein Schild angemacht: Else Bertram, Gesangspädagogin. Das ist meine Mutter, sie gibt Stunden für fünfzig Pfennig, für dreißig Pfennig, für nichts. Aber jedem Schüler erklärt sie: ›Sonst freilich nehme ich fünf Mark.‹ Manchmal sagt sie auch zehn Mark, sie ist so großzügig, meine Mutter, ich finde das entzückend. Aber im Haus spricht sich das natürlich herum, wie viel meine Mutter verdient. Sogar in der Steuererklärung gibt sie mehr an, aus Künstlerstolz.«

»Aber wenn du nicht da sein wirst, wird sie eben keine Stunden mehr umsonst geben, und dann wird sie mehr verdienen.«

»Aber die Leute, die zu uns kommen, haben doch kein Geld, und meine Mutter kann nicht ohne Musik leben, sie lässt ihre Schüler Opernensembles singen; was kommen da zu uns für Gestalten! Eine zweiundsechzigjährige Dame ist die Primadonna, sie zahlt jedes Mal fünfzig Pfennig, damit sie die ›Blonde‹ aus der ›Entführung‹ singen kann. Kennst du die Oper?«

»Nein, ach, ich kenne ja kaum etwas.«

»Und einen ›Osmin‹ haben wir da, er ist ein Kriegsinvalide, eine Granate hatte ihm ein Auge weggeschossen und das halbe Gesicht, er kann als Opernsänger nicht auftreten, und doch liebt er nichts als Gesang. Er hat eine so schöne Stimme, aber er ist so schaurig, wenn er singt.«

»Ich war noch nie in einer Oper.«

»Du musst einmal abends zu uns kommen, da kannst du Opern hören; wir haben eine Koloratursängerin mit Gicksern und falschen Tönen, so was kannst du dir gar nicht vorstellen. Sie singt ›Susanne‹ und die ›Gilda‹, die ›Rosine‹ und den ›Oskar‹.

Manchmal kommen die Töne wunderschön und klar. Sie war eine bekannte Sängerin und hat ihre Stimme verloren. Wenn ihr ein Ton gelingt, verwandelt sich sofort ihr verwüstetes Gesicht, sie glaubt dann, sie hätte ihre Stimme wieder. Aber das ist ja alles vorbei. Ich komme ins Lager, aber nein, ich komme doch nicht, ich habe einen Plan. Wozu bin ich denn schauspielerisch begabt? Ich werde dem Arzt eine Herzkranke hinlegen, dass ihm Hören und Sehen vergehen wird. Pass auf, er wird mich untauglich schreiben, du musst mitkommen.«

Und ich, was wird mit mir geschehen bei der ärztlichen Untersuchung? Vielleicht wird dann alles gut, man wird dann nicht mehr sagen können, wir wollen nur heiraten, um uns der Arbeitsdienstpflicht zu entziehen. Der Arzt wird mir ein Attest geben, dass ich heiraten muss. Alles kann noch gut werden.

»Ja, Gilda, wir wollen zusammen hingehen.«

»Tretet in die Landhilfe!

Die Landhilfe ist ein Weg, aus den Sorgen unseres raumbeschränkten Volkes alle Erwerbslosen herauszuführen.

Tretet ein in die Landhilfe, weil unproduktive Arbeitslosenunterstützung die Arbeitslosigkeit selbsttätig vermehrt. Unproduktive Arbeitslosigkeit zehrt am Betriebskapital der Volkswirtschaft!« –

»Was hat der Arzt gesagt?«

»Er hat mich gleich tauglich geschrieben, er hat nichts gefragt, er hat mich überhaupt nicht untersucht. Er hat nur meinen Zettel unterschrieben.«

Elisabeth und Gilda saßen zwischen Hunderten von anderen Jugendlichen in dem Raum, in dem sich ihr Schicksal entscheiden sollte.

Vor ihren Augen zeichneten sich Plakate ab: eine düstere Fabrik und eine helle strahlende Landschaft. Ach, wie war diese Fabrik verrußt, dunkel, ihr Hof erinnerte an Gefängnismauern. Und daneben stand das Bild bezaubernder Frische und Anmut: Felder, ganz in Sonne getaucht.

Da saßen die Jungens und Mädels stundenlang, und tausendmal fraßen sich die Aufschriften unverwischbar in ihr Gedächtnis: »Lieber hier zwölf als dort acht Stunden arbeiten!«

Wenn sie den Blick hoben, fingen sie neue Aufschriften, Spruchbänder ein. Die waren nicht faul, ihnen zu sagen, warum sie hier saßen. Andere Nationen waren daran schuld. Ihre Aufgabe sei es, die Schmach zu rächen.

Die Spruchbänder schlängelten sich um ihre Gehirne, um sie zu fesseln:

»Tretet ein in die Landhilfe, weil wir die durch den Schandvertrag von Versailles stark verminderte Landfläche intensiver bewirtschaften und planvoller besiedeln müssen.«

»Mit dem Ertrag der geraubten landwirtschaftlichen Provinzen könnten ernährt werden: das Rheinland, die Pfalz und die Saar.«

»Es gingen verloren: 71 000 qkm zur Ansiedlung erwerbsloser Großstadtmenschen.«

Vieltausendmal wiederholten die Spruchbänder: Man hat uns beraubt, man hat euch beraubt, deshalb sitzt ihr so arm hier auf den Bänken. Man hat euch beraubt, aber ihr müsst noch stark werden, um das Geraubte wieder zurückzunehmen!

Ein kleines Mädchen – sie war kaum fünfzehn – kam weinend aus dem Arztzimmer:

»Ich bin krank, und der Arzt sagt, die Landluft würde mir guttun. Schöne Landluft! Ich weiß von meiner Schwester, wie man gestriezt wird.«

Die Plakate riefen:

»Gesundheit ist Ahnenerbe!«

»Ein Volk, das der Rassenpflege entsagt, gräbt sein eigenes Grab!«

Vor den Wartenden standen Glaskästen, in denen Briefe von Landhelfern ausgestellt waren. Sie waren getippt und über die handgeschriebenen Originale gelegt, die nur stellenweise herauslugten.

Viele Köpfe beugten sich über die Briefe. Da stand:

»Wir waren dumm, dass wir uns dagegen gesträubt haben, hierherzukommen. Liebe Mutter, es ist herrlich auf dem Lande!«

»Wie bin ich froh, dass ich aus der stickigen Großstadt, aus der dreckigen Fabrik herausgekommen bin und hier leben darf, in der frischen Landluft!«

»Es gibt Milch, Brot, Butter, so viel wir wollen, und Fleisch jeden Tag. So satt war ich noch nie in Berlin.« –

»Mensch, die denken wohl, man hat uns das Gehirn geklaut?«, sagte ein Junge, der zwischen den Glaskästen hin und her ging und sorgfältig die Briefe studierte. »In den handgeschriebenen steht ja was ganz anderes als obenauf! Guck mal her! Siehst du, da steht -lend. In dem getippten Brief finde ich kein Wort, das mit -lend endet. Sicher hat da einer gemeckert und was von Elend geschrieben.«

»Butter, Fleisch, warum nicht gar? Ich bin gerade ausgerückt von den Bauern, muss jetzt meine Arbeitskarte abstempeln lassen, sonst krieg ich nie wieder Arbeit. Ich habe auf dem Land genauso Kohldampf geschoben wie hier. Wir haben auf Strohsäcken geschlafen, nichts wie Flöhe und Mäuse gab's. Ich habe die Neese pläng!« – »Seid doch vorsichtiger«, sagt einer. »Es gibt genug Aufpasser.«

Elisabeth und Gilda fühlten sich so klein, so verloren zwischen den vielen. Hier konnte man gar nicht mehr hoffen, dass man ein eigenes Leben haben durfte und dass es Stellen geben könnte, denen ihr Schicksal am Herzen liegen würde.

Gilda hatte seit zwei Tagen kaum gegessen und sich nur mit starkem, schwarzem Kaffee genährt:

»Fühlst du mein Herz, schlägt es nicht ganz beängstigend, bin ich nicht blass? Mir ist ganz sterbenselend zumute, ich werde einfach ohnmächtig werden, wenn der Herr Doktor mich untersucht. Der wird mich vor Schreck untauglich schreiben, oder ich will nicht Gilda heißen.«

Wird er mir sagen: Aber Fräulein, Sie erwarten ja ein Kind! Sie können unmöglich in die Landhilfe! – Wird man mich dann bei Alderman entlassen, bekommen wir die Heiratserlaubnis, was wird nur? Man dürfte so lange nicht warten!

Hoffnungen und Befürchtungen waren gleich vergeblich; die Nummern blieben Nummern.

Gilda kam als Erste:

»So ein Schwein!«, jammerte sie. »Ich wollte gerade in Ohnmacht fallen. Ich hauchte ihm nur noch zu: ›Herr Doktor, ich habe eine schwere Herzkrankheit.‹ Was meinst du, was mir der Kerl antwortet? ›Na, Fräulein, da haben Sie doch Glück, dass Sie aus dem Warenhaus raus müssen, da wird Ihnen das Landleben recht guttun.‹ Er hat mich nicht einmal abgehorcht. Gleich hat er meinen Zettel unterschrieben, drückt ihn mir in die Hand und sagt noch ganz frech: ›Gute Erholung, kleines Fräulein!‹«

Und du, Elisabeth, was wird mit dir geschehen? Du wirst vor dem Arzt stehen, er wird dich mit einem flüchtigen Blick streifen und sagen: Solche gesunden festen Mädchen brauchen wir gerade. Du wirst sagen wollen: Aber, Herr Doktor, ich erwarte doch ein Kind, merken Sie denn das gar nicht? Ich kann nicht in die Landhilfe, Sie dürfen mich nicht dorthin schicken, sonst bin ich verloren!

Aber Elisabeth sagt gar nichts; wortlos empfängt sie das Formular, das Sprechen würde ihr auch gar nichts helfen, sie ist ja nur eine Nummer, eine unter Tausenden.

Gilda umklammerte ihren Arm: »Wir wollen in das gleiche Lager, wenn wir schon das gleiche Unglück haben, ja?«

Das gleiche Unglück! – Wenn Gilda wüsste, dass mich wirklich ein Unglück trifft!

Laut sagte Elisabeth nur: »Gut, wir gehen ins gleiche Lager.«

Überall auf den Bänken, in den Parks, auf den Plätzen, am Rande der Bürgersteige saßen junge Paare und berieten mit sorgenvollen Mienen.

Sie saßen da, als wären die Bänke kleine, einsame Inseln mitten im Ozean, die jeden Augenblick ein Sturm überfluten könnte. Sie klammerten sich aneinander, als fürchteten sie, dass die

Wogen sie trennen könnten; sie fühlten sich preisgegeben, ohne menschliche Hilfe.

»Sie haben dieselben Sorgen wie wir«, sagte Elisabeth.

»Elisabeth, du sollst nicht so traurig sein«, beschwichtigte Erwin, »ich werde Rat bei den Kameraden holen. Es sind auch schon andere beim Sturm in schwierigen Lagen gewesen; sie haben da Adressen von Ärzten, von ganz zuverlässigen, nationalsozialistischen Ärzten – alles ist gesetzlich und gar nicht gefährlich, auch gesundheitlich nicht. Warum sagst du nichts, Elisabeth? Sprich doch!«

»Siehst du dort drüben das Mädchen? Es weint.«

»Aber du sollst nicht weinen; ein Jahr geht schnell vorbei, dann heiraten wir.«

»Aber wir haben doch gar kein Geld, und das würde sicher viel kosten, und der Arzt kostet doch sicher auch eine Menge.«

»Mach dir keine Sorgen, Geld könnte ich von meiner Mutter bekommen. Sie hat es mir einmal angeboten; sie sagte mir, wenn ich in Not käme, sollte ich mich nur an sie wie an einen guten Kameraden wenden, sie würde mir dann helfen.«

»Sie hat dir das angeboten? Lass mich nachdenken, Erwin.«

»Du darfst nicht alles so schwernehmen. Wenn es nicht deinetwegen wäre, könnte ich froh sein, die Bank und die alten Büroknacker loszuwerden. Wir wollen beide für Deutschlands Zukunft arbeiten und Opfer bringen. Später wird alles gut, wir werden heiraten, glücklich sein.«

»Du glaubst selbst nicht, was du sagst; was wird mit uns?«

»Wie kannst du nur so mutlos sein. Siehst du drüben das Mädchen, es weint nicht mehr, es lächelt. Der Junge lacht auch schon.«

»Vielleicht sind ihre Sorgen nicht so schwer wie unsere«; nach einer Weile fügte sie leiser hinzu: »wie meine!«

Neuntes Kapitel

Das Reich der Ungeborenen

Elisabeth tat einige Wäschestücke in ihren Rucksack, es war etwas so Fremdes in ihren zögernden Bewegungen, dass die Mutter sie fragte:

»Hast du etwas vor, Elisabeth?«

»Was sollte ich denn vorhaben? Wir machen eine Wanderung.«

»In diesem schlechten Wetter?«

»Wenn wir wandern, fragen wir nicht nach dem Wetter.«

Ach, könnte ich doch wirklich wandern, irgendwohin, ganz weit weg! Sicher ist es komisch, mit einem Rucksack in die Klinik zu gehen, und in dieser Kluft!

Elisabeth trug ihre Hitleruniform, weil sie kein anständiges Zivilkleid hatte, aber das schwarze Tuch mit der braungeflochtenen Schluppe fehlte um ihren Hals. Die Abzeichen hatte sie sorgfältig ausgetrennt, und die angerauten Stellen noch überbügelt; niemand sollte sehen, dass sie ein Hitlermädchen sei. Es war unrecht, dass sie in dem Hitlerkleid diesen Gang antrat, nein, unrecht war der Gang selbst, unrecht war alles.

Mit Erwin hatte sie jede Einzelheit genau beraten. Nachher – ihr Gehirn weigerte sich, in bestimmten Worten das, was vor diesem Nachher geschehen sollte, zu formen. – Nachher würde Erwin sie nach Hause bringen, er würde der Mutter sagen, sie hätte einen kleinen Unfall erlitten, er hätte sie zum Arzt gebracht, und der hätte ihr Bettruhe verordnet.

Elisabeth sah klar die spitzen Falten, die die Sorgen in das Gesicht der Mutter kritzeln, die Bewegung, mit der sie ihr Bett öffnen, die Kissen und Decken zurechtrücken würde. Läge sie doch schon im Bett ihrer Mutter, in diesem fremden und aus der Kindheit doch so wohlvertrauten Geruch.

Nein, noch ist nichts vorbei, noch kann der Lauf der Dinge aufgehalten, noch kann alles gut werden.

An der verabredeten Haltestelle stand Erwin, er war sehr blass. Sofort waren die Hoffnungen verflogen, sie wusste erst jetzt, dass hinter den Bildern der Trauer und Verzweiflung sich freudige, zuversichtliche abspielten:

In diesen Traumbildern, die kaum ihr Bewusstsein erreichten, sah ihr Erwin froh und erwartungsvoll entgegen. Er nahm ihr den Rucksack ab und flüsterte ihr ins Ohr: Du hast heute Urlaub, wir wollen den nicht ungenutzt lassen, wir machen eine kleine Hochzeitsreise zu dem Saarower See. Das hast du dir schon so lange gewünscht. Und das andere, das Schwere, das dich so niederdrückt, das muss nicht sein, ist nicht mehr nötig. Alles ist geordnet, mein Kind. Für den Anfang wirst du bei uns wohnen, und dann, wenn wir uns einrichten, bekommen wir einen kleinen Zuschuss. Du hast meine Mutter gründlich missverstanden, mein Kind, sie hat dich nicht abgelehnt, ganz im Gegenteil.

Aber Erwin sagt nichts; er nimmt ihr den Rucksack ab, ganz wie im Traum.

»Wollen wir fahren oder gehen?«

»Wir müssen doch noch miteinander sprechen.«

Sie hielten sich an den Händen, wie am ersten Tage, als sie Angst hatten, sie könnten sich verlieren.

Elisabeth trug nicht ihre Kletterweste, sondern einen Regenmantel, sie zerknüllte nervös die Mütze, die sie auf dem Kopf nicht dulden konnte.

»Woran denkst du jetzt?«

»Das Schlimmste an allem ist die Lüge, es ist ein Verbrechen.«

»Elisabeth, alles ist gesetzlich. Hast du das Attest mit?«

Die zitternden Finger kramten in der Tasche: »Ja, es ist da.«

»Du darfst kein so trauriges Gesicht machen, es wird ja noch alles gut, später! Wir müssen Geduld haben, immer muss die Jugend Geduld haben.«

»Aber jetzt sollte es nicht so sein, jetzt, da wir erreicht hatten, was wir wollten. Es ist gegen den Geist unseres Bundes.«

»Schau, alle in unserem Sturm denken wie du und ich, und doch sind sie gezwungen, gegen ihre beste Überzeugung zu handeln. Das Leben ist stärker als wir. Aber du brauchst dir keine Sorgen zu machen, es ist gesetzlich. Der Arzt ist ein Nationalsozialist.«

»Weißt du, ich hätte gewünscht, dieser Arzt, der dies alles so glatt hinschrieb, wäre Marxist oder Jude.«

»Elisabeth, sieh mich an, sag, dass ich nicht schuld daran bin.«

Elisabeth merkte erst jetzt, dass sich in sein Knabengesicht schwerer männlicher Schmerz verirrt hatte. Er kann noch aus ihm flüchten, aus dieser glatten, straffen Haut, in die die Zeit noch keine Gruben geritzt hat.

»Du bist nicht schuld, wirklich, Erwin, hör mich doch. Du bist nicht schuld!«

Sie dachte an das Attest; da stand: nächtlicher Schweiß, Tuberkulose, Lebensgefahr! Es war nicht einmal alles Lüge. Erwachte sie nicht jede Nacht, als wäre ihr Körper von eiskaltem, glitschigem Tau überzogen?

»Ich hasse es zu lügen, meine Mutter zu belügen. Frau March habe ich gesagt, wir haben heute Geländeübung.«

»Das ist nicht so schlimm, Elisabeth.«

Während sich unzählige Häuser, Bäume, eilige Menschen, spielende Kinder, Zeitungsüberschriften, Schaufenster zwischen ihre Worte schoben, hofften sie immer noch, dass sich etwas ereignen würde, dass irgendwelche Ereignisse sich gegen den Ablauf des Geschehens stellen würden. Irgendwo wird eine gefüllte Geldtasche liegen, sie würden einem reichen Mann das Leben retten, der ihnen hohen Lohn bieten würde. Riesige Plakate verkündeten den neuen Regierungsbeschluss, wonach Jugendliche ihren Arbeitsplatz behalten dürften und sofort in eine höhere Lohnklasse treten würden.

Aber unvermutet standen sie vor dem Haus, das sie schon einmal vor wenigen Tagen ängstlich umkreist hatten.

»Wir haben noch etwas Zeit, wir können noch einmal herumgehen.«

Elisabeth spürte an ihren nackten Fingern eine zarte Berührung, als ginge es neben ihnen. Es wandelte sich, war einmal ein Junge, dann ein Mädchen. Wuchs heran, dann wurde es wieder ganz winzig und hilfsbedürftig. Aber in jeder Gestalt folgte es ihnen unverlierbar.

Wieder standen sie vor dem Hause.

Ihre Hände umschlossen sich, als könnten sie sich nie mehr trennen.

»Ich werde drüben stehen und auf dich warten, ich werde nicht fortgehen, bis du wieder aus der Tür trittst.«

»Nein, du sollst dich in ein Café setzen, dann wird dir die Zeit schneller vergehen. Dann kommst du wieder. Aber geh jetzt!«

»Nein, ich bleibe hier. Wenn du mich brauchst, winkst du mir mit dem Taschentuch oder sagst es der Schwester, dass sie mich ruft. Ich werde hier stehen und hinaufschauen.«

»Geh, es ist besser für uns beide.«

»Sobald ich dich kommen sehe, hole ich eine Taxe. Oder wäre es vielleicht besser, wenn du bleiben würdest, eine Nacht? Ich würde zu deiner Mutter gehen und sie beruhigen.«

»Erwin, sorg dich nicht so; du wirst sehen, es wird alles glattgehen.«

»Elisabeth, ich werde immer gut zu dir sein, ich verspreche es dir. Wir werden zusammengehören gegen die ganze Welt.«

Ihre Hände trennten sich, als müssten sie sich für immer trennen.

Elisabeth betrat das Haus. Es verriet sofort seine Besonderheit. Die Gerüche des Lebens waren von jenen der Sterilität überspült, von Sublimat, Karbol, Chloroform, Äther.

Die Portierloge war in ein Büro verwandelt. Eine Pflegerin mit weißer Haube und gestärkter Schürze sollte dem einstigen Mietshaus den Anstrich einer Klinik geben.

Mit ihrem Rucksack stand Elisabeth vor ihr wie vor einem Richterstuhl.

Die Schwester nahm gleichmütig und mit einem Gesicht, auf dem die Gedanken ausgelöscht schienen, die Personalien Elisabeths auf. Statt, wie sie in tausend Ängsten fürchtete, eines Menschen, der sie richten und verurteilen würde, fragte eine Maschine sie nach Namen, Wohnung, Geburtsdatum, ärztlichem Attest und Gelddepot.

Die weiße Haube holte dann mit einer Stimme, die in dieser bedrückten Luft zu laut schien, ein Dienstmädchen herbei.

Das Mädchen ging Elisabeth die Treppe voraus, ließ sie aber oben stehen, als eine Klingel nach ihm rief.

Elisabeth drückte die Klinke der nächsten Tür nieder und war plötzlich in ein Durcheinander von würgenden Lauten, Frauenschreien, Jammern hineingewirbelt. Es wäre gleich gewesen, welchen Eingang sie auch gewählt hätte, denn die Verbindungstüren waren sperrangelweit offen.

Zwei Frauen hockten auf einem Bett, wie große, dicke Vögel in einem Käfig, die sich ihr Leben vorkrächzen. Sie überschrien sich ständig, aber das schadete nichts, da das Erzählte sich so glich, dass sie nicht wussten, ob sie die eigene Stimme hörten oder die der anderen.

»Vier Kinder zu Hause, das ist mehr, als man durchfüttern kann, das können Sie mir glauben. Stellen Sie sich vor, jetzt noch ein fünftes dazu, das ist gar nicht zu machen; mein Mann verdient weniger heute als damals, als wir eins hatten.«

»Ich habe zwei zu Hause, aber nicht einmal die kann ich satt kriegen. Und meine Tochter ist schon sechzehn, soll ich da wieder mit einem Säugling anfangen? Man würde noch denken, das Kind gehörte ihr.«

»Ach ja, ach ja, schrecklich ist das, ich habe schon einen großen Sohn. Man gibt schon gar nicht mehr Acht, ich dachte, es ist alles längst vorbei.«

»Denken Sie, es ist mir erst gar nicht aufgefallen, dass meine Regel ausblieb; ich dachte, es wäre halt die Zeit.«

»Oje, oje, und was das Geld kostet!«

»Richtige Räuber sind es, diese Ärzte, immer denkt man nur

an Sparen und wie man ein paar Pfennige retten kann, und so wirft man das viele schöne Geld raus.«

»Später wird das ja noch schlimmer werden, jetzt genügt ein Zeugnis, nachher wird man zwei brauchen, das andere, ein amtliches vom Bezirksarzt.«

»Die amtlichen Ärzte werden überhaupt keine Zeugnisse geben.«

»Ach was, wenn man viel Geld zahlen will, bekommt man's schon, nur Verbindungen wird man haben müssen. Ich habe ja Gott sei Dank welche, mein Mann ist in der Partei. Sonst lehnen die Ärzte glatt ab.«

»Ja, vor allem die jüdischen, die haben ja so 'ne Angst.«

»Man muss zu nationalsozialistischen Ärzten gehen, das war ja auch unrecht, dass früher nur die Juden das viele Geld verdient haben.«

»Jaja, es kostet Geld genug. – Wenn man kein Zeugnis bekommen würde, ginge man zu einer Frau. Ich weiß noch, wie ich mir zum ersten Mal hab was wegbringen lassen, es war billiger als der Arzt, aber ich habe Todesangst ausgestanden, sage ich Ihnen.«

»Und ich, ich war vom Lande; damals war ich noch nicht verheiratet, ging nur so mit meinem Mann. Eine Freundin hat mir eine Hebamme empfohlen, die hat mir was eingegeben, dann hat sie mich aufs Klosett geschickt. Oje, oje, ich dachte, ich werde sterben!«

»Die Männer wissen nicht, wie schwer es die Frauen haben.«

»Ihrer ist in der Partei?«

»Ja, nicht direkt bei der Partei, aber in der Gliederung.«

»In der Gliederung ist meiner auch, in der SA. Alle im Betrieb müssen in der SA sein!«

»Ja, ja.«

»Bis ich das wieder einspare, was ich jetzt ausgebe.«

»Ich habe eine Bekannte, die für mich in der Lebensmittelabteilung im Warenhaus einkauft, es ist doch alles ein paar Pfennige billiger. Ich würde selbst ja nie hingehen!«

»Mir würde es auch nichts machen, wenn ich so die Kosten einbringen könnte, aber was kann man so schon viel sparen!«

»Haben Sie keinen Hunger? Ich habe seit vierundzwanzig Stunden nichts gegessen, man will sich doch nicht so erbrechen.«

»Ich hätte auch gar keinen Appetit gehabt.«

»Aber wenn das Warten so lange dauert?«

»Und ich hätte zu Hause so viel zu tun.«

»Ich doch auch, ich bin direkt am Sonnabend gekommen, damit die Kinder helfen können. – Sehen Sie die dort! So ein junges Mädchen – ist schon so weit?!«

»Ist das ein Hitlermädel?«

»Sie trägt ja kein schwarzes Tuch, sehen Sie das nicht? Und am Arm fehlt das Abzeichen. Manche tun mit Willen so, als ob sie dazugehörten.«

Scharfes Klingeln durchriss das dahinfließende Redegeplätscher, in das ihre Leiden wie fremdes Strandgut sich hineinwühlten.

»Also so zu klingeln, das ist geradezu rücksichtslos.«

Elisabeth stand am Fußende eines leeren Bettes. Ihr Rucksack lag vor ihren Füßen. Sie sah aus wie ein Soldat auf der Rast, bevor er in den Tod geht. Jedes Wort und jedes Bild prägte sich so scharf in ihr Gehirn, als dürfte sie nie etwas davon vergessen.

Die Klingel hatte endlich in Verzweiflung die Schwester herbeigerufen.

Ihr Gesicht erinnerte an eine Nussschale. Die Haut war so braun und runzelig und so hart, als wollte sie wie die Schale einer Frucht das Innere von der Welt abschließen.

Die spitze Nase, die dünnen Lippen, die Stirn mit den zwei Hügeln, dieser weiten Fläche zwischen Haaransatz und Nase, schienen zu sagen: Dein Leid ist nicht mein Leid, dein Schmerz ist nicht mein Schmerz.

Die Schwester ging durch die Zimmer in ihrem gestärkten Kleid, das von ihr abstand, als wollte es ihr nicht gehören.

Erst als sie zum zweiten Mal mit erhobener Stimme nach der

Klingelnden fragte, meldete sich mit dünnem, hohem Laut eine Frau, die sich würgend über ein Waschbecken beugte:

»Ich, ach, ich sterbe!«

»Sie sterben nicht! Sie stören nur! Sie sind hier nicht allein!«

»Ja, ich bin allein.« Gurgelnd verließen die Töne ihre Kehle.

»Vielleicht stirbt sie doch«, die Worte, die stumm ersticken wollten, brachen aus Elisabeth gegen ihren Willen. Und gegen ihren Willen war sie vorgetreten.

Die Schwester sah sie mit dieser Überlegenheit an, mit der Ältere die Jugend betrachten: »Wir sterben alle nicht so leicht. Diese Worte werden oft geübt, bis man so weit ist.«

»Aber Sie müssen ihr helfen.«

Das Blau der Augen in diesem harten Gesicht, dieses Blau, das sie doch mit dem Leben verband, wurde tiefer, als erinnerte sie sich plötzlich, dass man die unverheilbaren Wunden in der Jugend erhält.

Elisabeth wusste nicht, dass sich ihre Hände wie in Verzweiflung aneinander scheuerten:

»Wann, wann«, flüsterte sie.

Die Schwester wusste, dass Elisabeth jetzt nicht an andere dachte, nur an sich selbst. Wann würde sie endlich von hier fort können?

»Wie heißen Sie? Elisabeth Weber? Die Reihe wird auch an Sie kommen. Man wird Sie rufen.«

Bei jedem Schritt, den sie tat, wurde die Schwester mit Klagen angerufen: »Ach, Schwester, mir ist ja so schlecht.« – »Kommen Sie, helfen Sie mir.« – »Das ist ja gar nicht auszuhalten, das lange Warten.« – »Kommen Sie doch zu mir, Schwester.«

Wie eine traurige Melodie begleitete gleichmäßiges leises Weinen das Durcheinander der Klagelaute, des Jammerns, des Redeschwalls und der Würgetöne der sich Erbrechenden. Das Schluchzen kam von einem Bett, in dem eine Frau ihren Kopf in die Kissen vergrub.

»Wo bleibt mein Nachmittagskaffee?«, schrie eine, die im Bett aufrecht saß und alles, was um sie geschah, mit neugierigen Augen verfolgte.

Sie wandte sich an eine andere, die ihr gegenüber auf einem Bett saß und ohne aufzublicken strickte. Stumm bewegte sich ihr Mund, als unterhielte sie sich mit den Stricknadeln.

»Man wird so nachlässig bedient. Heute ist hier aber auch ein Betrieb, schrecklich. Das ist sicher wegen Sonnabend. Gestern war es viel ruhiger.«

Die Strickende machte eine Pause und blickte auf die Frau, die nach ihrem Kaffee verlangte:

»Bei Ihnen ist es schon vorbei? Sie haben's schon überstanden?«

»Ach ja, schon gestern. Ist gar keine so große Sache. Das erscheint einem nur vorher so. Ich war ja auch so schrecklich nervös. Genau acht Minuten dauert's, ich schau immer auf meine Uhr, wenn eine gerufen und dann wieder zurückgebracht wird. Acht Minuten sind's.«

»So, acht Minuten?«

»Was stricken Sie?«

»Einen Jumper, einen Hut mach ich mir auch dazu, weiß mit blau. Es passt mir eigentlich gar nicht, es ist auch so unpraktisch. Die Wolle hab ich für das Kind gekauft. Ich habe auch schon angefangen, Verschiedenes zu stricken, Hemdchen und Jäckchen. Dann hab ich alles aufgetrennt.«

»Wollten Sie es doch nicht behalten?«

Die Strickende klapperte schon wieder mit den Nadeln, sie schien nur dieses Klappern zu hören. Sie antwortete nicht.

Elisabeth stand wieder am Bettende, als wartete sie auf einen Befehl. Sie wollte nichts hören, nichts sehen. Aber unaufhaltsam drängten sich die Worte in ihr Gehirn.

Das Dienstmädchen mit dem mürrischen Gesicht brachte in einer angeschlagenen Tasse den dünnen Kaffee mit einem karg beschmierten Brötchen an das Bett der Dame, die schon alles überstanden hatte.

»Holen Sie mir bitte auch etwas zu lesen! Aber nichts Politisches. Vielleicht die ›Wahren Geschichten‹.«

»Na, Sie erleben doch selbst genug wahre Geschichten«, sagte die Mürrische.

»Ach, aber die geschriebenen sind viel schöner. Hier ist eine Mark. Beeilen Sie sich bitte. Ich langweile mich so.

Ich habe drei Tage voll bezahlt, da will ich auch etwas für mein Geld haben. Es vergeht einem ja eigentlich der Appetit hier, aber Extrazimmer kostet zu viel. Meinem Freund sag ich natürlich, dass ich Extrazimmer hatte. Ich sollte hierbleiben, dass ich mich etwas erhole, bevor ich nach Hause fahre. Ich lebe in Stettin. Und Sie, sind Sie aus Berlin?«

»Ja.«

»Ach, wie ich Sie beneide. Stettin ist ja ein richtiges Nest. Man sagt, es ist eine Großstadt, aber glauben Sie das nur ja nicht. Die Leute kümmern sich um den anderen wie in einem Dorf. Deshalb bin ich nach Berlin gefahren. Es kostet ja eine Menge Geld, aber mein Freund bezahlt's ja. Sind Sie verheiratet?«

»Nein.«

»Ich war früher verheiratet, jetzt bin ich geschieden. Es ist kein Vergnügen, nicht so und nicht so. – Jetzt ist mein Chef mein Freund. Es hat seine Vorteile, aber auch seine Nachteile. Er ist verheiratet und hat immer Angst. Glauben Sie mir, man muss mehr arbeiten, als hätte man gar nichts mit ihm zu tun. Nur wegen der Kolleginnen, damit die nichts merken. Er ist ja nicht knausrig, aber großzügig grad auch nicht. – Die drei Tage in Berlin werden mir von meinem Urlaub abgezogen. Für das Vergnügen, das man hatte! – Warum mussten Sie herkommen, hat denn Ihr Freund Sie im Stich gelassen?«

Die Stricknadeln verstummten.

»Nein, er hat seine Arbeit verloren. Dann ist er einberufen worden zu Wegebauarbeiten. In einigen Tagen muss er schon fort. Was hätten wir tun sollen? – Ich versteh nicht, dass man mich immer noch nicht ruft.«

»Sie werden schon rankommen, da brauchen Sie sich keine Sorgen zu machen.«

»Sie haben leicht reden, Sie haben's schon überstanden. Aber ich möchte dann, nachher, nicht hier liegen und alles sehen und hören. Ich möchte dann nach Hause, und es sollte dunkel um mich sein.«

»Ach, wissen Sie, ich finde es ganz gut, wenn man in einer anderen Umgebung ist; dann denkt man nicht an sein eigenes Leben. Haben Sie eine Wohnung? Wohnen Sie mit Ihrem Freund zusammen?«

»Ich wohne möbliert.«

»Holt Ihr Freund Sie ab? Hat er Sie hierher begleitet? Ins Haus ist er aber sicher nicht gekommen? Seit zwei Tagen bin ich hier, aber einen Mann habe ich nicht gesehen. Die drücken sich. Sie kämen sich vor wie Verbrecher. – Hatten Sie schon ein Kind?«

»Nein.«

»Ich hatte schon eins; es ist gestorben. Vielleicht wäre alles anders geworden, wenn es noch lebte. – Sie sollten sehen, wie es in einer Geburtsklinik zugeht, wenn die Männer zu Besuch kommen. Dort tun sie so, als ob sie der Herrgott selbst wären und sie den Menschen erschaffen hätten. Sie können sich vor Stolz gar nicht fassen.«

Die Stricknadeln begannen wieder zu klappern, sie wurden so laut, als wollten sie die Worte übertönen.

Die Schwester ging jetzt an das Bett der Weinenden, sie schüttelte die Kissen zurecht. Sie beugte sich über sie.

»Sehen Sie, um die kümmert sich die Schwester, nur weil sie mit dem Geheul überhaupt nicht aufhört. Mit der ist sicher etwas los. Sie blieb nur zwei Minuten im Operationssaal, und alle anderen blieben doch acht Minuten weg. Das Dienstmädchen sagt, sie hat die Chloroformmaske vom Gesicht gerissen; sie wollte sich nicht einschläfern lassen und ist dem Arzt davongelaufen. Kann sie sich nicht überlegen, was sie will, bevor sie herkommt?«

Man hörte die beschwichtigende Stimme der Schwester.

»Also, ziehen Sie sich schön an, und gehen Sie nach Hause. Später, wenn Sie das Kind haben, werden Sie Gott danken, dass er es nicht zuließ.«

Die zwei Dicken zischelten:

»Denken Sie nur, die hat etwas mit einem Juden gehabt.«

»So was, dass die sich nicht schämt.«

Die Schwester wiederholte noch einmal: »Stehen Sie auf, ziehen Sie sich an, gehen Sie nach Hause!«

Alle schwiegen: Das Weinen allein blieb im Raum wie eine klagende Stimme, die von den vielfältigen Lauten des Orchesters zurückgelassen wurde, weil nur eine einsame wirklich klagen kann.

Dann hörte es auf.

Die Weinende flüsterte: »Schwester, liebe Schwester, was soll ich nur tun? Ich liebe ihn ja, und ich wollte nicht feige sein. Ich wollte den Kampf mit der Welt aufnehmen, aber was sollte mit dem Kind geschehen? Ich kann das doch nicht verantworten. Nehmen Sie mich wieder hinunter, ich werde keine Schwierigkeiten mehr machen, wenn sie mich einschläfern wollen; nehmen Sie mich hinunter.«

»Jetzt werden Sie schon warten müssen, bis die Reihe wieder an Sie kommt. Wir haben hier keine Zeit für die Launen aller.«

Da hörte auf einmal Elisabeth wie aus der Ferne mahnend ihren Namen: »Elisabeth Weber!«

Da lag sie ausgestreckt auf dem Stuhl, der sie auseinanderriss, wie um ihr Frauengeheimnis zu ergründen.

Die Luft hatte wie ein Schwamm den Geruch von Äther, Karbol, Blut und Chloroform aufgesaugt und aufbewahrt.

Die Maske hatte sich über ihr Gesicht gelegt. – Schlafen, nur schlafen!

»Eins … zwei … drei …« Erwin wartet drüben. »Vier … fünf … sechs.« Das ist ja keine Straße, das ist ein Fluss, der immer breiter wird. Er ist am anderen Ufer. »Acht … neun … zehn.« Wie wird es neblig. »Vierzehn … fünfzehn.« Das ist nur ein Traum. Jetzt steige ich hinab zu den Ungeborenen. – Hätte mich meine

Mutter nie geboren, dann wäre ich immer zusammengeblieben mit den Ungeborenen. – Sie sind besser als die Geborenen, nur sie sind gut! – Ich will nicht mehr zurück. – Ich will unten bleiben, ewig im Dunkel. –

»Wo bin ich denn? Was ist mit mir geschehen?«

»Sehen Sie, die war auch genau acht Minuten unten, ich sag's Ihnen, acht Minuten sind es!«

Zehntes Kapitel

Muss i denn, muss i denn, zum Städtele hinaus

Die SA-Kapelle ging vor dem langen Zuge und spielte blechern und herzzerreißend: Muss i denn, muss i denn, zum Städtele hinaus!

Die Trompeten blitzten, der weiße Bart des Schellenbaumes erzitterte, die Trommelstöcke tanzten wirbelnd.

Die Menschen blieben an den Bürgersteigen stehen und sahen dieser Mädchenschlange nach, die endlos durch die Straßen kroch.

»Die Mädels haben Mumm in den Knochen«, sagte ein dicker Herr, »da könnte ich stundenlang zusehen, wie die die Beinchen soldatisch werfen. Heut möcht ich jung sein!«

»Ach Gott, nein, die armen Mädels!«, rief eine Frau mit grauen Haaren. »Genauso zogen die Soldaten 1914 in den Krieg, mit Musik und Pappschachteln, und die Mütter und Bräute liefen nebenher. Bloß sind es jetzt die Bräutigame, die mitlaufen. Ach, ist das traurig!«

»Liebe Frau, dass Sie so sprechen, das ist traurig. Dass die Mädels Disziplin lernen, ist nur schön und gut. Was meinen Sie, wenn die Millionen Mädels zurückkommen, stramm und stark, da werden sie Angst kriegen, unsere Feinde!«

»Wär gar nicht übel, eine gemischte Armee!«, lachte meckernd jemand dazwischen.

»Haha, dann gäbe es keine Sorge um die neuen Jahrgänge.«

»Dann zöge ich in den Krieg – und wenn ich siebzig wäre!«

Die BdM-Führerinnen in streng geschnittener Uniform pfiffen trillernd, der Zug hielt.

»Abmarsch zum Bahnhof!«

Die Kapelle begann wieder zu spielen:

»Siegreich wolln wir Frankreich schlagen!«

Hinter der Musik zogen sie mit Pappschachteln, Rucksäcken, Pappköfferchen; in dünnen Mänteln und Kletterwesten, in dünnen Schuhen mit schiefen Absätzen marschierten sie in Reih und Glied.

Trotz der scharfen Kommandoworte trafen sich die Hände mit anderen, die nicht zu dem Zuge gehörten.

»Wirst du auch schreiben?«

»Jeden Tag, und wenn ich kein Geld für Porto habe, schreibe ich dir doch; schlimmstenfalls schicke ich's dann nicht weg. Du wirst schon wissen, was ich schreiben wollte.«

Elisabeth marschierte mit Gilda. Sie fühlte sich so müde, so leer. Sie wollte Erwin am Bahnhof treffen, aber unsichtbar ging er neben ihr her. Er sprach zu ihr, wie der fremde Junge zu dem fremden Mädchen. – Wirst du mir schreiben? – Ja, jeden Tag! – Wie lange werden wir uns nicht sehen? – Elisabeth, ein Jahr ist schnell um, und dann beginnt das neue Leben!

Gilda warf die Füße nach dem Takt der Trommeln, sie zog die Beine wie ein gut abgerichteter Soldat beim Parademarsch. Sie ahmte abwechselnd die Mädchen nach, die vor ihnen gingen, und die Führerinnen, die die Richtung gaben.

Elisabeth fühlte sich alt neben ihr.

Sie hat es gut, sie hat keine Sorgen, sie ist noch ein Kind.

Der Bahnhof war ganz in Hakenkreuzfahnen eingewickelt wie in ein festliches Kleid. Am Eingang drückten SA-Männer den Mädchen Hakenkreuzwimpel in die Hände, als wären sie Kinder auf einem Jahrmarkt.

Auf dem Bahnsteig mischten sich Amtswalter, SA-Männer und auch höhere Chargen zwischen die wartenden Angehörigen. Eine Kiste, von Hakenkreuzbändern umkränzt, sollte dem Abschiedsredner dienen.

Die Kapelle spielte, die Trompeten, die Schellen, die Trommeln klangen hier viel lauter als auf der Straße.

Und man hatte doch noch so viel Wichtiges zu besprechen, das waren doch jetzt die letzten Minuten; man musste sich schnell noch alles sagen.

Eine Dame mit kanariengelben Haaren und einem riesigen, wippenden Hut stürzte sich auf Gilda.

»Mein Kind, man nimmt dich mir doch!«

Gildas Gesicht veränderte sich sofort, eine fremde Verzweiflung legte sich über ihr Kinderantlitz.

Ein alter Herr kam auf die aufgeregte Dame zu und legte beruhigend seine Hand auf ihre Schulter:

»Mach es dem Kind nicht noch schwerer. Gilda kannst du nicht verlieren, sie wird immer die Alte bleiben.«

Das ist Gildas Mutter, ich würde sie ja komisch finden, wenn ich nichts von ihr wüsste. Der alte Herr ist sicher der Großvater. – Aber wo sind die Meinen?

Die Eltern Elisabeths waren auch da, sie hatten so fremde, abweisende Gesichter, sicher gefielen ihnen die Fahnen nicht und die Musik nicht. Sie dachten wahrscheinlich: Rummel!

Der Vater nahm Elisabeths Hand und sagte ganz ernst: »Was ich dir sagen wollte, ist nur das – halte deine Augen offen, öffne sie, das wird dir nützen.«

Die Mutter flüsterte nur: »Was auch kommen mag, du bleibst immer mein Kind, Elisabeth.«

»Ihr tut ja so, als führe man weiß Gott wie weit.«

Wo blieb nur Erwin?

Endlich erblickt sie ihn. Wie er strahlt! Wäre es ihr lieber, wenn er mit so trauriger Miene umherginge? Nein, so gefällt er ihr, und sie ist zufrieden, dass das Hin und Her sie von den Eltern trennt. Der Vater und Erwin würden sich sicher nicht verstehen.

»Schrecklich, wie bei einem Begräbnis, diese Leichenbittermienen!«

»Du aber bist froh.«

»Froh und nicht froh zugleich. Bürosessel auf Nimmerwiedersehen! Bankkonten auf Nimmerwiedersehen! Herr Prokurist Melchior auf Nimmerwiedersehen! Aber Elisabeth auf Wiedersehen, auf bald!«

»Ja.« Du wirst wohnen wie ich, du wirst schlafen wie ich, du wirst essen wie ich, du wirst arbeiten wie ich! Wir werden gleich sein.

Ein Amtswalter stieg auf die hakenkreuzgeschmückte Kiste; schallend erfüllte seine Stimme die Halle. Die Musik schwieg, als wollte sie tief Atem schöpfen.

»Dienst am Vaterland – heiligste Pflicht – zurück zu Boden und Blut –!«

Die Wortfetzen schoben sich zwischen die Abschiednehmenden; man konnte sich nichts sagen, nur an der Hand festhalten.

Dreimal war der Raum von dem Ruf »Heil Hitler!« erfüllt, da die Musik wieder einsetzte, als hätte ihr die Pause neue Kraft verliehen.

Die Rufe »Einsteigen!« rissen die Menge auseinander in Schauspieler und Zuschauer.

Die Trillerpfeifen der BdM-Führerinnen jagten schrill die Mädchen an ihre Plätze.

Gildas Mutter lief aufgeregt durch die Gänge und suchte nach ihrer Tochter: »Gilda, wo ist meine Gilda? Man nimmt mir mein Kind!«

Eine BdM-Führerin lachte und sagte einer anderen: »Komische Nummer, diese aufgeregte Henne, die in einen Farbtopf gefallen ist!«

Aber die andere besann sich sofort ihrer Erziehungspflicht: »Beherrschen Sie sich gefälligst; hier sind wir nicht im Theater; so was Überspanntes! Wäre traurig, wenn sich alle so anstellen würden! Seien Sie einer deutschen Mutter würdig!«

Es war so schwer, einen Blick nach außen zu erhaschen, alle drängten sich ans Fenster.

Elisabeth sah ihren Vater mit Gildas Großvater sprechen.

Sicher schütten sie sich ihr Herz gegenseitig aus. Sie wollen die neue Zeit nicht verstehen.

Hurrastimmung! Sie fing dieses Wort des Großvaters auf. Jetzt sagte er: Das kennen wir! – Erwin hat es gesagt: So leben die alten Leute. – Das kennen wir, die Hurrastimmung! – Sie wollten nicht verstehen, dass das keine aufflammende Begeisterung war, sondern ein Aufbruch zu neuem Leben.

»Dafür hat man gekämpft, damit die Kinder –«, hörte sie ihren Vater sagen.

Der Zug setzte sich in Bewegung. – Wo war Erwin?

Alles rief durcheinander:

»Schreibe bald!« – »Gute Fahrt!« – »Vergiss uns nicht!« Man rief so viele Mädchennamen: »Elisabeth!« – »Gilda!« – »Hanna!« – »Grete!«

Aber alle diese Rufe gingen unter in den blechernen Tönen der Musik.

Die Kapelle spielte:

»Volk ans Gewehr! Volk ans Gewehr!«

II. Teil

Elftes Kapitel

Mädchen mit Pappschachteln

Es war schon dunkel, als die Mädchen das Lager Ost 2/68 erreichten.

Nach der Vesper und nach dem Abendappell standen sie mit ihren Pappschachteln in den Räumen, die sie für lange Zeit beherbergen sollten.

Die Betten, je zwei übereinander, waren in gleichmäßigen Abständen aufgestellt hier in Baracke drei. Zwölf Bettpaare, und der Raum war bis zum Übermaß gefüllt. In eine Ecke hatte sich ein Blechschrank verkrochen, der in vierundzwanzig engbrüstige Fächer eingeteilt war. Alle Baracken im Lager hatten die gleiche Einrichtung.

»Ach Gott, sieht es hier aus, scheußlich!«

»Das ist ja wie 'n Gefängnis!«

»Schau nur her, wie mir die Zähne klappern!«

»'s riecht so komisch, spürt ihr es auch?«

Die Mädchennasen schnupperten in der feuchtkalten und doch muffigen Luft wie Spürhunde, die einen fremden Geruch ergründen möchten.

Lager Ost 2/68 war in einem früheren Gefangenenlager untergebracht. Damals im Krieg schreckte man die Kinder der Umgebung mit dem Spruch: Wenn du unartig bist, kommst du ins Russenlager! – Wie die Fliegen starben die Russen im Winter. Hunger war im Land, wie sollten da nicht die Feinde hungern! Die Einheimischen im Lande froren, wie sollten da nicht die Feinde frieren! Die Fliegen sterben leicht, aber die Menschen, fern der Heimat, fern ihren Angehörigen, sterben schwer. Ihre Seufzer und ihre Qualen mussten sich in die Mauern eingenistet haben, das war vielleicht das Unheimliche, das die Mädchen fühlten.

Der Raum, überhaupt das ganze Lager, war von peinlichster Sauberkeit; der Boden sah gebürstet, gescheuert, gekratzt aus, die Wäsche war bis zum Zerreißen gewaschen, dann hundertmal geflickt. Die Decken hatten schon ihre Farben ausgehaucht, dünnfädig gingen sie dem Untergang entgegen. Jedes Loch war verstopft wie bei einem kostbaren Stoff.

»Es ist so sauber hier wie in einem Mordhause!«, flüsterte Gilda Elisabeth zu. »Man wollte die Spuren verwischen. Man kann das Blut riechen!«

»Hör auf mit dem Unsinn!« Wirklich, diese Gilda war überspannt.

In der Mitte des Raumes machte sich ein Ofen breit, er hatte noch einen leicht erröteten Bauch; aber er fühlte sich schon kühl an, als die Mädchen zu ihm eilten.

»Wenigstens am ersten Tag hätte man ordentlich heizen können.«

»Man erfriert ja!«

»Und wo soll ich mit meinen Sachen hin? Da ist doch kein Platz!«

»Die Kleider werden kaputtgehen, wenn man sie nicht aufhängen kann.«

»Ich rate euch, lasst das Meckern!«, sagte ein großes, mageres, knochiges Mädchen. »Ich werde hier schon Ordnung schaffen, darauf könnt ihr euch verlassen. Ich werde die Stubenälteste. Ich glaube kaum, dass es hier eine gibt, die länger für Hitler gekämpft hat als ich. In jedem Lager war ich die Dienstälteste. Und wenn ihr was auf dem Herzen habt, dann kommt nur zu mir, ich sage euch Bescheid. Ich bin Tina!«

»Und ich bin Minna!«, sagte ein dickes Mädchen, das auf einem oberen Bett in der Mitte des Raumes saß und auf einer Trompete übte und zwischendurch den Mädchen Erklärungen gab. »Wir sind Freundinnen!« Sie zeigte auf Tina. »Wir kennen das Lagerleben, wir werden euch schon alles beibringen. Ich werde Weckwart.«

»Was, mit einer Trompete wirst du uns wecken?«, schrie Cilly, das jüngste Hitlermädchen des Lagers. »Bei den Jungens ist wirklich alles besser. Mein Bruder ist Pimpf, und die haben einen richtigen Hornisten zum Wecken.«

»Warum soll ein Horn mehr sein als eine Trompete, das verstehe ich nicht«, sagte Minna beleidigt.

»Sogar eine Flöte ist mehr, oder ein Schifferklavier ist noch mehr.«

»Du bist wirklich noch ein ganz kleines Kind!«

»Ruhe!«, brüllte Tina.

Sie durchmaß den Raum wie ein Feldherr.

»Ich weiß nicht, Minna, ob ich nicht lieber das obere Bett nehme. Ich muss alles übersehen.« Dann aber entschied sie sich doch für das untere, denn sie wollte auch schnellstens überall sein.

Minna und Tina trugen Übungsanzüge, erstens waren Nachthemden zu weibisch, dann musste man sie immerfort waschen; kalt waren sie auch obendrein. Das Lagerleben musste man eben kennen.

Da jammerte schon wieder eine:

»Ach, ich ziehe alles an, was ich überhaupt habe, dann werde ich wenigstens nicht erfrieren.«

»Ich schlafe im Wintermantel.«

»Lauter Zuckerpüppchen«, sagte Tina zu Minna.

»Wo soll ich nur mit meinen Büchern hin, man hat doch überhaupt keinen Platz!«

»Jedenfalls stell den Dreck nicht auf dein Bett!«, sagte Tina, die mit wichtiger und strenger Miene schon zu inspizieren begann. »Wozu hast du überhaupt Bücher mitgebracht?«

»Ich möchte mich auf meine Prüfung vorbereiten. Meine Eltern haben mit größten Schwierigkeiten Geld für mein Studium aufgetrieben; wenn ich ein Jahr lang nicht lerne, vergesse ich wieder alles.«

»Vergiss nur ruhig den Quatsch, Fräulein Doktor!«

»Ich bin noch kein Fräulein Doktor, ich heiße Lilli.«

»Na gut, dann ernenne ich dich zum Fräulein Doktor. Werde

dir über eins klar: Hier rechnet deine Gelehrtheit nicht, hier ist nur eins wichtig – ob du für den Führer gekämpft hast.«

Sie ging mit prüfenden Augen weiter zwischen den Betten: »Was ist das? Lederzeug, Maniküre? Kommt nur hier nicht mit solchem Dreck! Mit so was geben wir uns nicht ab, bei uns herrscht Gleichheit.«

Minna hielt ein Hitlerbild in der Hand:

»Soll ich ihn am Kopfende aufhängen oder am Fußende? Am Fußende könnte ich ihn besser sehen. Aber wenn er über meinem Kopfe hinge, hätte ich das Gefühl, ein Schutzengel schwebt über mir.«

»Am Fußende könntest du ihm Fußtritte geben«, sagte ein Mädchen im Tone übertriebener Besorgtheit.

»Lass die Unverschämtheiten!«, schrie Tina.

»Wer hat denn dich zum Feldwebel ernannt?«, gab die andere zurück.

»Feldwebel ist gut!« – »Das ist der richtige Name!«, riefen einige.

»Feldwebel und Trompete!«, lachte eine.

»Aber wir wollen uns doch nicht zanken«, sagte Elisabeth, »wir wollen wirkliche Kameradinnen sein. Es sollen keine Unterschiede zwischen uns bestehen; wir wollen gleich leben, gleich schaffen!«

Sie verfolgte mit forschenden Augen die Mädchen, die sich auszogen, ihre Armut, ihre Entbehrungen enthüllten. Wie viele dieser jungen Körper waren unterernährt, schon ermüdet. Was hat denn dieses Menschenkind für spitze Schultern, was für eine flache Brust! Jetzt gab sie keine spöttischen Antworten mehr, ihr Blick hatte sich verdüstert, ihr Mund bewegte sich klanglos, als klagte sie einem Unsichtbaren.

»Wo hast du früher gearbeitet?«, fragte Elisabeth sie.

Grete Barth – so hieß das Mädchen – bekam ihren spöttischen Blick wieder; sie sah erst Elisabeth an, als wollte sie sagen: Was geht das dich an? Dann aber antwortete sie: »In einer Teigwarenfabrik.«

»Sicher hattest du es nicht leicht.«

»Nein, wie du aber auch alles durchschaust. Man hat es nicht leicht, wenn man die Woche zwanzig oder fünfundzwanzig Mark verdient.«

»Davon kann man nicht gut leben.«

»Aber von den fünfundzwanzig Pfennig pro Tag, die man uns gnädigst vielleicht geben wird, kann man sicher große Sprünge machen.«

»Aber in der Fabrik war es doch sicher sehr ungesund?«

»Sehr trockene Hitze, Hetze, Ausnutzung. Aber jetzt, jetzt haben wir es wunderbar, nicht wahr? Diese herrliche Landluft hier in der Baracke, und die schöne Strohmatratze zum Ausruhen. Versuch mir lieber nicht einzureden, dass ich einen guten Tausch gemacht habe. Unterhalte dich lieber mit den Mädchen, zu denen du gehörst.« Dabei zeigte sie auf Tina und Minna.

Elisabeth wandte sich verletzt von ihr ab. Warum musste die so gehässig sein?

Nebenan zog sich ein Mädchen aus, seine großen, braunen Hände stachen gegen die Helligkeit ihres Körpers ab. Man sah ihm an, dass er nie der Sonne ausgesetzt gewesen war, nie helle Luft getrunken hatte. Ihre altmodische Wäsche war makellos weiß gestärkt.

»Was warst du früher?«, fragte Elisabeth.

»Ich war Dienstmädchen bei Juden; sie konnten mich nicht länger behalten.«

»Sicher ist es nicht schön, Dienstmädchen zu sein.«

»Freilich ist es nicht schön.«

»Hier wirst du dich körperlich erholen, du wirst immer in der frischen Luft leben, nicht eingesperrt.«

Das Mädchen lachte bitter auf: »Nicht eingesperrt! Siehst du denn nicht die Eisengitter?«

»Die sind doch von früher, als die Russen noch hier waren.«

»Das ist ein Gefangenenlager, du kannst von hier nicht fort. Es ist nicht schön, Dienstmädchen zu sein, nein, aber ich habe verdient, ich hatte mein anständiges Zimmer und anständiges

Essen. Nicht so einen Fraß, wie man ihn uns heute Abend vorgesetzt hat. Und dann wollte ich heiraten, aber mein Schatz ist im Arbeitsdienstlager.«

»Meiner kommt auch hin; aber darf man deshalb verbittert sein?«

»Ja, wenn man dir alles nimmt, wirst du verbittert.«

Sie zog die Decke mit Widerwillen über ihren Körper.

Sicher hat sie sich eine Wäscheausstattung erspart, wie meine Mutter, als sie jung war. Sie kann nicht für eine Idee Opfer bringen.

Elisabeth fühlte sich wie ausgestoßen. Und doch war es schwer, allein zu sein! Zwei Füße hingen hinab zu ihr aus dem oberen Bett. Dort wohnte ein kleines Mädchen, wohl die Jüngste im Lager. Sie war noch jünger als Cilly, das jüngste Hitlermädchen. Die Füße waren sauber gewaschen, mit schiefgeschnittenen Fußnägeln. Das kleine Persönchen schien ganz von tiefster Traurigkeit niedergedrückt. Die Knochen zeichneten sich mit dunklen Schatten in die Haut, die wie bei alten Leuten trocken und grau war, als durchflösse sie kein rotes lebendiges Blut. Das Kind sah aus wie verhungert nach Speise, nach Wärme, nach Zärtlichkeit.

Elisabeth streckte ihm ihre Hand entgegen, als wollte sie es aus seiner Einsamkeit entreißen.

Aber die Kleine ließ die Hand unbeachtet. Elisabeth fragte sie: »Wie heißt du?«

»Hilde«, sagte das Kind kurz angebunden.

»Und ich heiße Elisabeth. Wollen wir Freunde sein, Hilde?«

Da traf sie ein Blick voll kaltem Hohn. Wie konnten diese Kinderaugen so viel Verachtung und Bitterkeit ausstrahlen? Sie streiften ihr Kleid, als trüge sie die Uniform einer feindlichen Armee, die brandschatzend über das Land hinfegt; sie sahen in ihr den unerbittlichen Feind.

Elisabeth nahm ihre Hand zurück und strich damit über ihr Kleid; wenn es auch andere hassten, sie liebte es.

Aber sie spürte jetzt die Kälte, die böswillig in sie eindrang, und verbarg sich schnell in ihrem Bett.

Tina befahl, das Licht auszulöschen.

»In drei Minuten schläft alles! Heil Hitler!«

Sie und Minna befolgten sofort den Befehl; ihr Atem durchsägte gleichmäßig die Luft.

Ein unbeherrschtes, wütendes Schluchzen durchbrach die Schnarchlaute. Ein Weinen wie von einem verschleppten Kinde, das in eine Höhle gebracht wurde.

Gilda, das ist Gilda! Ich hätte mich mehr um sie kümmern sollen!

»Gilda, hör auf! Du machst ja erst alles schlimm. Schäm dich, Gilda!«

Da klang über ihrem Kopfe eine fremde Stimme, diese Kinderstimme war hart und ganz alt:

»Ich würde nie weinen, das macht denen ja nur Spaß, wenn wir weinen!«

Denen! Zu »denen« gehöre ich auch! So eine kleine, hasserfüllte Katze!

»Ich habe nie geweint. Einmal kamen sie nachts zu uns und haben geklopft und gebrüllt: ›Mach auf, rote Brut!‹ – Und dann haben sie die Tür eingeschlagen und sind hereingekommen. Alles haben sie zertrümmert und zerrissen, und dann haben sie mit dem Gummiknüppel auf meinen Vater losgedroschen, bis er auf den Boden fiel und sich nicht mehr rühren konnte. Nur das Blut lief über sein Gesicht. Aber ich habe nicht geweint! Dann haben sie meinen Vater und meine Mutter mitgenommen, und ich bin ganz allein geblieben. Ich bin nicht weg aus der Wohnung, weil ich immer gewartet habe, dass meine Mutter zurückkommt. Ich habe so lange gewartet, aber ich habe nicht geweint; ich habe auch nicht geweint, als sie mich geholt und hierhergebracht haben.«

»Schweig!«, herrschte Elisabeths Stimme die Kinderklage an, dann fügte sie, als es wirklich still wurde, freundlicher hinzu:

»Wir wollen schlafen.«

Zwölftes Kapitel

»Du bist nichts!«

Das Viereck, das von den rötlichen Baracken umsäumt war wie von einer verglimmenden Mauer, hatte der Frost mit weißen Flecken angehaucht, die leise aufknirschten, als die Mädchenfüße im Gleichtakt über sie hinwegschritten.

Ein riesiges Transparent spannte sich gegen den klarkalten Winterhimmel; groß und dunkel verkündeten die Buchstaben:

»Du bist nichts, deine Nation ist alles!«

Von Kommandoworten wie auf Draht geführt, von unsichtbarer Hand zum Stehen angehalten, reihten sich die Mädchenkolonnen vor einer Balustrade, auf der weit sichtbar Fräulein Kuczinsky, Leiterin des Lagers Ost 2/68, Platz genommen hatte.

Mit erhobenem Arm nahm sie die erste Morgenparade der Mädchen ab. Sie wirkte wie ein zum Standbild erstarrter Heerführer, der wieder zum Leben erwacht, als seine Armee an ihm vorbeizieht. Aber diese Armee war noch eine unausgebildete, durcheinanderwankende Masse, die erst zu einem Heer zusammengeschweißt werden musste.

Ihre Augen, deren kalter Glanz in zu viel weiches Fleisch eingebettet war, durchwanderten prüfend die Köpfe, die ihr zugewandt waren. Sie blieben an den Hitleruniformen länger haften; sie suchten eine Würdige. Nur eine, die des Führers Kleid trug, konnte wirklich würdig sein. Morgen schon würden alle die Lageruniform tragen, aber heute unterschieden sie noch ihre Kleider. Die Blicke der Leiterin glitten ab von vielen Hitlermädchen, sie wandten sich weg von Tina und Minna und ruhten dann aus auf den breiten, hellen Wangen Elisabeths. Diese ruhigen, braunen Augen zogen sie an.

Ihre Hand sonderte Elisabeth ab und rief sie zu sich.

Sie sagte feierlich:

»Du sollst heute und in den nächsten Tagen Führerin vom Dienst sein. So trägst du im Lager den höchsten Rang nach mir. Du ernennst die Warte und die Fahnenwache; du führst die Inspektion, du verteilst die Post. Ich hoffe, dass du ein gutes Beispiel denen geben wirst, die dir folgen sollen. Die Führerin vom Dienst werde ich von Fall zu Fall, oft von Tag zu Tag ernennen; dieses hohe Amt soll nur den Besten anvertraut sein. – Bist du bereit, deine Aufgabe nach bestem Willen zu erfüllen?«

»Jawohl«, sagte Elisabeth und blickte geradeaus in Fräulein Kuczinskys flackernde Augen.

»Ernenne also die Fahnenwache!«

Elisabeth sah sich im Kreise um, sie blickte auf Hilde, dieses Kindergesicht, das das Elend schon mit grauen Griffeln gezeichnet hatte.

Sie hob die Hand, sie wollte Hilde zur Fahnenwache ernennen, aber die Augen der Kleinen waren so abweisend, dass sie den Arm sinken ließ.

Sie würde mich nur hassen und denken, ich will sie zwingen, die Hakenkreuzfahne zu hissen; sie würde nicht verstehen, dass ich sie in die Gemeinschaft aufnehmen will.

Dann wandte sie sich an das frühere Dienstmädchen mit den großen braunen Händen und dem hellen Körper und sagte: »Ich ernenne Hanna Köhler zur Fahnenwache.«

Fräulein Kuczinsky kommandierte: »Die Augen links!«

Einige schielten, einige drehten das Gesicht.

»Wendet gleichzeitig den Kopf zur Fahne, hebt den rechten Arm zum Gruß, lasst die linke Hand angelegt!«

Elisabeth stand vor der Fahnenstange; sie sah die Gesichter, die alle auf sie gerichtet waren. Sie sah Hilde, klein und mager, so dürftig zwischen den anderen stehen, sie sah, wie sich die magere, kleine Hand verkrampfte, als wollte sie sich zu einer Faust ballen.

»Heiß Flagge!«

Die braunen Hände des früheren Dienstmädchens zogen unlustig die Fahne hoch, die jetzt über allen Köpfen flatterte.

»Heute werde ich den Fahnenspruch sagen«, sprach Fräulein Kuczinsky.

Ihre Augen lagen über den Mädchenkolonnen, von dem Willen erfüllt, diese Mädchen zu ändern. Das sollte der Sinn ihres Schicksals sein; die Mädchen fühlten diese gefährliche Flamme des fanatischen Wollens, sie fühlten, dass sie auf ihr Geschick einwirken würde wie ein böser Stern.

Ihre Worte klirrten, als wären sie erst erfroren in der nebelschweren, kalten Morgenluft und dann wieder zerschellt von überheizter innerer Erregung:

»An diesem ersten Tage unseres gemeinschaftlichen Lebens, an dem wir jeden Eindruck bereitwillig und empfänglich in uns aufnehmen, richtet eure Augen auf die Worte, die unsichtbar immer und ewig vor euch schweben sollen, diese Worte, sie lauten: Du bist nichts, deine Nation ist alles!

Die große Zeit, in der wir leben, erfordert von jeder Einzelnen großzügiges Denken. Nicht um die kleine Persönlichkeit geht es, sondern um den Bestand unseres Volkes, um seine rassische Wiedergeburt!

Ihr alle, Studentinnen und Dienstmädchen, Fabrikarbeiterinnen und Verkäuferinnen, ihr sollt ein Stück blutgebundener Volksgemeinschaft bilden!

Ihr, die ihr aus verpesteten Fabriken und Werkstätten, aus Warenhäusern und aus Bänken der Universitäten kommt, ihr seid ausersehen, zurückzukehren zu dem heiligen Boden Deutschlands. Ihr seid ausersehen, helfend dem schwer ringenden Bauer – denn er ringt schwer, ob sein Land karg oder fett, klein oder von großem Umfang ist – beizustehen. Ihr sollt ihm nicht nur helfen, sein Land zu bebauen, ihr sollt vor allem helfen, ihn mit nationalsozialistischem Geiste zu erfüllen. Deshalb sollt ihr nicht unvorbereitet zu den Bauern kommen. Wichtiger als landwirtschaftliche Kenntnisse ist die Kenntnis des deutschen Blutes. Meine Aufgabe ist es, diese euch zu vermitteln. Und so, ganz durchdrungen von nationalsozialistischem Geist, sollt ihr nicht nur Landhelfer sein, sondern Helfer des Landes, Helfer

Deutschlands, dass es wieder groß, mächtig und von der ganzen Welt gefürchtet werde!«

Die Fahne flatterte im Winde; die Augen mussten unbeweglich sich der Führerin zuwenden, die Glieder begannen in dieser Starrheit abzusterben, die Worte machten sie noch steifer, so als verwandelten sie langsam den Körper in totes Holz.

»Schwer und dunkel war der Weg, den das deutsche Volk seit jenem 9. November 1918 ging; nur wenige Gläubige trugen in sich den Willen zum Widerstand gegen den Untergang. Und ein Führer wurde uns und pflanzte neu in das deutsche Volk den Glauben an seine Kraft und an sein Lebenmüssen, dass es die Fesseln sprengte, die es gewaltsam in ehrloser Knechtschaft nach außen und blutigem Klassenkampf nach innen hielten.

Ich bin stolz, sagen zu können, dass ich zu jenen gehört habe, die nie den Glauben an Deutschlands Aufstieg verloren haben. Ich bin stolz, dass ich den Retter erkannt hatte, als er noch verhöhnt und verfolgt wurde. Ich wurde wegen meiner Liebe zu ihm selbst verfolgt; doch das schreckte mich nicht. Ich fürchtete weder Elend noch Jammer, um ihm die Treue zu halten.«

Die schmalen Lippen bewegten sich wie ein schiefer, bläulichroter Strich in dem breiten Gesicht.

»Eure Zugehörigkeit zu dem deutschen Blut und Boden legt auch euch höchste Verpflichtungen auf. Auch ihr sollt nicht nach eurem eigenen Wohlergehen fragen; auf euren Schultern liegt es, Deutschland groß und mächtig zu machen und das Werk des Führers zu erfüllen!«

Immer starrer wurden die Mädchenblicke.

»Wir Mädel tragen die Verantwortung dafür, dass sich alle Frauen und Mädchen Deutschlands zu Blut und Rasse bekennen. Was frühere Frauengenerationen durch ihre Instinktlosigkeit gesündigt haben, wollen wir aus bewusster Erkenntnis heraus wiedergutmachen durch stete Opferbereitschaft für die höchste Ehre: die Ehre unseres deutschen Blutes!

Wir wollen euch Körper und Seele stählen, damit ihr fähig

werdet, Deutschland ein gesundes, starkes Geschlecht zu schenken!«

Elisabeth fühlte einen quälenden, stechenden Schmerz in dem ausgestreckten Arm, als müsste er absterben.

»Über unserem Tun müssen als leuchtende Wegweiser die Worte des Führers stehen: Die deutsche Jugend wird entweder Bauherr eines neuen völkischen Staates werden, oder sie wird als letzter Zeuge den völligen Zusammenbruch, das Ende der bürgerlichen Welt erleben!«

Elisabeth sah die zusammengekniffenen Augen Hildes, die nach der Fahne äugte, als wollte sie nur das Rot sehen. Sie merkte, dass Elisabeth sie beobachtete, und streifte sie mit einem höhnischen und doch triumphierenden Blick.

Die Stimme aus der Höhe riss die Mädchen aus ihrer Bewegungslosigkeit: »Augen geradeaus! Wegtreten!«

Aber nur eine kurze Ruhepause wurde ihnen gegönnt.

Fräulein Kuczinsky rief:

»Wir wollen gleich mit den Ordnungsübungen beginnen. Wir werden nie müde werden, sie täglich, Stunde um Stunde zu üben, denn wir wollen nicht eine Herde sein, sondern eine Armee. Also, noch einmal, Augen geradeaus!«

Die Köpfe richteten sich gerade.

»Schlecht gemacht! Es genügt nicht, dass ihr nach vorne starrt, ihr müsst den Kopf blitzschnell geradeaus nehmen!«

Sie kommandierte wieder: »Stillgestanden!«

»Schlecht, schlecht! Alles, was ihr macht, ist schlecht! Es genügt nicht, dass ihr einfach stillsteht, wenn ich ›Stillgestanden!‹ kommandiere. Wir wollen keine Kinderspiele spielen, wir wollen eine Armee werden. – Hacken zusammen, gleichmäßig. Zentimetergenau müssen die Fußspitzen auseinanderstehen, nicht ganz neunzig Grad. Verstanden? Nicht ganz neunzig Grad! Neunundachtzig ungefähr! – Knie durchdrücken, Körpergewicht gleichmäßig auf Hacke und Spitze verteilen. Auf Hacke und Spitze! Versteht ihr nicht? – Oberkörper frei aufrichten, Brust heraus, Schultern locker, nicht angezogen! Und wie haltet ihr die Arme! Ihr müsst sie mit leicht gekrümmtem Ellenbogen etwas vordrücken. – Die Hände liegen mit der Handwurzel und Fingerspitze an den Oberschenkeln. Aber nicht gleich die ganzen Tatzen andrücken. Die Finger strecken, der Mittelfinger muss dort liegen, wo sich die Hosennaht befände, wenn ihr Jungens wäret. – Den Kopf frei erheben! Das Kinn leicht anziehen! Den Blick unbeweglich! – Die Muskeln nicht anspannen. Macht keine Henkeltöpfe. Steht vollkommen still! – Das ist stillgestanden! Noch einmal: Stillgestanden! Hundertmal stillgestanden, bis ihr es verstanden habt. Wir wollen eine Armee sein!«

»Rührt euch!«

Endlich kann man sich bewegen; schnell flüstern einige ihre Klagen den Nachbarinnen zu.

»Was fällt euch ein, zu sprechen, wenn ich ›Rührt euch!‹ kommandiere! Ihr denkt, ihr könnt dann herumspringen! Den linken Fuß einen halben Schritt vorsetzen, einen halben, sage ich! Das Gewicht des Körpers ruht auf dem rechten Fuß. – Und bringt euch schnell in Ordnung, verbessert die Richtung und die Fühlung mit dem Vordermann!«

Fräulein Kuczinskys Augen fallen auf Hanna Köhler, das frühere Dienstmädchen. Welches Unverständnis liegt über diesem Gesicht, welche Dumpfheit, welcher Widerstand! Aber wir werden ihn brechen!

»Links um! – Wenn ich Gänse kommandierte, würden sie sich genauso drehen. – Aufgepasst! Die linke Fußspitze anheben, die rechte Fußspitze abstoßen. Ihr dreht euch auf der linken Hacke um neunzig Grad, der rechte Fuß wird angehoben, der ganze Körper macht, in sich unbeweglich, die Wendung mit.«

Gilda führte die Befehle auf das genaueste aus, so genau, dass sie ihre Lächerlichkeit enthüllte. Mit ihrer Leichtigkeit mimte sie Schwere, eine Libelle ahmte einen Elefanten nach.

Die Mädchen hörten nicht mehr Fräulein Kuczinsky, sie versuchten nur, sich den Bewegungen Gildas anzupassen.

Die Trillerpfeife der Leiterin zwang die Mädchen, ihren Unfug aufzugeben.

Sie hatte wohl gemerkt, dass Gilda die Anführerin war.

Dumme Puppe, unfähig zu jedem Ernst! Auch dich will ich lehren!

»Hammelherde! Könnt ihr euch nicht sagen: Ich bin ein Teil der Nation, danach habe ich mich zu benehmen!? Ein Soldat wird nicht den Arm schwingen wie ein Verrückter, der Fliegen fangen will; er wird nicht den Oberkörper hin und her pendeln wie ein Derwisch, wird nicht mit den Hacken knallen wie ein Straßenjunge, der Radauplätzchen loslässt!«

Nur einige lachten; über die meisten Gesichter kroch stumpfe Müdigkeit. Aber die Übungen begannen ja erst.

»Knien!«

»Was denkt ihr euch eigentlich, seid ihr in einer katholischen Kirche oder schmachtende Liebhaber aus der alten Gartenlaube? Was ist das für ein blödsinniges Knien, was ihr mir da vormacht? – Aufgepasst! Der linke Fuß wird beim Knien einen Schritt vorgesetzt, und das rechte Knie etwas nach rechts außen auf den Boden gebracht. Es wird immer nach vorn gekniet, werte Damen! – Der linke Unterschenkel muss senkrecht stehen, die linke Hand ruht auf dem linken Knie. Auf dem linken, habe ich gesagt!! – Weißt du nicht den Unterschied zwischen links und rechts? – Der Oberkörper ist aufgerichtet. – Verstanden? So kniet jemand, der der großen deutschen Armee angehören will.«

»Auf!«

»Was ist das für eine Aufsteherei! Als ob ihr alte Damen wäret, die sich nicht hochkrabbeln können. Drückt mit der linken Hand und steht nach vorn auf! Der rechte Fuß wird ruhig herangezogen, Grundstellung eingenommen und dann gerührt!«

»Knien!«

»Auf!«

»Hinlegen!«

Mit zusammengebissenen Lippen folgten die Mädchen den Befehlen. Ihre Muskeln zitterten, sie glitten aus, ihr Körper schlug hart gegen die kaltgefrorene Erde.

»Ihr müsst euch auslöschen! Nicht euren Wünschen darf sich der Körper fügen, sondern dem Kommando! Du bist nichts, deine Nation ist alles!«

»Ich kann nicht mehr«, sagte ein Mädchen und blieb aufrecht stehen, als wieder das Kommando »Knien!« kam. Es ist Grete Barth, die Arbeiterin aus der Teigwarenfabrik.

Fräulein Kuczinsky gebietet den anderen Halt, sie spürt den feindlichen Widerstand, aber sie wird ihn brechen.

»Du sollst sehen, wie lange du noch weiterkannst, nachdem du dir eingebildet hast, es geht nicht mehr.«

Grete Barth warf sich auf die erstarrte Erde, wie von der Wut hinabgeschleudert.

»Hinlegen!«

Sich hinlegen, nie mehr aufstehen, sich nicht mehr quälen lassen!

»Du machst alles falsch. – Die rechte Hand ausstrecken. Jetzt leg dich über das linke Knie und die rechte Hand hin. Stütz dich nicht auf den Boden, nur der linke Unterarm darf die Erde berühren. Der Körper wird flach auf den Boden gepresst. Die Füße etwas auseinander, die Hacken an den Boden gedrückt. Du musst den Kopf etwas heben, den Blick geradeaus richten. Du verbirgst dich vor dem Feind, du legst auf ihn an, ohne dass er dich bemerkt!«

Der Feind bist du, Kuczinsky, der Feind ist die Kälte, der Feind ist dieses Lager. Wäre doch schon alles vorbei!

»Auf!«

»Knien!«

»Knien! – Hinlegen!«

Wir sind so viele, und du bist allein, Kuczinsky! Und doch springe ich dir nicht an den Hals und erwürge dich!

»Auf! – Knien! – Hinlegen!«

Du bist allein, Kuczinsky, aber hinter dir stehen alle Mächte, die Regierung und die Partei, die SA und die SS! Alle stehen sie hinter dir, Kuczinsky!

»Siehst du, wie viel du noch kannst. Ich rate dir, verlerne das

Klagen, vergiss nicht die Worte: Du bist nichts, deine Nation ist alles!«

Eine Glocke machte der Ordnungsübung ein Ende.

»Am allerschlimmsten finde ich, dass man nicht einmal im Klosett allein sein kann«, seufzte Lilli, »ich kann einfach nicht, wenn so viele dabei sind. Der Mensch ist so beschaffen, dass er bei ausgesprochen tierischen Beschäftigungen gern auf Zeugen verzichtet.«

»Lass die blöden Redensarten, Fräulein Doktor, und sorge lieber dafür, dass dein Platz bald frei wird.«

»Du bist nicht früh genug in die Hitlerjugend gekommen, sonst wärst du keine so zimperliche Spießerin!«, sagte Tina im Tone des Mitleids.

»Ich fürchte, dass mich nicht einmal die erfolgreichsten Erziehungsmethoden dazu gebracht hätten, mich für diese Massenlatrine zu begeistern.«

»Du verstehst eben nichts vom Soldatentum, du Ärmste! Wir wollen eine Armee sein!«, äffte Gilda Fräulein Kuczinsky nach.

»Das ist wieder einmal so recht unverschämt. Was hat das mit Soldatentum zu tun?«, rief Tina verletzt.

»Was? Nur bei den Soldaten gibt's Massenlatrinen.«

»Und bei den Kriegsgefangenen!«

»Du Dumme, das ist doch genau dasselbe. Ich weiß, warum das ist. Die Soldaten müssen so viel aufs Kloster gehen. Und das weiß ich von meinem Vater. Im Krieg mussten sie immer auf dem Klo sitzen, sie hatten die Ruhr und die Cholera und Angst.«

»Schweig, du Untermensch!«

»Selbst einer!«

»Ich zerbreche mir nur immer den Kopf darüber, warum man die Latrine für vierzehn Personen gebaut hat und nicht für zwölf oder für vierundzwanzig.«

»Warum nicht für eine?«

»Das gibt's gar nicht in einem Lager; da wollen die Menschen gern allein sein. Ich würde mich stundenlang einsperren. Man müsste dann nicht exerzieren, man könnte die Weltanschauung schwänzen.«

»Aber man könnte dann gar nicht miteinander reden.«

»Ich verzichte mit Vergnügen auf jede Unterhaltung.«

»Schöne Unterhaltung, in der Stinkbude!«

»Und dann vor allem wäre man allein, könnte man nicht so ganz die Worte begreifen: Du bist nichts!«

Dreizehntes Kapitel

Hüterin der Rasse

Fräulein Kuczinsky schlief in Baracke eins, die gleichzeitig Wirtschaftsgebäude war und die Vorräte und Wäsche des Lagers beherbergte. Die Leiterin verfügte über ein Führerbett Nr. 2, eine Führermatratze Nr. 1, mit Rosshaar gefüllt, und über einen Schrank in einer Ausstattung, wie sie nur der Führerschaft zugebilligt war.

Aber sie hielt sich nur selten in ihrem Schlafraum auf. Ihr Hauptquartier befand sich in der »Kommandantur«; dieses Gebäude hatte merkwürdigerweise durch die vielen Jahre den Namen seiner früheren Bestimmung beibehalten. Damals, in der Kriegszeit, lebten die jeweiligen Lagerleiter hier; sie wechselten oft, denn jeder betrachtete es als eine Art Verbannung, diesem öden, versteckten Lager vorzustehen.

So wurde auch die Kommandantur von ihren flüchtigen Bewohnern nur mit wenig Liebe ausgestattet. Für Fräulein Kuczinsky aber sollte sie eine Pflegestätte des neuen deutschen Geistes werden.

Das Ziel, das sich Fräulein Kuczinsky gesetzt hatte, war ungeheuer. Doch wer war sie selbst, diese Leiterin des Lagers Ost 2/68?

Sie hatte schon in ihrer Ansprache an ihre Zöglinge angedeutet, dass sie der nationalen Sache schwere Opfer gebracht hatte.

Fräulein Kuczinsky hatte nie unterlassen – auch nicht in den Zeiten der tiefsten Schmach, wie sie sich auszudrücken pflegte –, das Anrecht auf Deutschlands Vorherrschaft zu betonen. Ihre Feinde versicherten immer, dass ihre Einstellung begreiflich sei, ihr fremdländischer Name zwinge sie, ihr Deutschtum besonders hervorzuheben. Da waren überdies ihre weitausladenden Backenknochen, die ihrem Gesicht einen exotischen, fast mongolischen Ausdruck gaben, da war das harte R, das wie ein Widerhall ihrer Grenzheimat klang.

Fräulein Kuczinsky war Lehrerin an einer städtischen Mädchenschule in Frankfurt an der Oder, sie wurde durch eine Ohrfeige aus ihrer vorgeschriebenen Laufbahn geworfen, einer Ohrfeige, die sie mit großer Kraft einer ihr frech erscheinenden Schülerin verabreichte. Die Geohrfeigte, die Tochter eines sozialdemokratischen Stadtverordneten, musste sich sofort mit schmerzendem Ohr in ärztliche Behandlung begeben. Die Folgen aber waren noch schlimmer für Fräulein Kuczinsky. Sie wurde wegen pädagogischer Unfähigkeit aus dem städtischen Dienste ohne Entschädigung entlassen. Das war ein furchtbarer Makel gerade für Fräulein Kuczinsky, die sich wie niemand für das edle Amt der Erziehung berufen fühlte. Diese leidenschaftliche Pädagogin war überzeugt, dass der wahre Grund ihrer Leiden und aller Verfolgungen ihre nationale Gesinnung war. – Die Roten, die Untermenschen, hatten ihr Martyrium verursacht.

In welcher Welt musste sie leben! Hass trieb sie nachts aus dem Bett, ihre Fäuste hämmerten gegen die Wand ihres Zimmers, als wäre dies eine Gefängnismauer, die sie von der Welt abschloss. Ihre Feinde gönnten ihr nicht die Luft zum Atmen, sie nahmen ihr den Lebenszweck. Was gab es für sie anderes, als Kinder zu formen? Die Feinde, das waren der sozialdemokratische Rektor, ihre Kollegen, die sie verrieten, preisgaben, um sich bei den Behörden lieb Kind zu machen. Der maßlose Hass mengte sich wie ein bitteres Gewürz ihren Speisen, ihrem Trank, ihren einsamen Spaziergängen und ihren Träumen bei. Gleichzeitig mit ihm aber entstand und wuchs in ihr eine Liebe. Diese Liebe musste genauso maßlos werden wie ihr Hass; eine einfache menschliche Liebe konnte kein Gegengewicht sein. Dieser dem gewöhnlichen Leben Entrückte, dieser Angebetete sollte sie auf schreckliche und vollständige Art rächen; er sollte ihre Feinde vernichten, er war der Einzige, der das konnte, er würde die roten Untermenschen ausrotten. Er sollte Deutschlands Retter werden, ihr Retter!

Fräulein Kuczinsky war die erste Frau in Frankfurt an der Oder, die mit einem sichtbar an der Brust befestigten Hakenkreuz durch die Straßen ging.

Sie fing die spöttischen, wütenden, hasserfüllten Blicke mit wahrer Wollust auf, und als zum ersten Male ein Unbekannter dieses Zeichen des rotierenden Lichts an ihrer Brust mit erhobenem Arm und dem »Heil Hitler«-Rufe begrüßte, empfand sie sich eingereiht in die Gemeinschaft der Höheren, der Lichten. Vielleicht war sie kein Übermensch, nein, sie war nicht so vermessen, das zu glauben, aber sie gehörte zu jenen, die die Höheren und Niederen erkannten, die von der Ahnung beseelt war: Ich erkenne anbetend den Übermenschen, und ich weiß, wer Untermensch, wer verdammt ist!

Vielleicht hatte ihr uneingestanden die nationale Erhebung Enttäuschungen gebracht. Sie hatte den Gedanken genährt, dass man von ihr an höherer Stelle wusste, dass der Hohe, Helle ihren Traum erraten und erfüllen würde. Man würde sie zur Kommissarin der Mädchenschule ernennen und sie beauftragen, das rote Gewürm zu strafen und zu entlassen, das Gewürm, das gegen sie ausgesagt hatte, das sie zu heftig, zu unbeherrscht genannt hatte. Sie hatte auch schon von einer ferneren Zukunft geträumt; sie dachte, dass sie, nachdem sie ihre Aufgabe in Frankfurt an der Oder erfüllt haben würde, eine Berufung nach Berlin an das Ministerium für Volkserziehung bekäme. War sie nicht ausersehen, neue Wege der Menschenformung zu weisen?

Aber zum Kommissar in Frankfurt an der Oder wurde ein ihr unbekannter Lehrer ernannt, der es wahrscheinlich besser verstanden hatte, mit seiner nationalsozialistischen Gesinnung zu protzen und sich vorzudrängen. Sie kam auch nicht nach Berlin in die Nähe des Angebeteten; erst nach verschiedenen Gesuchen wurde sie zur Lagerleiterin des Lagers Ost 2/68 ernannt, dieses Lagers, das in Kriegszeiten als eine Art Sibirien galt. Heute freilich war es eine nationale Erziehungsstätte, in der zu leben eine Ehre, eine Auszeichnung war!

Wie zum Trost sagte sie sich jeden Tag: Diese Aufgabe, die

ihr der Führer gestellt hatte, war doch die schönste: die Erziehung der Geeigneten zu starken Menschen. Die nationalsozialistische Erziehung wollte nicht Gleichmacherei sein, sondern Auswahl; man sollte die Spreu vom Weizen scheiden, das Böse vom Guten, den Hohen vom Niedrigen. Der Mensch ist nicht gleich!

Welch ungeheure Aufgabe harrte der Erziehung im neuen Reich. Die Frage war nicht nur die, Böses vom Guten zu scheiden; man müsste auch aus Deutschlands Körper die kranken Keime ausmerzen, nur so könnte Deutschland gesund und mächtig werden, so mächtig, dass die Welt wieder vor ihm erzittern würde.

Äußerlich hatte sich der Büroraum der »Kommandantur« nur wenig verändert.

Dort, wo früher der Kaiser seinen Ehrenplatz hatte, hing jetzt Hitler in etwas kleinerem Format, wie der ungebleichte Streifen anzeigte.

Den Platz, den früher die Landkarte der Kriegsschauplätze mit kleinen Fähnchen einnahm, schmückte jetzt ein Ausspruch Alfred Rosenbergs, der jedes Mal auf Fräulein Kuczinsky wie eine Erleuchtung wirkte:

»Das Wesen der deutschen Erneuerung besteht darin, sich einzufügen in die ewigen Naturgesetze des Blutes und durch eine bewusste Auslese das willenmäßig Starke und Schöpferische wieder an die Spitze zu führen.«

Die Aktenschränke, die lange Zeit leer standen und in denen nur Holzwürmer ihr Unwesen trieben, waren zu neuem Leben erwacht. Jeden Tag füllten sie sich mit neuen Papieren, die meisten in der sorgfältigen, ordentlichen Handschrift Fräulein Kuczinskys.

An dem grausam malträtierten Rollschreibtisch, auf den die Offiziere im Exil Flüche und Frauennamen geschnitzt hatten, verharrte die Leiterin nicht nur in ihrer Freizeit, sie opferte auch bedeutende Teile ihrer Nächte. Notizbücher häuften sich, es gab die verschiedensten Hefte, blaue und braune, längliche und breite, es gab Stammrollen, Gesundheitspässe, Ahnentafeln. Sie führte Tagebücher, in denen sie über die psychologischen und moralischen Eigenschaften ihrer Zöglinge genaueste Eintragungen machte; sie notierte sich ihre Reaktionen bei ihren weltanschaulichen Vorträgen.

Wie ein amerikanischer Filmgewaltiger die Wirkungen auch bei dem namenlosen, unbedeutendsten Teil des Publikums registrieren lässt, so verfolgte Fräulein Kuczinsky den Widerhall ihrer Worte bei ihren Zöglingen.

Die Leiterin des Lagers Ost 2/68 korrespondierte mit Krankenhäusern, Ärzten, Standesämtern und Pfarren. Sie wollte zurückgehen zu den Müttern, wie sie sich vor sich selbst ausdrückte, zu dem geheimnisvollen Ursprunge, zu dem Blut, das über das Schicksal jedes einzelnen Menschen entscheidet.

Sie wollte ein Archiv anlegen, in welchem jede Einzelne als Wert oder Unwert der Nation gebucht werden sollte; hier sollte die Keimzelle entstehen nicht nur für die Erziehung, sondern auch für die Erkenntnis: Wer ist nützlich, wer ist schädlich für die Nation? In Zeiten höchster Gefahr könnten solche Menschenarchive der ringenden Nation unersetzliche Dienste leisten. Man könnte bei geringen Vorräten anhand dieser Dokumente die Wertvollen bevorzugt behandeln; so könnten die kranken Keime leichter ausgemerzt werden.

Neben dem Hitlerbild hing ein Verzeichnis ihrer Vortragsreihen:

»Kämpfertum – Normannen, Cherusker und die alten Germanen«
»Preußentum – Soldatentum«
»Schlageter oder der Kampf gegen Unterdrückung«
»Unsere Kolonien«
»Gleichheit und Erbgut«
»Mutterschaft und Heldentum«
»Volk ohne Raum«
»Durch Sozialismus zur Nation«
»Führertum – Adolf Hitler«

Die blau unterstrichenen Vorträge hatte sie schon gehalten. Manche ließen die Mädchen ganz ungerührt. Sie boten ihr nicht die Möglichkeit, überhaupt festzustellen, was die Mädchen sich über ihre Worte dachten. Andere aber erregten sie so stark, dass sie ihre Angst überwanden und aufrichtig wurden. Dann erst spürte Fräulein Kuczinsky die ganze Schwere ihrer Aufgabe, jetzt sah sie, dass die Mädchen in einer anderen Welt lebten als sie, dass ihre Überlegungen, die ganz an der Erde hafteten, unfähig waren, dem Flug ihrer Gedanken zu folgen.

Die Vorträge, die solche Stürme hervorriefen, waren die über »Gleichheit und Erbgut« und »Mutterschaft und Heldentum«.

In »Gleichheit und Erbgut« suchte Fräulein Kuczinsky den Mädchen ihre Lieblingsidee, die gleichzeitig Grundlage des nationalsozialistischen Staates war, klarzumachen.

Wie wunderbar, wie vollkommen könnte das Leben sein, wenn die Menschen endlich begreifen wollten, dass die Natur in ihrer unendlichen Weisheit Herren und Knechte, Hohe und Niedrige haben wollte. Dass es eine Vermessenheit gegen die Gesetze des Weltalls sei, die Schranken zwischen den Rassen niederreißen zu wollen. Was schwächte Deutschland? Das Unbegreifen der Unerschütterlichkeit dieser Grundfesten der Gesellschaft!

Mit welchem Feuer trug Fräulein Kuczinsky diese Gedanken vor. Sie fühlte sich dann als ergebene Schülerin des Führers, als Treuhänderin seines Willens.

»Dem Christentum blieb es vorbehalten«, rief sie, »die naturgegebenen Schranken zwischen den Rassen niederzureißen. Die Wahnidee der Rassengleichheit war schuld daran, dass sich die nordische Schicht mit der rassisch wertloseren vermischte. Das Christentum wollte das Naturgesetz, dass Rasse Schicksal sei, verwischen. Das urgermanische Prinzip von Gefolgschaft und Führer, von Freien und Unfreien ging verloren.«

Da geschah etwas Unerhörtes. Ein blasses Mädchen, das in der ersten Reihe saß, Cäcilie Scherer, eine Bauerntochter aus dem Münsterischen, stand auf und sagte im Tone ruhiger Feststellung – doch mit dem Bewusstsein, dass diese Feststellung ungeheuerlich war –: »Sie reden gegen Christus!«

»Setz dich sofort, du Unverschämte!«

Fräulein Kuczinsky blätterte wie im Fieber in ihren Papieren: Cäcilie Scherer – ihre Familie war bei den Behörden auch nicht gut angeschrieben. Sie wird ins Strafkommando kommen, die kleine Duckmäuserin.

Dann sagte sie voller Hoheit: »Wir werden noch abrechnen, aber jetzt wünsche ich, nicht mehr unterbrochen zu werden!«

»Noch viel weiter in der Zerstörung der Naturgesetze ging die Französische Revolution, die die Irrlehre von der Gleichheit der Menschen aufgebracht hatte. Die Franzosen, die schon durch Vermischung mit Negern und anderen niederen Rassen rassisch verdorben waren, hatten versucht, indem sie ganz Europa in ein Blutbad tauchten, diese Irrlehre zu verbreiten.

Es war Rousseau, der diesen verderblichen Ausspruch tat: ›Die Menschen sind gleich; von sich aus ist alles gut, nur die Welt ist böse.‹

Ein anderer Sohn dieses rassisch so tief gesunkenen Volkes, der Franzose Lamarck, lehrte, dass die Ursache für die Umbildung der Arten und Eigenschaften auf Umwelteinflüsse wie Klima, Ernährung, Erziehung zurückzuführen sei. – Wie falsch, wie grundfalsch! Das, was der Mensch isst, diese materielle Nebensächlichkeit, soll auf ihn Einfluss haben, und nicht das Blut, nicht das Erbe seiner Ahnen!? Nur ein in die materiellen Niederungen verstricktes Volk konnte solche Gedankengänge entwickeln.«

Aus den niedrigen Bänken kam leises, unterdrücktes Murmeln und Murren.

Die Zöglinge folgten keineswegs den geistig hohen Ausführungen. Sie dachten weder an Rousseau noch an Lamarck. Aber die Theorie vom Essen brachte ihnen ihre leeren Mägen in Erinnerung. Sie flüsterten sich zu:

»Ich möchte was Anständiges zu fressen haben!«

»Der Reis war heute wieder zum Kotzen!«

»Muffig und angebrannt!«

»Was wird's heute Abend für 'n Fraß geben?«

Fräulein Kuczinsky gebot Ruhe und rief mit einer Stimme, in der tiefe Erregung mitklang:

»Das Erbgut kann niemals durch äußere Einflüsse verändert werden. Ein kriminell veranlagter Mensch kann auch durch die beste Erziehung, durch die beste Umgebung nie ein nützliches Glied der Gesellschaft werden. Ungeheuer sind die Fehler der liberalistischen Epoche, die diese Tatsache verkannt hat.

Indem man Erbkranke künstlich züchtete aufgrund des Naturgesetzes der höheren Vitalität der minder wertvollen Lebewesen, vernachlässigte man Erbgesunde in jeder Weise und führte so, statt der in der Natur vorhandenen Auslese des Guten, eine Gegenauslese der Schlechten herbei!«

Die Gesichter ihr gegenüber blickten gelangweilt und ermüdet ins Leere; Fräulein Kuczinsky wollte sie aufrütteln. Ihre Stimme quoll über von Bewegung: »Der Mensch ist dekadent geworden, eine falsche Humanität führte ihn dazu, entgegengesetzt den Gesetzen der Natur zu handeln. Das Gefühl für den Mitmenschen und sein Leiden erstickte das natürliche Gesetz vom Kampf, dem Urantrieb alles Welterlebens.«

Wieder stand Cäcilie Scherer auf und sagte: »Fräulein Kuczinsky, Sie haben nicht recht. Man darf nicht ohne Mitleid sein!«

Die Leiterin konnte sich nur mit größter Anstrengung beherrschen, um sich nicht auf das Mädchen zu stürzen, aber ihre Stimme kippte auch so über: »Wegen solch einer, wie du bist, haben wir den Krieg verloren, wegen dieser Kreuzkriecher, die sich vor dem Feinde demütigten, die den eigenen Volksgenossen predigen, die andere Wange hinzuhalten, wenn sie vom Gegner eine Ohrfeige erhalten; die gegen das Gesunde sind und nur für das Kranke schwärmen, die das Ungesunde wuchern lassen wollen und so das Gesunde ausrotten. Solche wie du sind der Verderb unseres Volkes. Aber jetzt kommen andere Zeiten; jetzt werden die Kranken ausgerottet, und die Gesunden werden leben!«

Dann fiel sie wieder in den belehrenden, dozierenden Ton ihres Vortrages zurück: »Wir müssen im Volke die Idee verwurzeln, dass jeder, der Erbanlagen in sich trägt, die nicht gut, rein und für das Volk nützlich sind, auf eine Fortpflanzung verzichtet.«

Die Mädchen blieben stumm; aber Fräulein Kuczinsky fing einen höhnischen hasserfüllten Blick Hildes auf.

Kleiner Untermensch! dachte die Leiterin, die den Kampf um die Seelen der Mädchen immer schwerer fand. Aber sie gab ihn nicht auf.

Die Zwischenfälle bei ihrem Vortrag »Mutterschaft und Heldentum«, einem Thema, das ihr besonders am Herzen lag, waren überraschender, weil der Ausbruch von einer Seite kam, die sie nie als feindlich empfand.

Fräulein Kuczinsky sprach von den Zeiten des Niederganges, bevor der Retter und Führer kam. Damals wollte das deutsche Volk keine Kinder.

»Nachdem wir den Krieg verloren hatten, meinten einige weise Köpfe: Reizen wir nicht die anderen Völker; um jeden Preis müssen wir Frieden halten. Wir dürfen nicht andere Völker reizen. Damit wir alle mit Brot und Arbeit versorgen, beschränken wir die Geburten. – Das war ein großer Fehlschluss, denn: Hält man ein Volk künstlich klein, dann wird die Auslesemöglichkeit immer geringer, die Schwachen werden sämtlich erhalten, und das ganze Volk wird kraftlos. Es ist immer so gewesen, dass sich die Grenzen zugunsten der volkreichen Nationen verschieben.

Die Folgen des Pazifismus wirkten sich bei den Frauen katastrophal aus, die Frau wurde zu bequem, Kinder zu bekommen. Man verkannte den wahren Sinn der Ehe, die geheiligt ist, weil in ihr die Zukunft des Volkes liegt. Im Dritten Reich ist das anders geworden; die Frau bringt jetzt stolz ihr Kind zur Welt. Aber das, was bis jetzt geschah, sichert noch nicht die Zukunft unseres Volkes. Im Dritten Reich müssen durchschnittlich vier Kinder auf eine Ehe kommen.«

Dieser Ausspruch brachte die Zungen in Bewegung.

Grete Barth rief ganz laut: »Wird man die Löhne erhöhen?«

Ein anderes Mädchen, das sich dann schnell hinter dem Rücken einer Kameradin verbarg, fragte: »Müssen auch die Arbeitslosen vier Kinder haben?«

»Ist ja alles viel zu teuer für vier Kinder!«

»Dann müssten ja alle Kohldampf schieben!«

Die Fragen und Zurufe kamen so schnell, dass Fräulein Kuczinsky gar keine Möglichkeit fand, die Ungehörigkeiten zu rügen.

Und da geschah das Unerwartete: Elisabeth, die Schweigsame, war aufgesprungen, hob die Arme wie zur Anklage und rief mit einer Stimme, in der Verzweiflung klang: »Wie sollen wir denn überhaupt Kinder bekommen, auch nur eines?«

Das von Unwillen gerötete Gesicht Fräulein Kuczinskys konnte dem allgemeinen Wiehern und Gelächter, das diesem Ausruf folgte, keinen Einhalt tun.

»Ich erwarte auch gar nicht, dass ihr hier Kinder bekommt. Dazu habt ihr noch reichlich Zeit.«

»Nein, wir haben keine Zeit«, antwortete Elisabeth trotzig.

»Dass du so sprichst!«, sagte Fräulein Kuczinsky, und aus ihrer Stimme klang aufrichtige Trauer, »von dir hätte ich keinen so ungehörigen Ton erwartet.«

Kleine Materialisten! Wenn man von dem Höchsten spricht, denken sie an ihren Suppentopf und an die Margarinestulle. Man sucht das Urgeheimnis des Blutes, man will eine Nation zu dem höchsten Gipfel führen, und sie kommen mit ihren kleinen Berechnungen. Sicher erfährt der Führer auch ähnliche Enttäuschungen!

Sie rang weiter um die ihr anvertrauten Seelen, sie suchte weiter nach dem Geheimnis der Abstammung dieser Mädchen, die sich ihr so schwer fügen wollten.

An Sonntagnachmittagen lud Fräulein Kuczinsky die Mädchen, die sie interessierten und über die sie zu wenig offizielle Daten besaß, zum Kaffee.

Der Kaffee war dünn, aber er bildete doch die Sensation des Lagers.

»Echten Bohnenkaffee hat sie gegeben, Würfelzucker, Büchsenmilch und Keks dazu«, brüsteten sich die Eingeladenen.

Aber trotz der ungewohnten Genüsse, die ihnen geboten wurden, fühlten die Mädchen doch Unbehagen in der »Kommandantur«!

Der unauslöschliche Forschungsdrang trieb Fräulein Kuczinsky zu endlosen Fragen.

Ida Merrein aus Baracke zwei, eine frühere Zigarettenarbeiterin, saß am Kaffeetisch der Leiterin.

Fräulein Kuczinsky fragte.

»Leben deine Eltern?«

»Ja.«

»Was ist dein Vater?«

»Ich weiß nicht.«

»Wieso weißt du das nicht?«

»Er war arbeitslos.«

»Und jetzt hat er Arbeit?«

»Nein, ich glaube nicht.«

»Wie ist er denn politisch eingestellt? Du kannst ruhig darauf antworten, ich frage nur privat und zu deinem Besten.«

»Ich weiß nicht.«

Fräulein Kuczinsky fragte nach den Geschwistern, was sie sind, was sie denken, was sie tun; ob sie krank waren, wie lange sie krank waren, was ihnen gefehlt hat. Sie fragte nach den beiderseitigen Großeltern; wie alt sie waren, als sie starben; was sie waren.

Ida antwortete einsilbig, immer wieder tröpfelte ihr langweiliges »Ich weiß nicht« in das Gespräch. Die Kaffeekanne blieb unter der gestrickten wärmenden Hülle verborgen; die Schüssel mit den Biskuits schob sich nicht gastlich vor Ida.

Die Mädchen, die gesprächig waren, sahen öfters die Porzellankanne sich über ihre Tassen neigen; ihnen wurden die besten Schokoladenplätzchen geboten.

Aber die arme Ida wusste rein gar nichts.

»Was waren deine Großeltern?«

»Sie lebten auf dem Lande.«

»Waren sie Bauern?«

»Ich weiß nicht, aber sie haben uns nie Lebensmittel geschickt. Sie waren sicher sehr arm.«

»Aber auch wenn man arm ist, kann man doch wissen, was man ist«, sagte Fräulein Kuczinsky. Es war traurig, wie wenig sich diese Geschöpfe um ihre Familien kümmerten.

Die Mädchen nannten Fräulein Kuczinsky »die Zange«.

Vierzehntes Kapitel

Das Mädchen »Ichweißwas«

Erst nannte man Erna die »Neue«, denn sie kam einige Wochen
später als die anderen Mädchen ins Lager. Etwas Fremdes, Uner-
klärliches beschattete dies verschwommene Gesicht, das aussah,
als hätte sein Schöpfer, gelangweilt von seinem schlecht gelungenen Werk, die Züge verwischt.

Fräulein Kuczinsky hatte die Neue Elisabeth anvertraut: »Du
musst sie scharf beobachten«, hatte sie ihr gesagt, »ohne dass sie
dessen selbst gewahr wird. Du musst mir über sie genau Bericht
erstatten.« Und als sie Elisabeths Augen empört auffunkeln sah,
fügte sie noch schnell hinzu: »Es ist im Interesse des Mädchens;
es handelt sich um ein wissenschaftliches Experiment, das mir
besonders am Herzen liegt.«

Elisabeth hatte sich erst über diesen Ausspruch weiter keine
Gedanken gemacht, aber die Neue sorgte dafür, dass sie die Aufmerksamkeit auf sich zog.

Sie gestattete sich Freiheiten wie keine andere. Mitten beim
Exerzieren oder bei einer weltanschaulichen Unterrichtsstunde
lachte sie laut und ungeniert. Fräulein Kuczinsky, die sonst jeden
Unernst auf das strengste verfolgte, übersah diese Unehrerbie-
tigkeit. Für sie war Erna ein Untermensch, Verkörperung der
Verdammten.

Kaum war Fräulein Kuczinsky außer Seh- und Hörweite, begann Erna ihr Sprüchlein und beobachtete gespannt die erwachte Neugierde ihrer Kameradinnen.

Im Schlafsaal und beim Essen wiederholte sie immer, nach
den Mädchen schielend:

»Ich weiß was, was keines von euch weiß, aber ich darf's nie-
mandem sagen. Ihr möchtet wohl wissen, was ich weiß?«

»Hör mal, ›Ichweißwas‹, wir wissen ganz gut, dass du dich

nur brüstest, wir sind auf deine Weisheiten nicht neugierig«, sagte Gilda.

»Die Trauben sind sauer, sagte der Fuchs«, erwiderte Erna und kicherte vor sich hin. Den Namen »Ichweißwas« behielt sie von nun an.

Es geschah am ersten Morgen, der den Frühling ankündigte. Durch die offenen, aber vergitterten Barackenfenster drang nicht mehr die geruchlose, wie entkeimte, feucht-kalte Winterluft, dem leichten Wind hatte sich der erste unbestimmbare, vielfältige Duft der erwachenden Fruchtbarkeit beigemengt. Die Bäume streckten noch kahl ihre Äste in die Luft, aber in ihrem dürren Grau bargen sich schon grüne Säfte, bereit, hervorzubrechen und sie mit strotzendem Leben zu überziehen.

Ein Vogelschrei brach durch die Stille, als wollte er das Drängen, die Sehnsucht, das Hervorbrechen, die Fruchtbarkeit in Töne umschreiben. Die Mädchen erwachten, als wären sie angerufen von der ewigen Stimme der Natur.

Singt *ein* Vogel, oder sind es zwei, dachte Elisabeth. Einer, dem sein Pärchen antwortet, oder ist es ein Einsamer? – Wir dürfen nicht mehr lange getrennt bleiben, Erwin.

Die Gegenstände hatten sich noch im Dunkel verborgen. Aber es war, als stünden sie nur hinter einem Schleier, der bald reißen würde.

Hier liegen wie eine Gefangene. Es ist schrecklich, wenn sich der Atem mit dem Atem von dreiundzwanzig Fremden vermischt. Könnte man nur hier einmal endlich heraus! überlegte Lilli. Ich könnte eigentlich eine Doktorarbeit schreiben: »Warum singen die Vögel?« Sicher gäbe es da riesig viel Literatur, und man würde nicht so leicht anecken wie bei einem sozialen Thema. Nur endlich hier rauskommen. Warum singen die Vögel?

Sing, Vogel, sing! Gilda versuchte, die Töne sich in Noten vorzustellen. Wie wunderschön könnte das Leben sein, wie herrlich ist die Welt; aber werde ich je wirklich leben, werde ich die Welt kennen, Städte und Landschaften?

Hilde schreckte auf, als wäre in ihrem spitzen, mageren Kinderkörper, in dem immer kalter Hass wütete, ein neues, unbekanntes Gefühl aufgebrochen. Irgendwo wartete auf sie Freude und Wärme. Sie wollte aufstehen, um ihre Wangen, ihre Stirn durch die Gitterstänge zu zwängen und sie in Morgenluft zu baden.

Schon hatte sie ihren Fuß aus der Decke gestreckt, als plötzlich »Ichweißwas« zu sprechen begann.

Schon der erste Laut bannte alle in völliger Bewegungslosigkeit.

»Ich weiß was, was ihr nicht wisst, aber jetzt sage ich es euch. Ich kann mit Männern schlafen, so viel ich will, mir kann nichts geschehen; ich kann kein Kind kriegen.«

So still war es noch nie im Schlafsaal, weil man auch den Atem der Mädchen nicht hörte. Jetzt durfte sie sprechen; die anderen waren nicht da, sie lebten vielleicht gar nicht mehr. Aber Fragen stellen konnte man.

»Wer von euch war schon in der Fürsorge?«, fragte »Ichweißwas« in lautem befehlendem Ton, als wäre sie Fräulein Kuczinsky.

Dann antwortete sie ganz schnell, als müsste sie jeden verhindern, die stolze Antwort zu geben: »Ich war in der Fürsorge, ich war schon zweimal in der Fürsorge. Wisst ihr, warum man in die Fürsorge kommt?«

Sie antwortete wieder ganz schnell, als befürchtete sie, man könnte sie unterbrechen:

»Ihr denkt wohl, man kommt in die Fürsorge, weil man stiehlt oder weil man mit fremden Männern geht und dafür Geld nimmt? Ihr seid dumm, dumme Mädchen. In die Fürsorge kommt man, weil man erwischt wird.

Es stehlen genug Leute, die nicht in die Fürsorge kommen. Einmal haben sie unsere ganze Clique erwischt, wir hatten Obst geklaut und Schokolade. Die Kinder, die gut gekleidet waren, die gingen in die Läden und taten, als ob sie was kaufen wollten, wir anderen haben uns inzwischen die Taschen vollgestopft. Ach, gab's da feine Sachen zu fressen!«

»Ichweißwas« lachte lang und anhaltend, von angenehmen Erinnerungen überwältigt.

»Wäre ich auch gut in Schale gewesen, nie hätten sie mich erwischt. Die Kinder, wo die Eltern blechen konnten, kamen gar nicht in die Fürsorge. Aber ich bin auch ausgerückt. Damals war's noch nicht so streng. Wenn jemand ein bisschen Grütze im Gehirnkasten hatte, wusste er schon, wie man sich aus dem Staub machte.«

Sie lauschte, es beruhigte sie, dass sie keinen Laut vernahm, und sie sprach weiter: »Kennt ihr den Rehpark in Berlin? Ach, ist der schön! Und Männer gibt's da, so viel man will. Man bekommt von ihnen Schokolade und Geld. Da kann man essen, wozu man gerade Lust hat. Kennt ihr die Eisdiele Müllerstraße, Ecke Otawistraße? Dort konnte man so feines Himbeereis bekommen, mit Schlagsahne, ganz große Portionen. Und knorke Jungens waren da!«

»Ichweißwas« schnalzte mit der Zunge.

»Es sollte keine Fürsorgeschwestern geben, und sie sollten nicht im Rehpark herumpirschen. Das ist eine Schweinerei von ihnen, dass sie uns auflauern. Geht sie gar nichts an, was wir machen. Da hat mich wieder eine geschnappt; niemand konnte ahnen, dass es eine Fürsorgeschwester ist. Sie war genauso angezogen wie andere Frauen.«

Sie war in Wut geraten, als fände sie sich von einer Fremden wieder unerwartet gefangen.

»Da war schon der Hitler ran. In der Fürsorge waren sie noch ekliger als früher. Der Herr Anstaltsleiter mit dem Hakenkreuz, er hat mir gesagt, ich bin schwachsinnig. Schwachsinnig, so ein Dummkopf! Weil ich nicht hungern will! Der Dummkopf!«

Sie sang vor sich hin:

»Kartoffelsupp, Kartoffelsupp.«

Das sang sie wie einen Trauermarsch.

Dann freudig:

»Himbeereis, Himbeereis!«

»Kartoffelsupp, Kartoffelsupp!«
»Schokoladentorte!«
»Kartoffelsupp, Kartoffelsupp!«
»Schlagsahne!«
Immer langsamer und leiser, als wollte sie sich einlullen.

Sie schwieg. Sie schwieg so lange, dass die Mädchen dachten, sie würde aufhören zu sprechen. Dann begann sie wieder: »Den Schwachsinnigen schlitzt man den Bauch auf und schneidet alles raus, damit sie keine Kinder bekommen. Alle Kinder in der Fürsorge sind schwachsinnig oder asozial. Du bist ein schwachsinniges asoziales Element, hat der Herr Anstaltsleiter, der Herr Dummkopf, gesagt. Immer hat er extra dumme Fragen gestellt, damit man dumm antwortete. Man musste über ihn lachen. Ein Mädchen, das den Laden schon kannte, hat mich gewarnt: ›Lach nicht, er ist antragsberechtigt.‹ Da wusste ich noch gar nicht, was sie meint. Er kann beantragen, dass man einem den Bauch aufschneidet.«

»Ichweißwas« sollte aufhören zu reden, dachten die Mädchen, aber sie hielten den Atem weiter an, um ihr Wachsein nicht zu verraten.

»Ichweißwas« begann mit ganz fremder Stimme zu leiern: »Im Hinblick darauf, dass die Allgemeinheit ein erhebliches Interesse an der Sterilisierung (sie sagte nicht ›Sterilisierung‹, sondern ›Stelirisierung‹) hat, übergebe ich dir dieses Merkblatt, so hat er gesprochen, der Herr Anstaltsleiter, und hat uns allen ein Merkblatt gegeben, das ist ein Blatt zum Merken, weil er schon den Antrag gestellt hat wegen dem Bauchaufschneiden. Wartet nur, ich zeige es euch.«

Sie begann, in ihrem Strohsack zu kramen. Alle Mädchen hatten ihre Strohsäcke zum Aufbewahrungsort ihrer Schätze gemacht, die sie vor unbefugten Augen verbergen wollten. Sie hatten sie sorgfältig mit Sicherheitsnadeln wieder zugesteckt. Jedes Mädchen hatte eine Art Geheimcode mit diesen Nadeln eingeführt, der ermöglichte, dass man sofort bemerkte, wenn sich Neugierige dem Sack genaht hatten.

»Ichweißwas« raschelte wie eine dicke Ratte in dem Strohsack; dann holte sie ein stark zerknülltes Blatt heraus, stand im Bett auf und rief: »Hört, hört, ich will es euch vorlesen, was sie uns geschrieben haben von den Behörden. Die Zettel hat uns der Anstaltsleiter gegeben, als er den Antrag gestellt hatte. Jedes Mädchen bekam einen, ich habe meinen aufgehoben; niemand darf es mir nehmen.«

Die Mädchen hatten sich ganz in ihren Betten eingegraben. Gut so, es war besser, zu Unsichtbaren zu sprechen.

Tina hatte einen Augenblick daran gedacht, kraft ihres Amtes als Stubenälteste einzugreifen und den weiteren Unfug zu verhindern, aber der Gedanke, ich schlafe ja doch eigentlich, betäubte ihr Pflichtgefühl.

»Ichweißwas« glättete den Zettel und hob ihn dicht vor ihre Augen. Es war noch dunkel, sicher las sie das meiste auswendig.

Krächzend und wiehernd begann »Ichweißwas«:

»Merkblatt über die Unfruchtbarmachung gemäß Artikel 2 Abs. 3 – Abs., was haben die für komische Worte – der Verordnung zur Ausführung des Gesetzes der Verhütung erbkranken Nachwuchses vom 5. Dezember 1933, Reichsgesetzbl. – was ist hier wieder bl., die Dummköpfe schreiben Quatsch – bl. 1, Seite 1021.

Die Unfruchtbarmachung, das heißt die Unterbindung der Zeugungsfähigkeit männlicher und weiblicher Personen, hat den Zweck, die Weiterverbreitung von Erbkrankheiten zu verhindern. – Reden die aber geschraubt! – Jetzt kommt was Gutes, passt mal auf!

Die Unfruchtbarmachung erfolgt in der Weise, dass ohne Entfernung der Hoden oder Eierstöcke die Samenleiter oder Eileiter verlegt, undurchgängig gemacht oder durchgetrennt werden. – Was sich diese Verrückten ausdenken. – Die Eingriffe werden von Fachärzten in den dazu bestimmten Krankenanstalten ausgeführt.«

Ich will das nicht hören, dachte Gilda, sing, Vogel, sing.

Die Stimme »Ichweißwas«' war von Lachen erstickt: »Irgendwelche gesundheitlichen Störungen sind von der Unfruchtbarmachung weder beim Manne noch bei der Frau zu befürchten. Das Geschlechtsempfinden und die Fähigkeit zum Geschlechtsverkehr werden durch die Operation nicht beeinträchtigt.«

Den Satz las sie unter Kichern zweimal, dann raschelte sie wieder im Strohsack und verbarg den Zettel sorgfältig. Dann legte sie sich erschöpft hin, als hätte sie sich überanstrengt. Ihre Augen wanderten über die Decke, sie seufzte lang und in Kadenzen wie eine alte Frau: »Erst haben die Mädchen in der Fürsorge gelacht, als sie den Zettel bekamen, dann haben sie geweint; ich habe auch geweint, weil ich Angst hatte vor dem Krankenhaus. Als der Beschluss kam, hat der Anstaltsleiter gesagt, man könne Einspruch erheben gegen den Beschluss. Aber die Eltern wollen doch keine Scherereien mit den Behörden.«

Einen Augenblick wartete sie auf Bestätigung, dann sprach sie: »Als die Lisa nach Hause kam, da hat ihre Mutter gesagt: Besser so, da bringst du uns wenigstens keine Gören auf den Hals; aber meine Mutter, die hat schrecklich geweint: Du armes Kind, hat sie gesagt, dass dir so etwas geschehen musste mit deinen sechzehn Jahren. Die Armen sind wirklich arm, sagte sie.«

»Ichweißwas« schwieg eine Weile, als überlegte sie.

»Das sagt man doch immer, die Armen und die Reichen. Bei den Reichen ist's anders, und bei den Armen ist's anders. In der Fürsorge war ein Mädchen, die hat allen die Meinung gesagt, dem Anstaltsleiter und den Fürsorgeschwestern. Hat die gebrüllt! Aber die konnte sich das leisten, die ist gleich danach aus dem Fenster gesprungen, da konnte sie ja sagen, was sie denkt. Sie war gleich tot, aber wir durften sie nicht sehen, nicht einmal zum Fenster konnten wir gehen, um hinunterzuschauen. Weil man einen Apfel stiehlt, hat sie gesagt, wird man unfruchtbar gemacht; aber wenn einer Millionen raubt, dann ist er nicht schwachsinnig oder asozial. Wer kommt denn in die Fürsorge? hat sie geschrien, nicht die Brut der Reichen. Oh, was hat die geflucht! Und die Faust hat sie gehoben, auf den Anstaltsleiter wollte sie losgehen. Aber sie wusste doch, dass sie hinunter-springen wird und dass ihr nichts mehr geschehen konnte. Alle haben geweint, da habe ich auch geheult.«

Die »Trompete« streckte wie im Traum die Hand nach ihrer Trompete aus. Der Augenblick nahte, da sie beginnen würde zu blasen: »Volk ans Gewehr«. Sie wussten nicht, ob sie diesen Moment fürchteten oder herbeisehnten.

»Ichweißwas« redete jetzt mit ganz dünner, hoher Stimme: »Weh getan hat's nicht, ich habe gar nicht bemerkt, was sie mit mir gemacht haben. Ich habe geschlafen, nur wie ich erwacht bin, war mir so übel.«

Elisabeth spürte jetzt durch den Geruch des aufbrechenden Frühlings den Gestank von Chloroform, Sublimat, Karbol.

Ich kenne das, »Ichweißwas«, wenn man so erwacht wie aus-geraubt, und es ist einem übel und elend. Schweig, »Ichweißwas«.

»Ichweißwas« hatte die Decke abgeworfen: »Wenn ich auf den Bauch drücke, tut es auch jetzt weh, schaut doch her, wie eine dünne, rote Schlange.«

Sie blickte auf ihren nackten Bauch, es war schon so hell, dass sie die Wundstelle klar sehen konnte. Aber sie war nicht mehr rot, sie verzog sich langsam in die Farbe des Fleisches: »Warum seht ihr nicht her, habt ihr Angst? Memmen, Feiglinge! Wie eine rote Schlange!«

Sie suchte die Köpfe ab, ob jemand nach ihr schaute, aber die Lider verhängten die Augen wie eine blinde Wand: »Ich war nicht so feige wie ihr; im Krankenhause, da habe ich viel schlim-mere Wunden gesehen, ganz scheußliche, widerliche Wunden. Die Frauen im Krankenhause, wie haben die geschrien und ge-weint; wenn ihr das gehört hättet. Die ganze Nacht haben sie ge-heult, ich konnte gar nicht schlafen. Sie haben den Verband ab-gerissen, ich konnte das blutige Fleisch sehen. Mit ihren Fingern haben sie darin gewühlt. Wenn ihr das gesehen hättet! Aber ihr seid Feiglinge, ihr hättet gar nicht hingeschaut. Ich will so nicht leben, haben die Frauen geschrien, ich will sterben, haben sie ge-heult. Warum nur?«

Fünfzehntes Kapitel

Die Schießübung

»Ein Mann!«

Von Baracke zu Baracke drang die Kunde.

»Ein Mann im Lager!«

In allen Herzen sang die Hoffnung: »Besuch für mich.«

Das wird Erwin sein.

Vielleicht ist es Fritz.

Franz kommt mich holen.

Heinz, er hat sicher Urlaub.

Tina und Minna begnügten sich nicht mit diesen sonntäglichen Träumereien, sie beschlossen, einen Aufklärungsfeldzug zu machen. Bald erschienen sie in höchster Aufregung in Baracke drei wieder.

Sie haben ihn gesehen, genau und haarscharf gesehen, als er mit Fräulein Kuczinsky aus dem Verwaltungsgebäude in die »Kommandantur« ging.

»Ach, ist er schön«, schwärmte Minna und hob ihren Blick zur Decke. »Augen hat er, dunkel wie die Nacht. Mit dem würde ich gleich in einem Bett schlafen.« Dabei zog sie ihren Kopf wie ein erschrockener Vogel zwischen die Schultern.

Sofort wurde der Raum von Wiehern und Gelächter erfüllt.

»Der Ärmste, du würdest ihm doch nur alle Augenblicke ins Ohr trompeten: ›Volk ans Gewehr‹.«

»Er ist ein ganz hohes Tier«, verriet Tina wichtigtuerisch, und in ihrer Stimme zitterte Hochachtung.

»Ein hohes Tier? Ist er denn schon so alt?«

»Alt? Hast du 'ne Ahnung, er ist höchstens dreiundzwanzig.«

»Er ist Jungbannführer«, erklärte Minna.

»Bei dir piept's wohl«, schrie der »Feldwebel«, empört über solche Unwissenheit. »Er ist Oberjungbannführer.«

»Kann er gar nicht sein, er ist viel zu jung.«

»Hast du denn nicht sein Dienstgradabzeichen gesehen, die gelbe Armscheibe mit silberner Sigrune und silbernem Rand? Die Jungbannführer haben eine weiße Armscheibe mit silberner Sigrune.«

»Siehst du, er hat doch eine silberne Sigrune.«

»Ja, aber bei den Jungbannführern ist der Rand in der Oberbannfarbe.«

»Seine Führerschnur ist rot, ich wette mit dir, er ist Jungbannführer.«

»Gut, wetten wir, ich wette meine halbe Brotration. Die Jungbannführer haben eine rot-schwarze Führerschnur.«

»Ich wette meine ganze Brotration. Wenn er Oberbannführer wäre, hätte er eine goldene Sigrune.«

»Gut, wetten wir die ganze Brotration; goldene Sigrune und goldenen Rand haben nur die Obergebietsjungvolkführer.«

»Was wohl der Baldur von Schirach auf der Armscheibe trägt?«, piepste das jüngste Hitlermädchen Cilly.

»Sicher doch diamantene Sigrune mit diamantenem Rand«, sagte Grete Barth heiser und hustete dazu. Man wusste bei ihr nie, ob sie etwas ernst meinte oder nur spottete.

»Wie du dir das vorstellst«, belehrte sie Tina, die nie eine Gelegenheit vorübergehen ließ, ihre Fachkenntnisse zu zeigen. »Die Führer, die sind ganz einfach; die sollen durch ihre Einfachheit auffallen. Die haben die Kinkerlitzchen nicht nötig.«

»Sicher«, sagte Hilde und ahmte die belehrende Stimme Tinas nach. »Die Führer haben das Gold nicht auf der Armscheibe, sondern in der Tasche.«

Hilde rannte, nachdem sie das gesprochen hatte, sofort zur Tür und ließ ihre großen, dunklen Augen kampfbereit von Tina zu Minna wandern, gewärtig, einem Klaps entgehen zu müssen. Tina und Minna verrieten zwar nichts Fräulein Kuczinsky, dafür spielten sie gern selbst die strafende Gerechtigkeit.

»Der ›Knirps‹ ist wieder einmal unverschämt«, sagte Tina ganz mechanisch; heute kümmerte sie sich nicht weiter um die

Frechheiten der Kleinen. Es gab noch Wichtiges zu erfahren. Was wollte der Mann im Lager?

Bald kam sie schreiend:

»Neueste Nachrichten, neueste Nachrichten!«

»Was ist los?«

»Sie stellen im Hof nach der Feldseite hin eine große Zielscheibe auf und Tische und Sandsäcke.«

»Weißt du nichts anderes?«

Bald war der allgemeinen Neugierde Genüge getan. Barbara aus Baracke zwei, die heute Führerin vom Dienst war, schrieb auf Anordnung Fräulein Kuczinskys Folgendes auf das Schwarze Brett:

»Von 13 Uhr 30 bis 16 Uhr 30 Einführung in die Schießlehre unter Leitung des Oberjungbannführers von Kreuth. Aufstellung vor der Kommandantur.«

»Ach, schießen lernen wir; ich wäre lieber spazieren gegangen«, sagte ein Mädchen aus Baracke zwei.

»Was für eine dumme Gans«, rief Tina wegwerfend, aber freudig erregt, denn sie hatte gewonnen.

»Au fein«, schrie Cilly, »wir lernen beim Herrn Baron schießen!«

»Wieso weißt du denn, dass er von altem Adel ist?«, fragte Barbara hochmütig.

»Bei uns gibt's nur einen Adel, und den vergibt Hitler.«

Weiter gab sich Tina gar nicht mit Barbara ab, sie ging auf Minna los: »Morgen bekomme ich deine Brotration, damit du's nicht vergisst. Er ist Oberjungbannführer.«

»Könnte ich nicht in vier Raten abzahlen? Ich gebe jeden Tag ein Viertel ab.«

»Nicht zu machen, meine Liebe, du wolltest wetten, ich will mir mal den Magen richtig vollschlagen. Satt sein ist schön.«

»Aber verhungern ist nicht schön.«

»Da kannst du mich nicht erweichen, Minna.«

Der Oberjungbannführer schritt ahnungslos die Front der strammstehenden Mädchen ab. Er wusste nicht, dass seine Charge über Sattsein und Hunger entschied.

Oberjungbannführer von Kreuth hatte die natürliche Ungezwungenheit, die die Selbstsicherheit einer schon ererbten Stellung verleiht.

Fräulein Kuczinsky stellte ihn den Mädchen vor, indem sie die hohe Ehre, von einem so bedeutenden Schießsachverständigen in die Waffenkunst eingeweiht zu werden, betonte. Die germanische Frau sei nicht nur Hüterin des Herdes gewesen, sondern auch die heldische Brünhilde, die mit den Waffen wie kein Mann umzugehen verstand.

Während Fräulein Kuczinskys Worten lachte Oberjungbannführer von Kreuth die Mädchen mit weißblitzenden Zähnen an.

Dann hielt auch er eine kleine Ansprache, aber ganz unfeierlich: »Also, Mädels, heute wollen wir mal anfangen, schießen zu lernen; ich kann mir denken, ihr habt euch schon alle danach gesehnt. Wir wollen aus euch keine Amazonen machen; ihr wisst wohl, was Amazonen sind, das waren so olle kriegerische Griechendamen. So was wollt ihr doch wohl nicht werden; aber ihr sollt den Feind bekämpfen können, wenn er es wagte, unser geliebtes Vaterland zu überfallen.« Dann sagte er schnell noch: »Heil Hitler!«

Laut und leise, kaum gehaucht, kam der Gruß wieder: »Heil Hitler!«

Der Oberjungbannführer zeigte auf das Zielbrett: »Seht mal gut her, das ist eine Zwölfer-Ringscheibe. In der Mitte liegt die Zwölf, der äußerste Ring ist eins. Die Ringe in der Mitte, zehn, elf, zwölf, sind schwarz bemalt, damit ihr beim Zielen die Scheibenmitte besser erkennen könnt, denn die müsst ihr treffen. Diese schwarzen Ringe nennen wir den Spiegel. Habt ihr verstanden?«

Von allen Seiten zustimmendes Ja.

»Wir machen heute nur so, wie wenn man mit Leuten, die

das Spiel nicht kennen, Karten spielt. Da geht es nicht um Geld, bei uns geht es heute nicht um Ehre; aber aufpassen müsst ihr wie die Schießhunde, denn später soll das Spiel Ernst werden.«

»Zum Schießen gehört eine Anzahl von Amtspersonen. Heute bin ich der Schießleiter, nur heute, nächstens bekommt ihr einen anderen Schießlehrer. Später wird wahrscheinlich Fräulein Kuczinsky Schießleiterin.«

Fräulein Kuczinsky lächelte ergeben, sie konnte sich mit dieser ganzen Schießerei nur schwer abfinden. Jetzt verteilte sie an die Mädchen blaue Hefte, die sich in Schießbücher verwandeln sollten.

»Aber ich habe noch andere wichtige Ämter zu vergeben. Wir müssen immer einen Aufpasser beim Schützen haben; er steht links vom Schießenden in Höhe des Visiers. Seine Aufgabe ist, aufzupassen. Die Menschen haben nämlich die komische Gewohnheit, die Fehler anderer besser zu beobachten als die eigenen. Der Aufpasser muss alles, was der Schütze macht, überwachen: das Laden, das Sichern, das Anschlagen, das Abkrümmen, Ansagen; er soll alle Fehler verbessern, aber nicht während des Schießens. Die Bemerkungen hebt ihr euch auf, wenn der Schuss schon getan ist. Wer will Schreiber werden?«

Er zeigte auf die »Trompete«.

»Eigentlich schreibe ich nicht sehr gern«, wehrte Minna bescheiden ab.

»Sie kann nur trompeten«, brüllten die Mädchen von allen Seiten. Sie fanden es reizend, dass der Schießlehrer über ihre Bemerkungen, seine weißen Zähne zeigend, lachte. Er war so kameradschaftlich, ganz anders als Fräulein Kuczinsky.

»Du hast ja keine großen Geschichten zu schreiben, setz dich hinter den Schießenden an den Tisch, so dass du die Scheibe gut sehen kannst. Du schreibst das Schussergebnis erst nach der Meldung auf. Der Schuss ist ein schwarzer Punkt links oder rechts, unten oder oben vom Ziel. Die Nummer zeigt an, welcher Kreis getroffen wurde. Wenn einer neben die Schießscheibe schießt, bekommt er eine Null. Und wenn er das Ziel trifft, ein Kreuz. Habt ihr verstanden?«

»Ja«, kam es etwas zögernd.

»Nun wollen wir erst einmal eine Schießkladde für das ganze Lager anlegen, für jedes Gewehr eine. Vorläufig haben wir nur ein Gewehr, also genügt uns auch eine Schießkladde.«

»Die Mädels bekommen alles weniger als die Jungens«, rief Cilly, »mein Bruder ist Pimpf, und sie hatten in ihrem Lager drei Gewehre.«

»Aber jeder von euch bekommt ein eigenes Schießbuch, genau wie die Jungens.«

Die Mädchen machten dem Oberjungbannführer Spaß.

»Ich werde euch noch erklären, wie man das Schießbuch und die Kladde führt, damit wir sehen können, wer unsere besten Schützen sind.«

Die Mädchen blickten alle interessiert zu ihm hin, aber keine wagte sich recht heran, als er das Laden, Sichern, Entsichern mit der Kleinkaliberbüchse zeigte.

»Also, wer von euch möchte anfangen?«

Erst war es ganz still; die Mädchen sahen sich unentschlossen an, nur Hilde drängte sich vor. Sie streckte ihre dünnen Arme nach dem Gewehr aus mit einer wilden, besitzergreifenden Bewegung.

»Du bist aber eine Tapfere; du bist wohl die Jüngste? Bist du schon zwölf Jahre alt?«

»Ich bin vierzehn Jahre und vier Monate alt, aber ich bin doch nicht zu jung, um schießen zu lernen. Ich darf doch auch das Gewehr haben?«

»Ist es nicht zu schwer, kannst du es auch halten? Na, ich will dich nicht länger ärgern, hier hast du es, unter meinen Pimpfen habe ich gute Schützen, die viel kleiner sind als du. Ich will sehen, ob du gut aufgepasst hast.«

»Freilich, aber Sie müssen mir noch ganz genau erklären, wie man schießt.«

»Sei nur ganz ruhig; aber warum zittern deine Hände so?«

»Nein, nein, sie zittern nicht.«

»Also, setz dich an den Anschusstisch.«

Hilde hielt das Gewehr, das auf Sandsäcken lag; ihr Gesicht drückte solchen kindlichen Eifer aus, dass Herr von Kreuth lachen musste: »Wie heißt du, Hilde? Also, was ich jetzt sage, erkläre ich nicht nur der Hilde, sondern auch den anderen Mädchen. Haltet die Büchse mit der linken Hand im Schwerpunkt, dort, wo das Gewicht am größten ist. Die Mündung zeigt schräg nach oben links, nun wird der Kolbenhals mit der rechten Hand von oben ganz fest umfasst. Die Hand vorschieben, so weit, dass der ausgestreckte Zeigefinger auf der unteren Seite des Abzugbügels liegt. Ist das schwer zu kapieren? – Wohin zielst du, Hilde? Weißt du überhaupt, dass man zielen muss, um zu treffen?«

Aber die Kleine sah ihn mit so brennenden Augen an, dass er weiter ganz ernsthaft erklärte:

»Also, das gilt für euch alle. – Zielen heißt: Das Auge muss über die Mitte der Kimme mit der höchsten Spitze des Korns und dem Ziel in eine gerade Linie gebracht werden. Versuch einmal zu zielen. Das Ziel ist der Spiegel.«

Hilde sah ihn verzweifelt an, wie jemand, der eine fremde Sprache lernen möchte, weil er etwas unerhört Wichtiges mitzuteilen hat, und sich mit abstrakten grammatikalischen Regeln, die er nicht begreift, abgeben muss.

»Wollen wir mal sehen, wohin du zielst; aufs Dach? Das Schießen ist eine schwere Kunst. Überlasse das Gewehr jetzt einmal einem anderen Mädchen.«

»Nein, bitte, ich möchte schießen lernen.«

»Halt. Du sollst mit dem rechten Auge zielen, das linke Auge musst du zukneifen.«

Das Gewehr drückte sich gegen ihre spitzen, knochigen Schultern. Wie schwer lastete es auf ihr, aber niemand durfte es merken! Sie wurde ganz fahl vor Anstrengung, doch sie gab das Gewehr nicht aus der Hand.

»Ich will es dir einmal am lebenden Beispiel zeigen, wie man zielt. Wer will mal Zielscheibe sein?«

Er wählte sich unter den vielen das große, blonde Mädchen mit den weiten Wangen, über die sich solche geschlossene Ruhe verbreitete: Elisabeth.

Da stand sie als Zielscheibe. Sie spürte den Hass, die Wut dieses Kindes, das auf sie zielte, als wollte dieses bittere, ausgehungerte, kleine Mädchen gegen eine ganze Armee kämpfen.

»Wohin zielst du?«, fragte der Oberjungbannführer.

»Auf die Stirn«, flüsterte Hilde mit ganz erstickter Stimme.

»Nein, du zielst auf das Dach«, lachte Herr von Kreuth. »Lass jetzt die andern ihre Schießkunst probieren!«

»Ich möchte so gern schießen lernen.«

Der Jungbannführer ließ Elisabeth wegtreten. »Also schieß mal los, Kleine.«

Hilde lauschte zitternd und überrascht dem Hall des Schusses nach.

»Fahrkarte«, erklärte der Oberjungbannführer, »so nennen wir Schützen die Fehlschüsse. Du hast die Scheibe nicht getroffen, du bist zu zapplig, zu unruhig. Du hast sicher Angst gehabt, dass der Schuss zu spät losgeht. Du hast den Abzug zu schnell gerissen, dadurch kam die Büchse aus der Visierlinie. Das nennt man reißen. Gemuckt hast du auch. Du bist ganz zusammengefahren bei dem Knall. Aber du wirst noch alles lernen, keine Bange!«

»Jetzt möchte ich rankommen«, sagte »Ichweißwas«. »Kann man mit dem da richtig Schaufenster zerschießen und alles herausnehmen, was einem gefällt?«

Herr von Kreuth schüttelte sich vor Lachen: »Du musst dir erst ein Land erobern, bis du dir so etwas leisten kannst.«

»Wenn man gut schießen kann, kann man Land erobern«, sagte »Ichweißwas«. Sie gab schnell, ohne sich viel mit dem Ziel abzugeben, fünf Schüsse ab und traf zweimal die Scheibe, allerdings fern vom Spiegel.

Fräulein Kuczinsky betrachtete das Schauspiel mit den Augen einer Henne, die die ersten Schwimmübungen der Enten sieht: War es richtig, so wahllos jedem dieser Mädchen eine

Waffe in die Hand zu geben? Freilich, sie waren alle arischer Abstammung und deutschen Geblüts, aber musste man nicht doch Unterschiede machen? Natürlich, wenn es im Sinne des Führers war, wäre sie die Letzte, die Kritik üben wollte. Doch ist dies im Sinne des Führers?

Inzwischen schossen die Mädchen mit Geschrei, von Zurufen umbraust, darauflos. Tina, die schon in der Hitlerjugend schießen gelernt hatte, traf einmal den Spiegel und wiederholt die Scheibe. Elisabeth hatte sich schon im Bogenschießen geübt, sie schoss ruhig und gleichmäßig, wenn auch nur mäßig. Minna muckte nach jedem Schusse trotz des Gelächters, das sie umbrandete.

»Bitte, lassen Sie mich noch einmal schießen«, sagte Hilde und umklammerte das Gewehr, das Minna auf den Tisch gelegt hatte.

»Also los, du hast doch nicht vergessen, was ich dir erklärt habe.«

»Ach nein.« Jetzt zitterte sie nicht mehr. Als sie die Scheibe traf, wurde ihr Gesicht von unendlicher Zufriedenheit und Triumph belichtet.

»Kannst du auch dein Abkommen melden?«

»Jawohl, oben links, acht.«

»Du machst aber wirklich Fortschritte«, sagte Herr von Kreuth anerkennend.

Ihre dünnen Kinderlippen wurden zu einem scharfen, roten Strich; ihre Nüstern erbebten. Sie war plötzlich erwachsen.

»Ihr solltet meine Pimpfe sehen«, sagte Herr von Kreuth, »wie die schießen.« Dann wandte er sich an Fräulein Kuczinsky.

»Je früher man etwas zu lernen beginnt, umso besser; mein Vater hatte mich schon mit sechs Jahren auf einen Pferderücken gesetzt, und ich war noch nicht zehn Jahre alt, als er mich schießen gelehrt hat. Er hatte nur den einen Wunsch, aus uns gute Soldaten zu machen. Wir sollten die Schmach, die Deutschland widerfahren ist, löschen. Ich verdanke es nicht mir selbst, dass ich ein guter Soldat bin.«

»Sie sind zu bescheiden«, widersprach Fräulein Kuczinsky; sie fühlte sich unruhig und fehl am Platze. Sie war sich dessen bewusst, dass ihre Unfähigkeit, den Mädchen Schießunterricht zu geben, ihrer Autorität nicht geringen Abbruch tat.

»Wieso bescheiden?«, wehrte Herr von Kreuth ab, »ich glaube nur, dass man jede körperliche Übung in frühester Jugend beginnen muss. Ich bin überzeugt, dass man die Jugend zu Großem erziehen könnte. Man kommt langsam zu der Erkenntnis, dass Kinder oft größere sportliche Leistungen fertigbringen als Erwachsene. Die japanischen Wunderschwimmer sind Kinder, die besten Kunsteisläufer sind Kinder; ich versichere Ihnen, dass meine elf- und zwölfjährigen Pimpfe besser schießen lernen als ein Rekrut, dem das Ganze gar keinen Spaß macht und der nur widerwillig ein Gewehr in die Hand nimmt. – Eine Armee aufgeweckter Jungens würde größere Taten vollbringen als die alten Landstürmer; die sehnen sich nach ihrer Familie, die jammern über Unbequemlichkeiten, aber die Jungens sind biegsam, sie sind waghalsig, abenteuerlustig und opferbereit – ich meine, wenn man sie richtig erzieht.«

Fräulein Kuczinsky blickte mit starren Augen auf Herrn von Kreuth. Ihr Gesicht verlor plötzlich die Farbe des Lebens; ihr war, als könnten ihre Füße nicht mehr das Stück Erde verlassen, auf dem sie standen. In ihrem blutlosen Gehirn jagten Bilder, Bilder dieser Kinder, die grausam zerfetzt zwischen den Falten der Erde lagen.

»Aber Herr von Kreuth!« Sie konnte nur stammeln. »Die Kinder würden nicht nur schießen, sie würden auch erschossen werden.«

Der Oberjungbannführer konnte nicht ganz ein mitleidiges Lächeln unterdrücken. Jaja, die Frauen … und wenn sie tausendmal Hitler die Treue schwören, auf sie war kein Verlass! Natürlich, die neue Jugend, die würde anders werden.

Fräulein Kuczinsky gewann ihr Gleichgewicht nicht so schnell wieder; sie überlegte angestrengt, während sie darauf zu achten versuchte, dass sich ihre zweiflerischen Gedanken nicht in ihrem Gesicht spiegelten. Sie war ja nicht sentimental, sie war bereit, das Kranke und Schädliche rücksichtslos auszumerzen und auszurotten. Aber bestand nicht ein Widerspruch, dass man dann den gesündesten Kern der Nation opfern sollte? Oder war es unrecht, dass sie überhaupt eine Gegenrede gewagt hatte? Es war ja nicht ihre Sache, Anordnungen des Führers deuten zu wollen. Würde sie sich je auflehnen, wenn er Opfer verlangte?

Sie versuchte, ihre Sache wiedergutzumachen.

»Wir leben wirklich in den Zeiten allergrößter und wunderbarster Umwälzungen und Umwertungen.« Und nach einer kurzen Pause: »Was denken Sie von der heutigen weiblichen Jugend und von den kriegerischen Fähigkeiten der Mädchen?«

»Ich glaube nicht, dass unter Jungens und Mädchen, wenn ihre Erziehung früh genug einem neuen Ziel zustrebt, große Unterschiede sein könnten.«

»Sie glauben also, dass sich unsere Mädchen zum Kriegerhandwerk eignen würden?«

»Warum nicht? Dort zum Beispiel, dieses große, schöne Mädchen mit den glatten, hellen Haaren könnte ich mir als guten Soldaten vorstellen. Natürlich nicht als den altmodischen, schwerfälligen Rekruten, sondern als den flinken, kampflustigen der neuen Generation.«

»Ach, Sie meinen Elisabeth«, sagte Fräulein Kuczinsky.

Elisabeth spürte, dass der Oberjungbannführer über sie sprach. Er beunruhigte sie; er erinnerte sie so stark an Erwin, aber das freute sie nicht, das ängstigte sie.

Die Einzige, die überhaupt noch nicht geschossen hatte, die nicht einmal das Gewehr in die Hände nahm, war Gilda. Sie beobachtete gespannt jede Bewegung der Mädchen, ihre Augen ließen nicht von dem Mund des jungen Kreuth ab, wenn er den Mädchen die Kunst des Schießens erklärte.

Aber jedes Mal, wenn er zu ihr kam und fragte: »Willst du denn nicht auch schießen lernen?«, schüttelte sie verneinend den schmalen Kopf mit den schweren, dunklen Locken.

Minna empörte sich innerlich und stumm über das Interesse, das der Oberjungbannführer Gilda gegenüber bezeugte.

So sind die Männer; sie schauen einfach drüber hinweg, wenn sie ein echtes deutsches Mädchen sehen, aber diesem Zigeunergesicht laufen sie nach.

Fräulein Kuczinsky aber sprach ihre ablehnenden Gedanken über Gilda ganz laut aus, als der junge von Kreuth wieder einmal Gilda zum Schießen auffordern wollte:

»Es ist schade um die Mühe, es lohnt sich nicht, sich mit ihr abzugeben. Sie ist die Eigensinnigste, die sich in keine Gemeinschaft einfügen will; körperliche Übungen sind für sie nur da, um Dummheiten auszudenken.«

Gilda ahnte jedes Wort, das Fräulein Kuczinsky sprach, sie konnte sie an ihrem Mund ablesen. Jetzt erwachte ihr Trotz.

Sie nahm das Gewehr aus der Hand des Oberjungbannführers. Sie stand jetzt vor dem Anschusstisch, ihre Augen kniffen sich wie die eines Jägers, sie sahen scharf; keine Bewegung entging ihr. Sie brauchte keine Erklärung, sie wusste Bescheid.

Sie zielte ganz ruhig, gesammelt, sie schoss. Sie traf die Mitte.

Sie jubelte, als hätte sie einen besonderen Sieg errungen. Sie schrie: »Wo ist mein Schießbuch? Ich bekomme ein Kreuz.«

Der Oberjungbannführer kam zu ihr, er nahm ihre Hand, die Linke legte sich anerkennend auf ihre Schulter. Das war ihr ein fremdes Gefühl. War es unangenehm? Nein, es war angenehm!

Jetzt wollte sie weiterschießen. Sie traf erst nur die Scheibe, dann wieder den Spiegel, sie schoss noch einmal; sie traf das Schwarze.

Die Mädchen brüllten vor Begeisterung, am lautesten Gilda: »Ich bekomme drei Kreuze! Drei Kreuze! Wo ist die Schießkladde?«

»Sehen Sie, wie sie sich entwickelt«, sagte Herr von Kreuth zu Fräulein Kuczinsky.

Er fischte aus seiner Tasche ein Notizbuch, zeichnete Gilda mit einer Krone und einem riesigen Gewehr, riss das Blatt heraus und heftete es, als verliehe er eine Auszeichnung, an Gildas Brust.

»Du bist die Schützenkönigin.«

»Wirklich, ich bin die Schützenkönigin?«

Sie lief zu Elisabeth: »Du, ich bin die Schützenkönigin. Das schreibe ich nach Hause. Sie können jetzt stolz auf mich sein; keine kann so gut schießen wie ich. Ich bin die Schützenkönigin.«

Herr von Kreuth stand wieder vor ihr und nahm ihre Hand.

»Wollen wir beide tanzen?«

»O ja, tanzen.« Hatte er erraten, dass es für sie nichts Schöneres gab als den Tanz?

Er wandte sich an Minna.

»Willst du uns die Musik liefern? Du kannst doch trompeten.«

»Aber nur ›Volk ans Gewehr‹, und darauf tanzt man nicht.« Minnas Miene drückte abweisende Missbilligung aus. Das war aber auch stark. Einmal kam ein Mann ins Lager, der ihr gefiel, aber der wollte mit Gilda tanzen, und dazu sollte gerade sie aufspielen. Obendrein hatte sie seinetwegen ihre Brotration verloren. So viel Unglück kann kein Mensch in der Liebe vertragen. Sie trompetete, denn er hatte es ihr noch einmal ausdrücklich befohlen, und er hatte doch einen so hohen Rang, aber sie hasste ihn.

Da tanzte er mit dieser blauäugigen Zigeunerin. Eigentlich tanzte hauptsächlich Gilda. Sie tanzte ein Soldatenvolk, komisch und frech, aber Herr von Kreuth nahm nichts übel; er lachte sich schief. Und die Mädchen schrien und klatschten. Nur die Leiterin verfolgte das Schauspiel mit kalter Abweisung. Auch Minna enthielt sich jeder Beifallsbezeigung. Aber sie war entschuldigt. Sie trompetete mit vollen Backen, herzzerreißend und falsch:

»Volk ans Gewehr! Volk ans Gewehr!«

Sechzehntes Kapitel

Der Brief

Wieder trompetete Minna. Aber es war ein neuer Morgen. Schon waren viele Tage vergangen. Die rostigen Töne schlugen gegen die Ohren, die sich widerwillig abschließen wollten, doch das Lied drang zudringlich und hämmernd in die Gehirne:

»Deutschland erwache! Juda den Tod!«
»Volk ans Gewehr! Volk ans Gewehr!«

Aus einigen Betten kamen Rufe:
»Aufhören, Minna! Es ist noch zu früh für dein Wecken!«
»Der Teufel hol die Minna, ich will schlafen!«
»Diese Trompete ist eine Gemeinheit.«
Aber Minna trompetete weiter.
»Ichweißwas« setzte sich im Bett auf und leckte genießerisch den Mund: »Dass du mich gerade jetzt wecken musstest, wo ich einen sooo schönen Traum hatte.«
»Du brüstest dich immer, du Lügenliese.«
»Ha, ihr seid ja nur neidisch. Habe ich schön geträumt! Ich bin spazieren gegangen und hatte einen Schießprügel in der Hand. Ich konnte so gut schießen, besser als Herr von Kreuth. – Und da kam ich zu einer feinen Konditorei, und im Schaufenster war eine riesige Schokoladentorte aufgebaut. Da habe ich geknallt, mitten in die Scheibe, und klirr, fiel das Glas zu Boden. Ich langte mit der Hand hinein und nahm mir die Torte. Au, hat die fein geschmeckt. War aber noch ein großes Stück übrig geblieben. Wozu hat mich die blöde Trompete geweckt! Hätt' sie mich doch auffressen lassen sollen!«
»Im Traum kann man ja gar nicht schmecken«, sagte Minna und unterbrach für einen Augenblick das Trompeten.

»Hast du 'ne Ahnung, wie die fein geschmeckt hat. Sie war mit Aprikosenmarmelade gefüllt, und darüber war Schlagsahne.«

»Warum kann ich nie so etwas träumen«, seufzte Hanna Köhler, das frühere Dienstmädchen. »Ich träume immer nur vom Exerzieren: ›Stillgestanden‹, ›Knien‹, ›Hinlegen‹.«

»Haha«, schrie »Ichweißwas«. »Du träumst ja noch was Schöneres. Hinlegen. So was möcht ich auch träumen!«

»Ruhe!«, brüllte kommandierend Tina. »Sputet euch mit dem Bettenbau.«

Minna aber dachte noch an die Schokoladentorte. Sie ließ die Trompete stumm in die Luft baumeln und sagte zu »Ichweißwas«: »Aber was nützt dir, wenn sie noch so gut schmeckt; satt kannst du im Traum nicht werden.«

»Wenn du wach bist, kannste auch nicht satt werden.«

»Hätte man nur genug zu fressen, könnte man's schon.«

Gleich aber erinnerte sie sich wieder ihrer Pflicht, und sie blies wieder in die Trompete: »Volk ans Gewehr! Volk ans Gewehr!«

»Ich habe auch schön geträumt«, sagte Gilda, die ihre Haare zu bändigen suchte. Fräulein Kuczinsky hatte gestern auf ihre schönen braunen Locken gewiesen und gesagt: »Solche Zotteln tragen nur Untermenschen.« Im Traum war sie ganz weit weg von hier.

»Ich habe getanzt, ohne den Boden zu berühren. So leicht war ich. Es war herrlich, so zu schweben und gar nicht mehr zur Erde zu gehören.«

Elisabeth musste lächeln: Gerade zur Erde zu gehören ist schön. Wo gäbe es anderswo ein solches Gesicht, das mir im Traum erschien. Tagsüber ist es oft schwer, sich die Züge, an die man so oft denkt, vorzustellen, nachts aber erscheinen sie ungerufen, ganz unvergessen sind sie da.

»Schläfst du noch? Mach lieber dein Bett!«, schrie Tina sie an.

»Wer ist heute Schmor?«, rief jemand.

»Die Lilli.«

»Dass uns Gott erbarm. Heute kann man wieder mal glatt verhungern!«

»Wisst ihr, warum man ›Schmor‹ sagt und nicht Köchin?«

»Guckt mal an, Hanna Köhler stellt Rätselfragen. Na, schieß man los.«

»Weil unsere Köchinnen in der Hölle schmoren werden.«

»Koch du was Gutes aus den Zutaten, die wir kriegen«, sagte Lilli verletzt.

»Was gibt's denn heute?«

»Knorrs Erbsenwürste.«

»Die Würste muss man sich dazudenken.«

»Ach, wie herrlich wären dicke, fette Würste.«

»Würste mit Speck und Knorpel.«

»Knusprige Bratwürste.«

»Schinkenwürste.«

»Aufhören! Mir läuft das Wasser im Mund zusammen.«

»Es gibt ja doch nichts weiter als Malzbrühe, bitter wie das Leben.«

»Wenn wir wenigstens Kühe hätten.«

»Dann müssten wir immerfort melken.«

»Mir wär das Melken lieber als Ordnungsübungen.«

»Ach ja, Kühe wären herrlich. Es gäbe Milch, Butter, Sahne.«

»Schlagsahne!«, schrie »Ichweißwas«.

»Ach, du mit deiner ewigen Schlagsahne«, sagte Tina, die auf einen Augenblick ihre Würde vergaß. »Ich möchte etwas Deftiges essen, Speck mit Bauernbrot und ein Stück fettes Fleisch.«

Tinas Hals ragte knochig und sehnig aus dem Trainingsanzug. Von Tag zu Tag wurde dieser Hals dürrer.

Tina wollte schnell das Bekenntnis ihrer Gefräßigkeit gutmachen und kommandierte wieder laut schallend und soldatisch: »Alles aufstehen!«

»Es wäre besser, wenn wir schon bei den Bauern wären, die haben Kühe.«

»Dann müsstest du noch früher aufstehen.«

Ein Mädchen, das langsam aus seiner Decke kroch, sagte: »Bei den Bauern ist auch nichts. Meine Schwester war schon einmal Landhelferin. Glaubt nur ja nicht, wir bekämen die Butter und die Sahne. Wir kriegen nur Magermilch.«

»Wir müssten unseren Sold verlangen, dann könnten wir uns allerlei gute Sachen kaufen.«

»Ja, unseren Sold müssten wir haben, aber viel könnte man dafür nicht kaufen, für fünfundzwanzig Pfennig den Tag.«

»Aber wenn wir jetzt das ganze Geld herausbekämen, hätten wir gleich ein paar Mark, dafür könnte man sich schon eine Menge leisten.«

»Ach, du mit den paar Mark.«

»Ich würde mir sofort Zigaretten kaufen. Ich sterbe nach Zigaretten. Und wenn man raucht, hat man nie Hunger.«

»Ich würde mir eine Schokoladentorte kaufen mit Schlagsahne, aber Tina gäbe ich nichts davon ab.«

»Das Geld wird für uns aufgehoben, wir bekommen es als Fahrgeld, wenn wir zu den Bauern fahren«, sagte Tina, und in ihrer Stimme schwang einiges Bedauern.

»Das ist unrecht. Sold ist kein Fahrgeld.«

»Wenn du aber Fahrgeld brauchst, von wo willst du es dann nehmen?«

Alle diese Gespräche waren von der Trompete Minnas, die in allen Baracken weckte, bald nah, bald fern, begleitet: »Volk ans Gewehr! Volk ans Gewehr!«, klang es manchmal leise, dann wieder laut.

Tina maß nervös den Raum. »Wann wollt ihr endlich mit dem Bettenbauen beginnen! Und räumt alles weg. Klara Kranz ist heute Führerin vom Dienst.«

Klara hatte den Ruf, zu schnüffeln und zu horchen. Sie gehörte zu den Lieblingen Fräulein Kuczinskys. Das verdankte sie ihrer krausen Phantasie. Irgendein Bild, das sie entdeckte, einige Zeilen eines Briefes genügten ihr, um Familienschicksale darzustellen, Charakterstudien zu entwerfen für die Akten und Mappen Fräulein Kuczinskys.

»Ich trinke Bohnenkaffee für mein Leben gern«, versicherte

sie immer wieder der Leiterin, die ihr Geplapper in Notizen festhielt und Klaras Tasse neu füllte. Klara konnte sich auch rühmen, die Glanzstücke, Schokoladenplätzchen, aus Fräulein Kuczinskys Kekssammlung wie hohe Auszeichnungen zu erhalten. Klara nahm ihre Ämter durchaus nicht ernst. Sie war immer auf Schabernack bedacht.

Das missfiel Tina gründlich. Vor der wollte sie sich keine Blöße geben. Ihre Baracke sollte ein Muster an Ordnung und Disziplin sein.

Sie entdeckte einige Mädchen, die keinerlei Anstalten machten aufzustehen.

»Schande, du willst dich nicht etwa wieder krankmelden«, herrschte sie Grete Barth an, deren glühendes Gesicht gegen die Pritsche klebte.

»Lass mich in Ruh«, sie hustete trocken.

»Du simulierst, meinst du, man kann deinem Husten nicht anmerken, wie du dich anstrengst?«

»Ja, es strengt mich an, mir die Lunge auszuspucken. Du Unmensch, willst du mich vielleicht zwingen aufzustehen?«

»Meinetwegen könntest du liegen bleiben, aber alles bleibt an mir hängen, ich bin die Stubenälteste.«

Tina musterte düster die Betten.

Sie entdeckte, ganz eingerollt in eine Decke, Cilly, das jüngste Hitlermädchen.

»Hast du auch nicht die Absicht aufzustehen?«

»Ich kann ja nicht«, stöhnte Cilly, »ich bin überanstrengt, ich kann nicht mehr stehen.«

»Überanstrengt? Wir kennen hier nicht solche verweichlichten Ausdrücke. Such den Fehler in dir selbst, nicht in andern!«

Elisabeth hatte sich an Cillys Bett gesetzt.

»Lass doch das Poltern, Tina. Wenn sich Cilly krankmeldet, ist auch etwas mit ihr los.«

Cilly hatte doch den Ehrgeiz, das tüchtigste Hitlermädchen zu werden.

Tina sah sich nach neuen Opfern um. Natürlich Gildas Bett. Nie ist es straffgezogen. Nie sieht es ordentlich aus.

»Was soll dieser Zettel da am Fußende?«

»Das sind Noten, das sind die Anfangstakte aus der Ouvertüre von ›Figaros Hochzeit‹. Ich brauch sie nur anzusehen, und sie überstrahlen wunderbar die Trompete Minnas.«

»So was gehört nicht hierher. Du bist ein Ferkel, Gilda«, sagte Tina und zerknüllte das Blatt. »Meinst du, ich habe Lust, deinetwegen wieder ins Strafkommando zu kommen und Scheißhaus zu putzen?«

Da betrat die Inspektion die Baracke. Klara, begleitet von Herta Hacker, dem »Feldscher«.

Herta war gelernte Krankenschwester ohne Arbeit. Ihr Titel »Feldscher«, die Hausapotheke, »Feldapotheke«, die sie auf allen Gängen immer mitschleppen durfte, und der Militärton, in dem sie die Kranken anschnauzen konnte, gab ihr einige Genugtuung für ihre gescheiterte Existenz.

Die beiden wurden von Tina feierlich mit erhobenem Arm empfangen. Als sie in gehörige Nähe kamen, ließ sie heiser und so laut, dass die Wände es widerschallten, ihr Sprüchlein ertönen:

»Baracke drei, belegt mit vierundzwanzig Mädel, zur Stelle. Grete Barth erkältet. Cilly Marie fußkrank. Sonst alles in Ordnung. Heil Hitler.«

Klara winkte gnädig ab.

Der »Feldscher« ging mit langen, gewichtigen Schritten auf die Kranken zu.

»Schon wieder Kranke«, sagte sie missbilligend, »alle Baracken sind voll Drückeberger. Wenn der Arzt nachmittags kommen wird, werden die Simulanten was erleben.«

»Du bist dazu da, um zu pflegen, und nicht, um dein Maul aufzureißen. Du bist eine schöne Krankenschwester«, würgte Grete zwischen einem Hustenanfall.

»Krankenschwester? Ich bin Feldscher. Im Krieg wird man euch lehren, zimperlich zu sein.« Herta Hacker sah im Krieg eine

Gelegenheit zu großem Aufstieg. Als man sie entließ, hatte die Oberschwester auf ihre Klage, dass sie nun überflüssig sei, tröstend gesagt: »Du wirst noch sehr wichtig sein und eine hohe Stellung erreichen können, wenn der Krieg kommen wird.« Seitdem wartete Herta Hacker auf den Krieg.

Sie legte ihre Hand auf die heiße Stirn Gretes und erklärte: »Es ist nichts Schlimmes, ich werde dir ein Pulver zum Schwitzen geben.«

Dann ging sie zu Cilly:

»Schäm dich, wegen ein bisschen Muskelkater im Bett bleiben zu wollen.«

»Au«, schrie Cilly, als die knochigen Finger Hertas ihren Fuß berührten. »Ich werde nie mehr richtig gehen können.«

»Du wirst schon sehen, wie gut du morgen wieder deine Ordnungsübungen machen wirst. Heute bleibst du im Bett und bekommst kalte Umschläge.«

Als Herta Hacker weitermarschieren wollte, versperrten ihr die roten Dienstmädchenhände Hanna Köhlers den Weg.

»Du, hör mal. Bei mir ist auch nicht alles in Ordnung. Ich wollte schon den Arzt fragen, aber es ist mir unangenehm. Wir leben hier ganz abgeschlossen, sonst könnt ich ja einen Verdacht haben, aber so. –«

Herta lachte trocken: »Mach dir nur ja keine überflüssigen Sorgen. Im Lager ergeht es mancher ähnlich von den starken körperlichen Bewegungen.«

»Und dem üblen Fraß«, sagte Grete Barth, »wir hören ja auf, Frauen zu sein.«

»Die berühmte Amazonenkrankheit«, trug Lilli vor. »Auch in Griechenland wagte die gütige Natur nicht, die kämpfenden Amazonen an ihr Weibtum zu erinnern.«

»Das ›Fräulein Doktor‹ weiß aber auch alles. Dass man hier nicht mit so was belästigt wird, finde ich sehr in Ordnung. Das gefällt mir gerade am Lagerleben«, sagte Tina.

Cilly hatte sich aufgesetzt und folgte gespannt dem Gespräch. Sie hatte auf einen Augenblick ihre Fußschmerzen vergessen.

»Wisst ihr, ich habe es bei mir auch bemerkt, aber ich habe mich mächtig gefreut.« Ihre Stimme erstickte flüsternd. »Ich dachte, ich werde vielleicht ein Mann. – Warum lacht ihr so blödsinnig, ihr dummen Gänse?«

»Nein, dass so etwas bei uns im Lager lebt! Die gehört ja in eine Kleinkinderbewahranstalt.«

»In die Abteilung für Dreijährige.«

»Ihr seid so eingebildet, weil ihr alt seid, ihr Altmodischen! Ihr wisst ja nicht einmal, was in der Welt vorgeht. Ist nicht die tschechische Olympiasiegerin ein Mann geworden; und die polnische und die belgische vom vielen Sport? Ich möcht ja viel lieber bei den Pimpfen sein als bei euch. Bei den Jungens ist es so viel schöner. Ich weiß es von meinem Bruder.«

»Und dein Bruder möchte sicher ein ›Küken‹ sein«, sagte Lilli. »Ihr schneidet gegenseitig feste auf, was?«

»Genug vom Gequassel, Abmarsch zum Frühsport«, brüllte Tina.

»Kannst du es dir vorstellen, dass es in der Welt Musik gibt und Schönheit.« Gilda hatte Elisabeths Arm gepackt.

»Schönheit«, höhnte Tina. »Deine Schönheit ist nichts weiter als Unordnung.«

Beim Frühstück ging es laut zu.

»Diese ekelhafte Brühe.«

»Verdünnte Tinte mit einem Schuss Sacharin.«

»Das Brot klebt wie Kleister.«

Wenn Klara Führerin vom Dienst war, durfte man nach Herzenslust schimpfen, aber heute gebot sie Ruhe.

»Kinder, ich rate euch, haltet 's Maul. Es gibt dicke Luft. Die ›Zange‹ will die Post selbst verteilen.«

Fräulein Kuczinsky stand vor den Mädchen und hielt ein Briefpaket in den Händen. Feierlich und ernst rief sie die Empfängerinnen von Post einzeln auf. Wie fuhren die Mädchen zusammen, wenn ihnen ihr Name hart zuflog. Und doch gab es sonst nichts Ersehnteres als einen Brief.

Elisabeth schreckte auf. Sie hörte ihren Namen: Elisabeth Weber. Sie nahm aus Fräulein Kuczinskys Hand einen Brief, Erwins Brief. Sie riss den Umschlag mit ungeduldigen Händen auf:

»Liebe Elisabeth, ich muss Dir etwas Wichtiges, Neues mitteilen. Ich stehe an einem Wendepunkt meines Lebens. Wir müssen uns sprechen. Es ist für mich von größter Wichtigkeit. Heute ist Dienstag. Am Montag bin ich auf der Durchreise in Frankfurt an der Oder, in Deiner Nähe. Sei um vier Uhr nachmittags in der Bahnhofswirtschaft. Du musst es durchführen. Dein Erwin.«

Sie hörte nicht mehr die Namen, die Fräulein Kuczinsky rief. In ihren Ohren klangen nur zwei Worte: »Dein Erwin«. Weich hüllten diese Worte den ganzen Raum ein. Sie verwandelten die abgestandene Luft in dem Lehrraum für Weltanschauung. Sie zeichneten sich zwischen den Tafeln für Rassenkunde und schlängelten sich zwischen den Spruchbändern.

In Fräulein Kuczinskys Hand blieb nur noch ein letzter Brief. Die Stimme, mit der sie »Gilda Bertram« rief, hatte jetzt den dramatischen Höhepunkt erklommen. Ihre Hand überließ aber diesen Brief nicht seiner Besitzerin. Gilda stand vor ihr mit ausgestreckter leerer Hand wie ein kleiner Hund, der Pfötchen geben soll.

»Diesen Brief gebe ich dir nicht.« Sie hielt ihn von sich wie einen verpesteten Gegenstand, der Unheil anrichten müsse. »Ihr wisst, ich überprüfe stichweise eure Korrespondenz, wie es mir meine Pflicht vorschreibt. Besonders nehme ich mich jener an, die mir gefährdet erscheinen, die unfähig sind, sich in die Gemeinschaft einzufügen. Gilda Bertram gehört zu diesen Asozialen. Sie hat von einem nahen Anverwandten ein Schreiben aufreizenden Inhalts erhalten.«

»Wer hat mir denn geschrieben? Ich bekomme doch nur von meiner Mutter und von meinem Großvater Briefe.«

»Ich verbitte mir jede Unterbrechung.
Dieser Brief, ja, er ist von deinem Großvater, gefährdet nicht

nur mein Erziehungswerk, er wagt es, an den Grundlagen unseres Staates zu rütteln.«

»Das ist nicht wahr«, flüsterte Gilda, »bitte, geben Sie mir den Brief, liebes Fräulein Kuczinsky, geben Sie ihn mir.«

»Damit du noch verdorbener wirst, und dann brauch ich den Brief. Ich werde gegen deinen Großvater wegen Gefährdung der Sicherheit des Staates Anzeige erstatten.«

»Nein, nein«, schrie Gilda. Dieses »Nein« war so verzweifelt, dass es die Mädchen, die dahindösten, aufhorchen ließ. Dieses »Nein« löschte alles aus, auch die Worte: »Dein Erwin«.

Siebzehntes Kapitel
Gilda

Dieser Morgen begann gleich anders als die andern Tage.

Tina erwachte, und ihr erster Blick fiel auf Gildas Bett. Es war leer. Später erzählte sie jedem, dass sie schon immer zuerst nach Gildas Bett geschaut hatte. Sie hätte es vom ersten Augenblick an gewusst, dass die eines Tages sang- und klanglos verschwinden würde.

Vorläufig aber empfand sie nur eine Unruhe, und sie lief hinunter auf den Hof und zur Latrine und schrie nach Gilda. Aber diese meldete sich nicht.

Tina eilte zurück zur Baracke, sie guckte unter die Betten. Vielleicht wollte Gilda sie nur erschrecken und ärgern. Sie schlug die Decke von Gildas Bett zurück. Aber es atmete kühle Verlassenheit.

Das bleibt ewig an mir hängen, dass eine aus meiner Bude ausrücken konnte. Natürlich werde ich es büßen. Ach, es war schrecklich, die Sünden anderer zu sühnen. Die Mädchen schliefen noch. Tina weckte sofort Minna und ließ sie tüchtig blasen. Doch Gilda wurde auch von diesem Weckruf nicht herbeigeholt.

Elisabeth hatte gar nicht geschlafen, aber sie merkte nichts. Sie war nur von dem einzigen Gedanken erfüllt: Wie kann ich Montagnachmittag um vier Uhr in Frankfurt an der Oder sein, in der Bahnhofswirtschaft. Wenn Fräulein Kuczinsky keinen Urlaub gibt, lauf ich davon.

Als Tina sie am Arm rüttelte, blickte sie aufgestört wie eine Schlafwandlerin sie an.

»Du, Gilda ist davongelaufen. Hörst du denn?«

Davongelaufen? Nicht ich? Gilda.

»Warum muss das gerade mir passieren? Ich muss alles ausbaden. Schweinerei so was!«

Tina durchstöberte ganz sinnlos die Betten, die Ecken, die Blechkästen, als wäre Gilda eine Stecknadel.

Überdies meldete sich auch noch Hilde krank. Sie hatte Gliederschmerzen wie Cilly. Man mutete den Kindern vielleicht doch zu viel zu, dachte Tina etwas verständnisvoller als sonst. Diese Hilde gehörte, obgleich sie ein widerspenstiges Gör war, zu den Eifrigsten.

Hilde wusste zwar nicht, wozu die Ordnungsübungen gut waren, aber sie dachte, da es die Feinde so wichtig nahmen, müsste sie es mindestens so gut können wie sie. Aber heute hatte sie das Gefühl, es ginge nicht mehr, sie könne nicht durchhalten.

Tina war wie verwandelt. Sie flehte die Mädchen in einem weinerlichen Ton um Ruhe und Ordnung an. Wieder war Klara Führerin vom Dienst. Nur sie hatte dieses hohe Amt tagelang nacheinander. Gerade ihr musste sie diese Schande melden.

Trotzdem versuchte Tina, als Klara mit Herta, dem »Feldscher«, die Baracke betrat, so forsch wie möglich ihre Meldung zu machen:

»Baracke drei, belegt mit vierundzwanzig Mädel, zur Stelle! Grete Barth erkältungskrank, Cilly Marlé fußkrank, Hilde Keller fußkrank, Gilda Bertram verschwunden. Sonst alles in Ordnung. Heil Hitler!«

Klara platzte gleich los: »Warum meldest du nicht gleich, Baracke drei abgebrannt, alle Mädchen zu Kohle verbrannt. Sonst alles in Ordnung!«

»Ich sag dir was, wie man eine Meldung abfasst, weiß ich besser als du. Ich habe schon für Hitler gekämpft, als du noch für Conrad Veidt geschwärmt hast.« Tina redete sich in immer größere Wut und Erregung.

»Bist du verrückt geworden, oder willst du ablenken?«, fragte Klara.

Tina gestand sich selbst, dass das Letztere der Fall war. In ihrer Zerknirschung ging sie so weit, dass sie die beiden Kranken bettelnd bat, doch hinunterzukommen, damit ihre Schande geringer würde. Sie versprach ihnen, sie von allen Übungen freizukriegen. Da die beiden auf die Entwicklung der Ereignisse neugierig waren, humpelten sie auch mit in den Hof.

Fräulein Kuczinsky schien schon alles zu wissen, obgleich Klara noch keine Meldung erstattet hatte.

Wieder stand sie auf erhöhtem Platz, zu einer Rede bereit. Aber noch nie hatten die Mädchen sie so unbeherrscht gesehen. Rote Wolken des Unmuts jagten über ihr Gesicht. Ihre Hände zitterten, von ihrem Willen befreit. Sie rief: »Unser Lager ist geschändet worden. Ein scheußlicher Bubenstreich wurde verübt, nein, das Wort ist zu zahm, ein wahres Verbrechen, ein Einbruchsdiebstahl. Die äußeren Umstände lassen keinen Zweifel darüber, dass mit den Verhältnissen wohlvertraute Personen die widerliche Tat begingen. Diese Vandalen haben die Papiere durchwühlt, Schriftstücke vernichtet, die Kasse erbrochen und aus ihr Geld entwendet.« (Die Kasse war eine Zigarrenkiste, die vor langen Jahren einer der Kommandanten liegenließ und die im Auftrag Fräulein Kuczinskys mit blauem Papier überklebt wurde.) »Aber die Schuldigen mögen ja nicht denken, dass sie unentdeckt bleiben könnten. Ich werde sie finden und sie ihrer wohlverdienten Strafe entgegenführen.«

Kaum hatte die Leiterin ihre Rede beendet, flüsterte ihr Klara etwas zu. Und sofort verkündete Fräulein Kuczinsky mit triumphierender Stimme die Aufhellung dieses unerhört verwickelten Verbrecherstückes. »Gilda, natürlich! Sie ist überführt! Aber es wird ihr nicht gelingen, zu entkommen. Wie aber konnte, wie aber durfte ihr die Flucht gelingen. Haben wir denn keine Wache, keine Aufsicht?«

Sie rief sofort die Station der Lokalbahn und die in Frankfurt an der Oder an, sie verständigte die Polizei, dann begann sie, unterstützt von Klara, die Untersuchung.

Die Wache erschien. Sie bestand aus zwei Mädchen, die weiße Armbinden mit dem rotbestickten Wort »Wache« trugen. Klara hatte sie gestern ernannt. Ein langes dürres Mädchen und eine dicke Kleine. Nichts machte ihr solchen Spaß, als für jedes Amt immer die Unpassendste zu wählen.

»Ihr Pflichtvergessenen! Wie konnte die Verbrecherin unsichtbar verschwinden?«

»Wir haben ja Gilda gestern Abend gesehen. Aber wir haben uns dabei nichts gedacht.«

»Das glaube ich euch, dass ihr nichts gedacht habt.«

»In der Kommandantur war Licht, und wir dachten, sie geht zu Ihnen, Fräulein Kuczinsky.«

»Zu mir? Spät in der Nacht?«

»Es war um halb zehn. Um diese Zeit waren schon öfters Mädchen bei Fräulein Kuczinsky.«

»Wenn wir die Zeit verplaudert haben. Aber sie kamen doch immer viel früher.«

»Erst sahen wir nur eine kleine Gestalt. Da haben wir das Passwort verlangt«, sagte die große Dünne.

»›Schlageter!‹, hat sie sofort gerufen, an ihrer Stimme haben wir sie erkannt. Es war auch Mondlicht«, erklärte die Dicke.

»Wir konnten nichts ahnen. Sie ging schnurstracks auf die Kommandantur, als ob sie bestellt wäre.«

»Diese durchtriebene Verbrecherin. Sie hat sich versteckt. Und nur darauf gelauert, dass ich schlafen gehe.«

»Ja«, schluckte die Dünne. »Dann wurde es dunkel. Fräulein Kuczinsky sind in Baracke eins gegangen.«

»Na, und dann?«

»Nach einer Weile haben wir wieder Licht in der Kommandantur gesehen. Wir dachten –«

»Ja, denken statt handeln.«

»Wir dachten, Fräulein Kuczinsky sind auf die Kommandantur zurückgegangen«, flüsterte die Dünne. »Es war Licht in Ihrem Arbeitszimmer.«

»Da hatte die Verbrecherin in meinen Papieren gewühlt, die Kasse aufgebrochen. Wie lange war Licht?«

»Eine halbe Stunde, oder eine Stunde.«

»Vielleicht noch länger.«

»Das nenne ich eine Wache, die genau Bescheid weiß! Und dann?«

»Dann wurde es dunkel.«

»Wir dachten, Fräulein Kuczinsky sind wieder in Baracke eins gegangen.«

»Aber gesehen habt ihr mich nicht. Auch Gilda habt ihr nicht aus der Kommandantur kommen sehen.«

»Nein, aber Sie konnten ja hinübergehen, als wir unsern Rundgang machten.«

»Natürlich ist die Verbrecherin durch ein Fenster der Kommandantur ins Freie gelangt. Zweifellos war ihr das nicht schwergefallen.«

Die Mädchen befanden sich in angenehmer Spannung. Schon dass überhaupt etwas geschah, das das ewige Einerlei durchbrach, erfreute sie. Die Gilda, die jetzt frei umherging, wurde von dem Glanz des Heldischen umlodert. Sie hatte etwas, das im Geheimen sich schon jede gewünscht hatte, mit Mut und Schlauheit durchgeführt. Alle, auch jene, die von ihrer Fremdartigkeit abgestoßen wurden, wünschten jetzt, ihre Flucht möge gelingen. Sogar Tina erhoffte es, obgleich sie wegen ihres allzu guten Schlafes ins Strafkommando versetzt wurde.

Die Zeit verging langsam. Es war Weltanschauungsstunde. Fräulein Kuczinsky sprach über die Vernegerung Frankreichs. Während sie seinen nahen Untergang prophezeite, hob sie manchmal den Kopf, als versuchten ihre Ohren, Telefonklingeln aufzufangen. Die Mädchen seufzten. Wenn Gilda bis Mittag nicht auftauchte, war sie wahrscheinlich gerettet.

»Frankreich wollte versuchen, die deutsche Rasse auch zu verderben, deshalb wurde das besetzte Gebiet mit Negerregimentern überschwemmt. Deutsche Frauen sollten von den Schwarzen geschändet werden –«, rief Fräulein Kuczinsky, als man von der Landstraße her Laute vernahm. Alle horchten. Man hörte so selten fremde Stimmen.

Fräulein Kuczinsky lief zum Fenster, von dem man einen weiten Blick auf Felder und auf die Straße hatte. Obgleich sie sich selbst Ruhe befahl, um die Ordnung aufrechtzuerhalten, konnte sie einen kleinen Freudenschrei nicht unterdrücken. Sie erblickte eine kleine Gruppe, die dem Lager zustrebte.

Zwischen einem Landjäger und einem SS-Mann sah sie klein, wie verloren, Gilda. Sie machte keinerlei Versuche zu entkommen, sie lachte sogar und unterhielt sich mit ihren Begleitern ganz freundschaftlich, wie jemand, der sich mit dem Unabänderlichen abfindet.

Sofort rannten auch die Mädchen zum Fenster und waren nicht mehr auf ihre Plätze zurückzuscheuchen. Gilda war es also doch nicht gelungen zu entkommen.

Sie sah ganz verändert aus, als wäre sie aus einer fernen Fremde gekommen. Das machte, weil sie ihre zierlichen Kleider aus der früheren Zeit trug und nicht die unförmigen des Lagers. Auf ihren Locken saß keck und unternehmungslustig ihr Käppchen. Ihr Gesicht war ruhig, nur ein wenig spöttisch, oder waren die dahinhuschenden Schatten Trauer?

Als die Leiterin sie in Empfang nahm, schleuderte sie sofort ihre Anklage gegen die Ausreißerin: »Du bist des Einbruchsdiebstahls überführt. Nur deine Jugend rettet dich vor dem Zuchthaus. Aber in der Fürsorgeanstalt sollst du lernen, welche Pflichten du der Gemeinschaft gegenüber hast.«

Die Mädchen oben hörten nichts von diesen Worten, aber alle fühlten, als hätten sie selbst eine Niederlage erlitten.

»Hätte sie doch wenigstens den Zug erreicht!«

»Die Polizei findet auch in Berlin jeden.«

»Man wird uns von nun an noch strenger bewachen!«

»Und ich kann Scheißhaus putzen.« Tina ließ ihre rauesten Töne erklingen.

»Du hast gar nichts zu jammern. Der Gilda wird's schlimmer ergehen.«

»In der ihrer Haut möcht ich nicht stecken.«

»Ich habe das Ganze satt.«

Wie ein Echo ertönte es von allen Seiten: »Ich auch! Ich auch!«

Da die Leiterin nicht kam, liefen sie hinunter. Das Verhör nahm seinen Fortgang. Gilda verteidigte sich.

»Ich habe keinen Einbruch verübt. Ich habe nur sovielmal fünfundzwanzig Pfennige genommen, wie ich Tage hier gearbeitet habe. Auf das Geld hatte ich Anspruch.«

Flüsternd und zischelnd formte sich von allen Seiten das Wort: »Sold«.

»Gearbeitet?! Du bist hier nur mit Opfern für eine Arbeit vorbereitet worden, für eine Arbeit, die du erst leisten sollst.«

»Ich habe früher schon Geld verdient«, sagte Gilda trotzig.

Das Flüstern ringsherum verstärkte sich und erhöhte nur den Unwillen der Leiterin.

»Deine Unverschämtheit wird nur strafverschärfend wirken. Verlass dich darauf.«

Gilda schwieg. Nicht etwa verängstigt, sondern so, als hätte sie die Eitelkeit aller Worte eingesehen.

Sie wurde von Fräulein Kuczinsky in Baracke eins transportiert. Dort wurde sie in einen dunklen, karzerähnlichen Raum eingesperrt. Wahrscheinlich diente er auch zur Zeit des Kriegsgefangenenlagers als Hausgefängnis.

Dann telefonierte die Leiterin.

Mittags schien sie Gilda vergessen zu haben. Sie machte keinerlei Anstalten, sie mit Essen zu versorgen.

Elisabeth wartete eine Weile, dann stand sie auf und sagte: »Darf ich Gilda etwas hinüberbringen?«

Fräulein Kuczinsky blickte sie an, als wäre ihr unvermutet eine Wahnsinnige begegnet. »Was fällt dir ein?«

»Ich kenne Gilda noch von früher. Ich fühle mich für sie verantwortlich.«

»Daran hättest du etwas früher denken und sie vom bösen Weg abhalten sollen.«

Elisabeth füllte einen Suppenteller.

»Du erlaubst dir viel. Deine Gilda wird nicht so schnell verhungern.«

Aber Elisabeth streckte nur ihre Hand aus nach dem Schlüssel. Ihr Blick ruhte so unverwandt, so entschlossen in Fräulein

Kuczinskys dunklen, flackernden Augen, dass diese sich bezwungen gab.

»Du weißt, wie ich dir vertraue. Rede auf ihr Gewissen ein. Trachte, sie zur Einsicht zu bringen.«

Die kleine Hilde verfolgte gespannt jede Bewegung Elisabeths. Aber diese merkte nichts davon.

Gilda lag auf einer Pritsche, als Elisabeth eintrat. Sie zog die Decke höher. Nur ihr schöner, kindlicher Kopf lugte aus dem verwaschenen bitteren Grau. Sie lächelte Elisabeth entgegen.

»Schäm dich. Solche Dummheiten machst du. Davonlaufen und Geld nehmen.«

»Hätt' ich doch mehr genommen. Hätt' ich doch alles genommen, was in der Kasse war. Dann hätte ich mir ein Auto mieten können und hätte Frankfurt an der Oder erreicht. Und wäre bis zur Grenze gefahren. Dann zu Fuß hinüber. Ich wäre gerettet gewesen.«

»Gerettet, wovon?«

»Von allem, was hier ist.«

»Meinst du, über der Grenze ist es anders? Dort würdest du glücklicher sein?«

»Das weiß ich nicht. Es ist jetzt auch gleich. Es ist alles zu Ende.«

»Lass die Überspanntheiten. Man wird dir schon nicht den Kopf abreißen.«

»Man kann mir Schlimmeres antun.«

»Rede keinen Unsinn. Iss jetzt lieber deine Suppe. Wir wollen überlegen, was man tun könnte.«

»Nichts. Für mich gab es nur die Flucht oder –«

»Oder?«

»Nichts. Das Nichts. Ich wollte ja gar nicht davonlaufen. Ich wollte nur Großvaters Brief. Damit die Kuczinsky ihn nicht anzeigen kann. Dann wollte ich auch wissen, was er geschrieben hat.«

»Und was hat er geschrieben?«

»Armer Großvater. Weil ich so stolz darauf war, dass ich die

Schützenkönigin wurde, dachte er, ich spiele auch gern Soldat. Er wollte mich warnen. Soldaten braucht man zum Krieg, schrieb er, Soldaten, die nicht denken. Man will uns alle dumm machen und ins Verderbnis stürzen, wie schon einmal.«

»Du hättest den Brief zerreißen sollen. Dann hätte man keinen Beweis gegen ihn.«

»Das habe ich ja getan. Aber ich habe noch anderes gefunden.«

»Was denn?«

»Die Papiere. Jede von uns hat einen Gesundheitspass und eine Stammrolle. Und über jede hat die ›Zange‹ einen Bericht verfasst. Darin hat sie alles zusammengetragen, was sie über uns ausgeforscht hat. Über unsere Gesundheit und über unsere Abstammung und über unsere Eltern und über unsere moralische Haltung und ob wir für die Gemeinschaft nützlich sind oder schädlich.«

»Ach, über mich steht etwas?«

»Über uns alle.«

»Aber ich verstehe immer noch nicht, warum du davonlaufen musstest.«

»Du. Mein Vater ist in der Nervenheilanstalt Buch gestorben. Das habe ich nie gewusst. Nie hat man mir das gesagt. Und über mich hat die Kuczinsky geschrieben: Gilda Bertram, erblich schwer belastet. Asozial. Zu jeder Gemeinschaft unfähig. Für die Nation unnütz.«

»Das ist gemein. Dazu hat sie kein Recht.«

»Sie hat das Recht. Du, es ist schrecklich, so ausgeliefert zu sein.«

»Rede doch nicht so. Du hast vielleicht alles missverstanden.«

»Ich habe sehr gut verstanden: Mein Vater hatte eine Gehirnverletzung, aber die Ärzte bestritten, dass sein Nervenleiden eine Folge dieser Kriegswunde sei. Deshalb musste der Staat nicht zahlen. Jetzt erst begreife ich den Kampf meiner Mutter und meines Großvaters mit dem Versorgungsamt. Wie sie es hassen. In meiner Vorstellung war es das Drachenungeheuer der Märchen.«

»Überleg doch ein bisschen ruhig, Gilda. Wann wurde dein Vater verwundet? Vor deiner Geburt? Steht das in den Akten?«

»Ja. Ich habe die Daten genau berechnet. Ich wurde gezeugt vor seiner Verwundung.«

»Wie kannst du da ›erblich belastet‹ sein?«

»Elisabeth, verstehst du denn nicht? Die Ärzte erklärten, er war schon früher krank. Vielleicht war er es wirklich. Meine Mutter hat oft über ihn gesprochen, nur über seinen Tod schwiegen sie alle. Er wollte ein großer Musiker werden, ein Komponist. Und er hat sich doch freiwillig gemeldet.«

»Wieso haben sie ihn aber genommen, wenn er krank war?«

»Das fragst *du*. Die Ärzte haben es nicht gefragt. Aber dass er sich freiwillig gemeldet hat, war vielleicht Flucht. Er hat nicht mehr an seine Begabung geglaubt. Ich glaube auch nicht mehr an mich. Ich habe nicht die Kraft, gegen das Schicksal zu kämpfen.«

»Du redest richtig dumm und kindisch.«

»Jetzt komme ich in die Fürsorge. Und es wird mir ergehen wie ›Ichweißwas‹. Aber ich will nicht werden wie ›Ichweißwas‹. So ausgestoßen und ausgelöscht. Kalt und unempfänglich gemacht. Das wäre tausendmal schlimmer als blind zu sein oder taub. So will ich nicht leben.«

»Gilda, du sollst nicht in die Fürsorge kommen. Wir werden ein Gesuch einreichen und beweisen, dass du nicht gestohlen hast, sondern nur das Geld genommen, das dir zukommt.«

»Man würde euch doch nicht hören. Aber auch wenn ich jetzt nicht in die Fürsorge käme, wäre ich nicht doch in ihrer Macht? Die Kuczinsky ist auch antragsberechtigt. Deshalb bin ich ja geflohen. Ich könnte nicht in ewiger Angst leben.«

»Aber leben wir nicht alle in ewiger Angst? Auch ich habe oft Angst und weiß gar nicht warum. Meinst du, das ist in Ordnung? Ich sehe vielleicht gesund aus, aber das kann täuschen. Und was steht über uns andere in den Papieren?«

»Unsere Väter waren Soldaten.«

»Sind sie alle krank?«

»Krank oder tot. Ist es nicht merkwürdig, dass wir in einem Kriegsgefangenenlager leben?«

»Bis jetzt habe ich darüber gar nicht nachgedacht.«

»Ich auch nicht. Auch nicht über die Mädchen. Nicht über Tina. Ihr Vater war Unteroffizier. Als der Krieg zu Ende war, blieb er verschollen. Man wusste nicht, ob er gefallen war. Später hatte die Mutter Tinas ihn tot erklären lassen. Dann heiratete sie einen anderen Mann. Tina hasste ihren Stiefvater, und sie malte sich aus, dass ihr wirklicher Vater, den sie nie gekannt hatte, lebte. Mit dreizehn Jahren ist sie von zu Hause fortgelaufen, um ihn zu suchen.«

»Besser wäre es gewesen, du hättest die Papiere nie gefunden.«

»Jetzt weiß ich vieles. Die Minna ist aus Karlsruhe. Sie war in einem Kinderwagen auf der Straße, als in der Nähe eine Fliegerbombe platzte.«

»So?«

»Mir ist es schon früher, besonders bei der Schießübung, aufgefallen! Wenn sie einen Knall hört, verbirgt sie so komisch ihren Kopf zwischen den Schultern.«

»Beim Trompeten sieht sie auch oft aus, als hätte sie Angst.«

»Ja. Über Hanna Köhler habe ich auch gelesen. Ihr Vater fiel im Krieg. Später lebte ihre Mutter mit einem französischen Kriegsgefangenen. Keiner im Dorf wollte mehr mit ihr sprechen, weil sie es mit dem Feind hielt. Als der Franzose zurückfuhr in seine Heimat und sie allein ließ, beging sie Selbstmord.«

»Gilda, ich möchte nichts mehr hören.«

»Der Vater von ›Ichweißwas‹ sitzt im Zuchthaus. Und Hildes Eltern sind im Konzentrationslager.«

»Das weiß ich.«

»Ihr Vater hat als junger Soldat die Revolution mitgemacht. Er wurde in einen Soldatenrat gewählt. Im Bericht steht, dass er störrisch und bösartig ist und dass er auch seine Frau auf den schlechten Weg gebracht hätte. Die Mutter Hildes ist schwer erkrankt. Und über Hilde schrieb die ›Zange‹: Untermenschentyp.«

»Wie gemein. Sie dürfte das nicht. Und was steht in den Akten über mich und meine Eltern?«

»Dein Vater ist Kriegsverletzter.«

»Ja. Er ist immer so leicht aufbrausend. Oft brütet er vor sich hin und klagt über Schmerzen. Aber ich habe mir darüber nie Gedanken gemacht. Ich fand es natürlich. Väter sind halt so. Väter sind Kriegsverletzte. Und was hat sie über mich geschrieben?«

»Sie hat dich erst als ›wertvoll‹ gebucht. Dann aber hat sie ein Fragezeichen gemacht: schlechter Umwelteinfluss?«

»So? Und sonst? Was hat sie noch über meine Familie geschrieben?«

»Du hattest einen kleinen Bruder?«

»Ja, er starb als Kind. Ich entsinne mich ganz dunkel, dass ich einmal sah, wie er sich in schweren Krämpfen wand, ganz blau im Gesicht. Meine Mutter sagte, er starb von den schlechten, gefälschten Lebensmitteln.«

»Das ist aber nicht vermerkt.«

»Und darf man fragen, was du über mich und meinen bedauernswerten Erzeuger erfahren hast?« Klara stand mit verschränkten Armen im Türrahmen und lachte. »Und was weißt du über meinen Onkel Helmuth und über meine Tante Jenny?«

»Über dich weiß ich nichts.«

»Das ist aber wirklich rücksichtslos, dass du gerade mich ausgelassen hast.«

»Ich habe nur ganz wenige Akten gelesen. Ich musste mich ja beeilen.«

»Es wäre viel wichtiger gewesen, alles genau zu lesen, als davonzulaufen. Wenn ich an deiner Stelle gewesen wäre, wüsste ich heute alles über alle. Wie amüsant das wäre! Ob auch das in den Akten steht, was ich Fräulein Kuczinsky über die Mädchen erzählt habe? Manchmal habe ich einfach was Spaßiges oder Interessantes ausgedacht. Ich beneide dich, Gilda, dass du auf diese Idee verfallen bist. Wir haben also alle unseren kleinen Knacks weg. Kann ich mir denken. Man quasselt uns so viel über Gesundheit vor, weil wir krank sind. Das ist immer so. Ihr solltet meine Tante Jenny kennen. Es gibt keine Krankheit, die die nicht hätte. Und von morgens bis abends redet sie von nichts weiter als von Gesundheit.«

»Die Gilda soll jetzt ihre Suppe essen.«

»Kann ich gut begreifen, dass sie auf die Lorke verzichtet. Mit dem Essen ist es genauso wie mit der Gesundheit. Wenn man nichts Richtiges zu fressen hat, spricht man immer von Sattsein. Wisst ihr noch, wie die ›Zange‹ verkündet hatte: In allen Lagern müsse man von nun an statt ›Gesegnete Mahlzeit‹ mit ›Gut satt‹ grüßen. Da ahnten wir doch alle gleich: Von nun an werden wir noch mehr Kohldampf schieben. Aber Gilda, ich werde dir Schokoladenplätzchen bringen. Ich werde sie aus der ›Zange‹ herauslotsen, doch du musst mir alles, was du weißt, erzählen.«

»Hör mal, Klara, könntest du mich nicht ein bisschen mit Gilda allein lassen?«

»Ich bin ja in einem wichtigen Auftrag hier, Elisabeth; ich soll dich holen. Es ist aber auch unerhört, so lange zu bleiben. Gib den Schlüssel her. Ich soll die Verbrecherin einsperren.«

Elisabeth stand vor der Pritsche. Gilda verschwand fast ganz in dem Grau der Decke. Sie mussten noch allein miteinander sprechen.

Da tauchte aber schon Fräulein Kuczinsky auf. Sie scheuchte sofort Elisabeth und Klara aus der Kammer.

Ihr Blick streifte verachtend Gilda.

»Du hast Schande auf das ganze Lager gebracht. Deine Strafe wird dich erreichen.«

»Ich bin die Schützenkönigin«, flüsterte Gilda mit übertriebener und komischer Selbstüberhebung.

Kleiner Hanswurst, dachte die Leiterin und drehte mit energischer Bewegung den Schlüssel im Schloss um.

Auf dem Hof schmetterten die Kommandotöne der Ordnungsübungen: »Stillgestanden!«, »Rührt euch!«, »Knien!«, »Auf!«, »Hinlegen!«, »Auf!«. Da brach ein ferner Knall in die gleichmäßigen Rufe.

Einen Augenblick horchten alle. Die Pause zwischen den Kommandos vergrößerte sich. Lastend nahm die Stille bedeutungsvollen Raum ein. Dann aber erklangen wieder scharf die Worte: »Augen geradeaus! Wegtreten!«

Fräulein Kuczinsky eilte zu Baracke eins. Dann kam sie mit verstörtem Gesicht wieder. Ihren Händen, die sinnlos umherirrten, entfielen alle Gegenstände. Die Mädchen hörten sie aufgeregt telefonieren.

Am Abend teilte sie mit zerknitterter Stimme mit, dass sich im Lager ein bedauerlicher Unglücksfall ereignet hatte. »Gilda Bertram hatte sich unerklärlicherweise ein Gewehr verschafft und es in ihrem Bett verborgen. Beim Hantieren ging wahrscheinlich ein Schuss los und traf Gilda so unglücklich, dass sie –« Die Stimme versagte; erst später fiel hart und schwer das Wort: »starb«.

Achtzehntes Kapitel

Die Aufrührerischen

Mitleidslos fiel das Mondlicht auf das Lager. Sein weißes Licht tastete die Baracken ab, als wollte es übermütig seine glitzernde Helligkeit mit dem fleckigen Grau der armseligen Mauern vergleichen. Alle Fenster waren abwehrend verschlossen. Wie tot lag die Häusergruppe da.

Und doch hielten Angst, Grauen, Schmerz alle Bewohner wach. Aber sie verkrochen sich in ihren Betten, sie verschlossen Augen und Ohren, sie hielten den Atem an, als wären sie dem gleichmäßigen Kreislauf des Lebens enthoben. Wie die Tote in Baracke eins.

Da wurde die lastende Stummheit von dem Knirschen und Sausen eines schnell vorfahrenden Autos durchbrochen. Wie auf einen Schlag kam Leben in die Baracken, und an den Fensterscheiben klebten junge Mädchengesichter.

Schon hatten Furcht und Wut die Ordnung zersetzt. Auch auf ausdrücklichen Befehl hätte keine einen nächtlichen Rundgang im Hof gewagt. Dort war es nicht geheuer.

Unhörbar, als schlüpfte sie aus einer Mauerritze, wie eine Fledermaus, eilte Fräulein Kuczinsky zum Tor. In das helle Mondlicht zeichneten sich dunkel zwei Männer, in deren Händen eine Tragbahre schaukelte. Ihnen folgte ein Mann mit einer schwarzen Handtasche. Alle verschwanden in Baracke eins.

Als sie wieder in das Mondlicht traten, war die Tragbahre zwischen den Händen der Männer schwer geworden. Während sie hastig zum Tor schritten, flatterte das Tuch, das sie über ihre Last gelegt hatten.

Dünne Mädchenstimmen riefen durcheinander:

»Ich habe die blutige Wunde auf ihrer Stirn gesehen. Ein Loch mit schwarzrotem Blut verstopft.«

»Du lügst. Man sieht gar nichts.«

»Doch, man kann was sehen. Aber keine Wunde auf der Stirn. Nur den dunklen Fleck auf dem Tuch. Das ist Blut. Sie hat sich ins Herz geschossen.«

Tina erinnerte sich ihrer Pflicht. Sie schrie: »Ruhe! Zurück in die Betten.«

Aber Cilly Marlé, die sich umgedreht hatte und deren Blick auf Gildas Bett fiel, schrie gellend: »Gilda ist da! Seht ihr nicht ihre Locken auf dem Kissen!«

»Dummes Gör! Das sind ja nur die Schatten der Zweige.«

»Du hast doch selbst gesehen, dass man sie weggetragen hat.«

»Tote gehen überall hin, und sie können gleichzeitig an verschiedenen Orten sein.«

»Ach was, Tote sind tot.«

»Nein, das glaube ich nicht«, flüsterte ein Mädchen. »Als mein Vater starb, erschien er mir nachts. Er war schrecklich blass, und wenn er sich bewegte, schimmerte er grünlich. Ich stand furchtbare Angst aus, dass er plötzlich in Staub zerfallen würde. Denn im Traum wusste ich, dass die Toten in nichts zergehen, wenn sie einen Gegenstand oder etwas Lebendiges berühren.«

»Aufhören!«, brüllte Tina. »Schlafen!«

Eine Weile blieb es still im Raum.

Elisabeth sah Gilda ausgestreckt auf der Pritsche liegen. Sie war eingehüllt in die graue zermürbte Decke. Das Gewehr lag bei ihr. Die Decke hatte vor zwanzig Jahren einem russischen Kriegsgefangenen gehört. Er hatte sie ihnen vererbt, obgleich sie in Wirklichkeit gar nicht ihm gehörte. Auch sie besaßen nichts und hatten doch eine Erbschaft.

Cilly konnte die Stummheit im Raum nicht vertragen. Sie jammerte laut: »Ich bleib nicht länger hier. Tote können sich in die Betten verkriechen und in die Schränke. Ich graule mich.«

»Du gehörst in eine Kinderbewahranstalt«, erklärte Tina voller Verachtung. Es war eine Schande, wie wenig tapfer sich das jüngste Hitlermädel benahm. Aber jetzt begann auch die andere

Kleine, die Hilde, zu flüstern: »Ich will auch nicht länger bleiben. Rücken wir alle aus.«

»Das gibst du gut. Ausrücken ohne Geld. Was könnten wir beginnen?«

»Wenn wir alle zusammenhielten, wäre es leichter.«

»Sollen wir zusammenbleiben? Das gäb ja eine schöne Horde.«

»Das geht nicht, das ist doch klar. Wir würden ja sofort überall auffallen.«

»Jede nimmt sich Geld und verschwindet in einer anderen Richtung. Dann könnten sie uns nicht so leicht finden.«

»Aber wenn sie uns fangen, ergeht es uns wie Gilda. Ich geh nicht in die Fürsorge. Ich lass mir nicht den Bauch aufschlitzen.«

»Würdest du dich aus Angst töten, wie Gilda?«

»Ich würde es erst tun, wenn es schon geschehen ist. Man hat doch Zeit, so was zu tun.«

»Na, dann besser gleich, wozu Angst ausstehen und Schmerzen.«

»Quatschköpfe. Hab ich mich aufgehängt? Bin ich ins Wasser? Hab ich mich erschossen? Nee. Ich lebe. Wie sie's gemacht haben, das merkte ich gar nicht. Erst später hat's weh getan. Wenn ich die Hand auf den Bauch gedrückt habe, da brüllte ich vor Schmerz. Aber jetzt? Nichts zu merken. Ich schlage gegen den Bauch und spüre nichts.«

»Es ist doch wegen der Kinder, die man nicht bekommen kann, dass man unglücklich ist.«

»Was weißt du schon. Ihr seid ja alle doof. Ihr habt von nichts 'ne Ahnung. Unglücklich? Da müsst' ich ja ganz auf den Kopf gefallen sein. Die wollten mich strafen, aber ich lache nur.« »Ichweißwas« lachte meckernd. »Hört ihr, ich lache.«

»Hör auf mit deinem idiotischen Lachen.«

Jetzt wurde sie übertönt von Grete Barth: »Wir werden doch keine Kinder kriegen. Sie nehmen uns unsere Männer. Sie machen aus uns Soldaten. Sie richten uns zugrunde.«

Tina sah sich genötigt einzugreifen: »Wer richtet dich zu-

181

grunde? Körperliche Ertüchtigung schadet nicht den Tüchtigen. Und die Zimperliesen braucht der Staat gar nicht.«

»Ja, rottet uns nur aus. Rottet aus die Schwachen. Aber warum sind wir schwach?«

»Wer ist schwach?«

»Du, Tina, solltest lieber in den Spiegel gucken. Du siehst aus wie eine der mageren Kühe in Josephs Traum.«

»Wie ich aussehe, ist scheißegal. Auf mich kommt es überhaupt nicht an. Es kommt nur auf Deutschland an. Und wenn sie mir sagen würden: ›Es wäre nicht gut für Deutschland, wenn du Kinder bekämest, wir müssen dich sterilisieren‹, dann antwortete ich nur: ›In Gottes Namen, tut es.‹ Und würde nicht weinen und würde nicht lachen und würde mich nicht töten, sondern es einfach hinnehmen.«

»Nur solltest du nicht sagen: in Gottes Namen«, rief Cäcilie Scherer. »Denn was du sprichst und was getan wird, ist gegen Gott.«

»Ich sag dir was, es gibt einen Judengott. Aber einen richtigen Gott gibt es nicht mehr. Wo war er im Krieg? Kannst du es mir vielleicht sagen, heilige Cäcilie?«

»Wisst ihr, warum die Gilda davongelaufen ist?«

»Na, hör mal, warum? Davonlaufen möchte jede.«

»Wäre ich eine Schützin wie die Gilda, ich hätte mich nicht selbst erschossen«, rief eine.

»Vielleicht hat sich die Gilda gar nicht getötet? Vielleicht hat die Kuczinsky sie erschossen, weil sie zu viel wusste«, flüsterte jemand.

»Ich habe eine gute Idee«, frohlockte »Ichweißwas«. »Erschießen wir die Kuczinsky, dann sind wir frei. Bis jemand es merkt, sind wir schon längst über alle Berge.«

Plötzlich wurde das Licht eingeschaltet. Inmitten des Raumes stand Klara. Niemand hatte sie kommen hören, niemand wusste, seit wann sie sich schon in Baracke drei aufhielt.

Sie trug die unförmigen Drillichhosen und die Jacke, die Arbeitskleidung bei den Ordnungsübungen, in der die Mädchen wie Sträflinge aussahen. Klara hatte noch ein graues Tuch zu einer runden Kappe gerollt, um so die Ähnlichkeit mit einer Zuchthausuniform zu unterstreichen.

»Ihr redet da ja schöne Sachen von Mord und Totschlag. Gut noch, dass ich euch bei eurer Verschwörung erwischt habe. Wenn ihr mir aber alles beichtet, will ich Gnade vor Recht sein lassen und der Obrigkeit gegenüber schweigen.«

Gleich brüllte es im Chor: »Schwatzweib, Klatschmaul!«

So ein Geschrei. Wo blieb die Ordnung?

»Stubenälteste, was soll dieser Lärm bedeuten?«, rief Klara im Vorgesetztenton.

Tina unterließ es hochzuspringen, sie machte keinerlei Anstalten, eine Meldung zu erstatten, sie schnarchte ohrenzersägend.

Klara lenkte schnell ein: »Ich gebe euch mein Wort, ich werde schweigen. Ich bin jetzt nicht ›Führerin vom Dienst‹, sondern einfache Kameradin.«

»Nein, wie bescheiden: einfache Kameradin. Deine Zeit ist ohnehin abgelaufen«, höhnten einige. »Was willst du hier eigentlich?«

Klara wurde von den Gedanken an die Geheimnisse, die aufgespeichert im Arbeitszimmer der Leiterin lagen, gequält. Warum musste sich Gilda einfach aus dem Staube machen? Sie hätte so vieles von ihr erfahren können. Was stand in den Akten über sie selbst und ihre Abstammung? Der Vater mit seinen Trübsinnsanfällen und mit seiner plötzlich auflodernden Lebenslust. – Die Eifersuchtsszenen der Mutter. – Wusste davon Fräulein Kuczinsky – führte sie über ihre Erbschaft ein Buch?

»Wir müssen alles in Ruhe überlegen«, sagte Klara zu den Mädchen mit Wichtigkeit im Ton. »Wir wollen keine unverantwortlichen Reden halten, die uns noch an den Galgen bringen könnten.«

»Haben wir ein Leben auf dem Gewissen?«, fragte Grete Barth. »Oder? –«, ihr Finger zeigte gegen Baracke eins.

»Ich will euch sagen, was mit der Gilda los war. Sie hat über sich selbst etwas in den Akten Fräulein Kuczinskys gelesen, was sie ganz umwarf.«

»Ich kann mir vorstellen, was die über uns zusammengeschmiert hat.«

»Passt mal auf. Möchtet ihr wissen, was in den Papieren steht?«

»Klar wollen wir es wissen ...«

»Also, wenn ihr sehr artig seid, will ich euch zu dieser Wissenschaft verhelfen. Aber ihr müsst mir beistehen. Wir müssen abwarten, bis die Kuczinsky in die Kommandantur geht und anfängt, unter ihren Schriften zu kramen. Dann muss sie jemand mit einem Vorwand herausrufen. Und dann müssen die anderen sie zurückhalten, ganz lange. So lange, bis ich alles gelesen habe und euch erzählen kann.«

»Was nützt es uns, wenn du über uns liest.«

»Das ist ein ganz großer Blödsinn. Das machen wir nicht mit.«

»Schlagt etwas Besseres vor.«

»Wir müssen die Papiere verbrennen. Sie sollen keinen Schaden mehr anrichten. Wir wollen sie vernichten.« Elisabeth hörte mit Schrecken und Verwunderung ihre eigene Stimme.

»Na schön«, sagte Klara. »Ich bin damit einverstanden. Aber erst will ich alles durchlesen.«

»Nein, jede soll nur über sich und über ihre Familie lesen.«

»So kann man aber nicht viel Neues erfahren.«

»Das sollst du gar nicht!«

»Was hat denn Gilda erfahren?«

»Ihr Vater war wahnsinnig.«

»Mein Vater ist sicher auch verrückt«, rief Cilly, die ihre Angst langsam überwunden hatte. »Mein Großpapa ist Franzose. Das durfte ich früher auch jedem sagen. Aber dann hat mir Papa gesagt, das brauchte niemand zu wissen. Aber in unserer Stadt wissen es doch alle. Früher habe ich Locken getragen, und ein Bekannter von Papa hat mir gesagt, ich sähe aus wie eine französische Puppe, und ich habe geantwortet, ich bin ja französischer Abstammung. Als der wegging, hatte mein Vater mir eine gelangt.«

»Französisches Püppchen, du musst ja schön ausgesehen haben«, lachte Tina höhnisch.

Cilly schwieg erst betreten. Hatte sie eine Dummheit gesagt? Sie fügte schnell entschuldigend hinzu: »Ich trage ja jetzt Zöpfchen. Und in den Leistungsprüfungen bei den ›Küken‹ war ich die Vierte. Ich habe es auf achtundsiebzig Prozent des Solls gebracht. Und mein Bruder ist Pimpf.«

»Schon gut«, sagte Tina wegwerfend. »Ich habe mir auch über dich, als ich dich vor Angst winseln sah, gleich Gedanken gemacht.«

»Mein Vater ist sicher auch wahnsinnig«, flüsterte ein Mädchen. »Er ist oft so komisch. Ganz unvermittelt fängt er an zu schreien, oder er brütet stundenlang vor sich hin. Meine Mutter sagt dann immer: Das ist noch der Krieg.«

»Also, was machen wir mit den Papieren?«

»Wir verbrennen sie. Das ist abgemacht.«

»Ja, aber die Kuczinsky wird das doch nicht einfach zulassen.«

»Die werden wir nicht fragen, die werden wir gefangen nehmen«, rief eine und fuchtelte mit ihren Armen.

»Aber wir müssen erst einen genauen Kriegsplan entwerfen«, schrie erregt die kleine Hilde. Ihre Stimme versagte, so atemlos war sie. Endlich würde sich etwas ereignen, würde etwas geschehen. Damals, als sie ganz allein in der Wohnung geblieben war, wachte sie oft nachts auf, geweckt von irgendeinem Schrei auf der Straße. Sie glaubte dann zu hören, die Leute riefen: »Nieder mit Hitler!«, und liefen stampfend, die Gefängnisse zu stürmen. Aber sie merkte bald mit verzweifelter Enttäuschung, dass draußen nur Betrunkene oder Streitende Radau machten. Doch jetzt geschah etwas.

Eine rief: »Zuerst müssen wir die Kommandantur stürmen.«

»Wozu stürmen? Wir nehmen den Schlüssel der Kuczinsky einfach ab.«

»Die Baracke öffnen wir auch ohne Schlüssel.«

»Zuerst müssen wir den Telefondraht durchschneiden«, sagte

stolz über ihre Umsichtigkeit »Ichweißwas«. »Im Kino wird, wenn eingebrochen wird, das immer sofort gemacht.«

»Aber wir sind keine Einbrecher.«

»Und wir sind nicht im Kino.«

»Deshalb kann ›Ichweißwas‹ doch recht haben.«

»Also gut, durchschneiden wir die Telefonschnur.«

Tina, die eine Weile gedöst hatte, wurde wach vor Empörung: »Ich werde euch alle sofort anzeigen. Ich wecke Fräulein Kuczinsky.«

»Tu das nur«, meinte Klara gelassen, »so wirst du wenigstens nie erfahren, was über dich alles Interessantes in den Papieren steht.«

»Ich bin nicht neugierig.«

»O doch, du bist es. Viel mehr, als du gestehen möchtest.«

»Und was steht über mich?«, fragte Minna.

»Morgen sollst du es erfahren.«

Tina machte einen neuen Vorschlag: »Wir schreiben einen Brief an Baldur von Schirach und berichten über die Missstände.«

»Du gibst es also zu, dass es Missstände gibt.«

Die kleine Hilde weinte fast: »Nein, nein, schreiben wir nicht an Baldur von Schirach. Der will es ja gerade, dass es hier so sein soll, wie es ist.«

»Wie kannst du eine solche Unverschämtheit behaupten.«

»Schreiben wir lieber an Trude Mohr«, sagte Minna. »Der Baldur von Schirach ist zu dick. Aber die Trude Mohr gefiel mir. Sie hat eine gute Stimme.«

»Eine noch bessere als deine Trompete?«

»Die Trude Mohr kenn ich auch«, rief Cilly stolz. »Ich war auf dem Parteitag mit der Abordnung der ›Küken‹. Die Trude sah großartig aus, als sie ihre Rede hielt, wie ein Mann.«

»Wir werden deshalb doch nicht an sie schreiben, verlass dich darauf«, sagte Grete Barth. »Wir stellen unsere Forderungen auf und damit basta.«

»Wir verlangen unseren Sold«, rief Hilde.

»Rückwirkend, den ganzen Betrag auf einmal.«

»Besseres Essen.«

»Und die Kuczinsky muss fort.«

»Wir stellen eine Wache an die Baracke eins. Und die Kuczinsky darf nicht hinaus. So kann sie nichts gegen uns unternehmen. Wir schreiben an die Amtsstellen.«

»Also doch wieder Schreibereien.«

»Aber kein Bittgesuch, sondern Forderungen. Und zuerst nehmen wir der Kuczinsky jede Macht.«

»Ich sag euch etwas, ich zeige euch nicht an, weil ich die Angeberei hasse und auch diese ganze Günstlingswirtschaft mit Schokoladenplätzchen«, erklärte Tina. »Aber ich mache nur mit, wenn Ordnung herrscht.«

»Klar herrscht Ordnung. Was denn sonst?«

Schon hatte Minna, bezwungen von dem Gesetz der Gewohnheit, ihre Trompete umklammert. Es begann zu dämmern.

Würde das Licht das waghalsige Gerede wie einen Spuk verjagen?

Die Stimmen aber überlegten weiter aufrührerisch, gierig nach Rache und Abenteuern.

»Eine Wache muss vor Baracke eins gestellt werden, und die Kuczinsky darf nicht hinaus.«

»Ich werde die Minna und die dicke Berta zur Wache ernennen«, erklärte Klara.

»Aber die Kuczinsky hat das Gewehr; sie kann uns doch einfach über den Haufen schießen«, sagte besorgt Minna.

»Sie kann doch gar nicht schießen, sie ist auch viel zu feige. Sie wird sich still verhalten wie eine aufgeschreckte Maus.«

»Die Wache darf niemanden passieren lassen, der nicht die Parole kennt.«

»Wie soll sie lauten?«

»Nieder Kuczinsky.«

»Zwei Worte, das ist doch keine Parole, das ist ein Feldgeschrei«, rief Cilly zurechtweisend. »Das können wir bei einer Geländeübung nehmen, aber doch nicht im Lager.«

»Dreikäsehoch weiß aber auch alles.«

»Also ›Freiheit‹.«

»Ach, die gibt es gar nicht.«

»Die gibt es, aber die können wir allein nicht erkämpfen«, sprach die harte Kinderstimme.

»Ich weiß was Besseres. ›Schlagsahne‹ soll die Parole sein.«

»So dumm wie ›Ichweißwas‹ ist doch keine Zweite. Wie kommst du nur auf so etwas Blödes?«

»Wieso denn blöd? Wenn wir unseren Sold bekommen, können wir Schlagsahne essen.«

»Einen Tag lang. Und dann?«

»›Brot‹, das ist die beste Parole. Wir wollen Brot. Wir haben unser Brot verloren. Brot.«

»›Gerechtigkeit‹ soll die Parole sein«, sagte Tina. »Ich bin für Gerechtigkeit.«

»Jetzt will ich die anderen Baracken besorgen.« Klara fegte wie ein Irrwisch dahin.

Der Wecker Tinas zeigte bald surrend den Beginn des alltäglichen Ablaufs an.

Minna begann zu trompeten: »Volk ans Gewehr! Volk ans Gewehr.«

»Heute wollen wir nicht geweckt werden.«

»Doch, gerade heute wollen wir früh den Tag beginnen. Aber kannst du uns nicht mal was anderes vorblasen als dein ewiges ›Volk ans Gewehr‹?«

»Nein, ich kenne doch nichts anderes.«

An die Mauer der Kommandantur wurde ein Zettel angeschlagen:

Tagesordnung:
8–9 Uhr
Großes Schriften-Verbrennen
9–10 Uhr
Abfassung der Beschwerde
10–12 Uhr
Ordnungsübungen

»Wozu auch heute Ordnungsübungen?«

»Was sollen wir denn den ganzen Tag machen?«, erklärte Tina. »Ich habe es euch schon gesagt. Ich mache überhaupt nur mit, wenn völlige Ordnung herrscht.«

Die »dicke Berta«, deren Kraft Neid und Bewunderung des ganzen Lagers erregte, hatte mit einer Schulterbewegung die Tür zur Kommandantur eingedrückt. Hier befand sich die Vorratskammer der Leiterin, aus der sie ihre berühmten »Kaffeekränzchen« verproviantierte.

»Oh, Bohnenkaffee, wie das herrlich duftet.«

»Heute machen wir zum Frühstück echten Kaffee.«

»Nehmen wir zu jeder Tasse sechs Bohnen, die vermischen wir mit dem Malz, so wird der Kaffee länger halten.«

»Aber vielleicht halten wir uns nicht lange. Nehmen wir den ganzen Kaffee. Dann haben wir wenigstens gut gefrühstückt. Kondensmilch gibt es auch.«

»Und Keks und Konfitüre.«

»Wenn man jeden Tag so frühstücken könnte«, seufzte »Ichweißwas«.

»So kann man wenigstens von Herzen ›Gut satt‹ grüßen.«

»Heute kann die Kuczinsky hungern.«

Die Leiterin hatte schon, als sie aus dem Fenster blickte, das verdächtige Gehabe im Hof bemerkt. Sie fühlte sich verfolgt, noch bevor sie das Geringste von der Verschwörung ahnte. Als die merkwürdige Wache ihr den Weg versperrte, war sie sofort wortlos in ihr Zimmer zurückgekehrt.

Inzwischen umstanden die Mädchen mit Scheu das Archiv. Es war nicht schwer, die Türen der Schränke aufzureißen, die Fächer des Arbeitstisches. Aber was sollte man mit den vielen Papieren beginnen? Sie verteilen? Jeder die Schrift, die ihr zukommt? Wie aber sich zurechtfinden? Klara war die Einzige, die sofort mit gierigen Fingern zugriff.

In diesem Augenblick begann das Telefon schrill und durchdringend zu läuten. Regelmäßig verstummte es, wie um den Mädchen eine kurze Spanne Zeit zum Überlegen zu geben.

»Was soll das nur bedeuten? Kinder, was machen wir jetzt?«

»Nimm den Hörer ab und leg ihn einfach hin.«

»Seht ihr, ich habe euch gleich gesagt, zuerst muss man die Telefonschnur durchschneiden«, erklärte vorwurfsvoll »Ichweißwas«.

»Du Dumme, was hätte das genützt. So und so antwortet niemand. Sicher erscheint das verdächtig.«

»Eine soll schnell zum Telefon gehen und soll tun, als wäre sie die Kuczinsky. – Ach was, ich werde das selbst machen.« Klara nahm den Hörer ab und ahmte das kurze abgehackte »Heil Hitler!« der Führerin nach. Sie schien zu horchen, dann sprach sie in fremdem, geziertem Ton: »Jawohl, alles in Ordnung. Die Mädchen sind beispielhaft pflichttreu. Das sind Truppen, auf die Deutschland stolz sein kann. – Ich fühle mich verpflichtet, Anerkennungen zu verteilen. Lassen Sie bitte ins Lager zehn Pfund Kaffee schicken und zehn Pfund Schokolade und zehn Pfund Keks und zehn Pfund Kalbsbraten und zehn Pfund Butter –« Es war niemand am Apparat.

»Lass die Hanswursterei.«

»Wir haben keine Zeit zu verlieren. Verbrennen wir schnell alles«, rief Elisabeth, von Angst bedrängt.

»Wir wollen erst alles noch lesen und nicht gleich vernichten«, beharrte Klara.

Tina hatte schon begonnen, unter den Akten ihren Namen zu suchen, dann aber ließ sie die Hände sinken.

»Es ist vielleicht besser, man weiß nichts genau. Weg damit.«

Im Hof wurden Holzscheite übereinander gerichtet und angezündet. Cilly hatte einen Stoß Papier, zu viel für ihre kurzen Arme, umklammert und rannte damit zu der Richtstätte. Sie war die Erste, die ihre Last ins Feuer warf. Einige Blätter waren davongeflattert, sie lief ihnen nach, als wäre sie auf der Schmetterlingsjagd.

Laut lachend und pustend folgte ihr »Ichweißwas«. Bald war zwischen den beiden ein tolles Wettrennen im Gange.

Der verglühende Schimmer des Feuers hatte Fräulein Kuczinsky aufgescheucht. Sie ging unruhig, von Zweifeln gequält, in der Kammer, die für so kurze Zeit Gildas Gefängnis war, auf und ab.

Der tobende Lärm zog sie zum Fenster. Als sie die aufgerissene Tür der Kommandantur erblickte, erriet sie sofort alles. Es war ihr Glück noch, dass ihr Blick erst später auf den Scheiterhaufen fiel. Dort fraßen die Flammen ihr Lebenswerk, das Ergebnis ihrer Arbeit, die sie für Deutschlands Wohl begann. Sie wollte sich hinunterstürzen, zu retten versuchen, was noch gerettet werden könnte, aber die Angst lähmte sie, sie könnte, wenn sie mit den Mädchen in ein Handgemenge geriete, ihre letzte Autorität verlieren.

Ihre Zöglinge unten hatten sich zu einer militärischen Ordnung gefunden. Wie bei einer Sonnwendfeier umstanden sie in gleichen Abständen das Feuer. Immer trat eine andere aus der Reihe und rief ihren Spruch, dem Feuer zugewandt.

Fräulein Kuczinsky blickte auf das Zerstörungswerk wie ein Künstler, der seine Lebensarbeit vernichtet sieht: Verzweiflung im Herzen, beschließt er doch, den Versuch neu zu wagen. Sie würde ihre Arbeit noch einmal beginnen. Sie würde sich nicht entmutigen lassen. Und wenn die Welt voll Teufel wäre. Ach, die kleinen Teufel da unten. Aber sie würden schon die Vergeltung spüren.

Cilly schrie plötzlich mit schriller dünner Stimme:

»Dort, seht ihr, dort tanzt Gilda blutüberströmt zwischen den Flammen.«

»Dummes Gör, hör auf mit dem Geflenne«, sagte Tina unfreundlich.

Aber die Ordnung war schon wieder gestört. Die Jüngeren liefen schaudernd durcheinander.

Auch vor den Augen der Leiterin tauchte Gilda auf, schillernd, ohne Kraft zum Leben. Konnte sie, die nur die Starken liebte, Mitleid mit ihr empfinden?

Aber jetzt sah sie, dass, von den Mädchen unbemerkt, ein Auto vorfuhr. Es gab vielleicht noch Rettung.

Erst als drei Männer in Parteiuniform, mit Aktentaschen in den Händen, dem Auto entstiegen, wurde Tina aufmerksam. Mit Unruhe im Herzen, doch mit schmetternder Stimme kommandierte sie: »In die Reihe!«

Mit entgeisterten Augen folgten die Mädchen den Eindringlingen. Wer hatte sie verraten?

Aber die Abordnung betrachtete nur wohlwollend die militärische Haltung der Mädchen. Sie suchte die Leiterin. Sie ging auf die Baracke eins zu. Die Wache stand da starr, dann aber lief sie, wie vom Schreck durcheinandergewirbelt, davon.

Fräulein Kuczinsky kam den Männern entgegen, als wären ihr Flügel gewachsen: »Ich danke Ihnen, dass Sie gekommen sind. Ich habe Sie herbeigefleht. Sie Retter in der Not. Ihr Kommen hat vielleicht Schlimmstes verhütet.«

Pg. Zeller, Ortsgruppenleiter der Stadt K. an der Oder, versuchte befremdet, seine Hand aus den knochigen Weiberfingern zu befreien. Er und seine Begleiter, Amtswalter aus dem Landhelferdienst und aus der nationalsozialistischen Bildungszentrale, waren gekommen, um in Sachen Gilda Bertram ein kleines Protokoll aufzunehmen. Nichts war ihm unleidlicher als solcher Gefühlsüberschwang.

»Aber ich muss jetzt hinuntereilen. Vielleicht ist noch einiges zu retten. Und jetzt würde es keine mehr wagen, mich anzugreifen.«

Die Männer sahen der Davoneilenden kopfschüttelnd nach.

»Hysterische olle Ziege«, murmelte Pg. Zeller.

Später, bei der Beurteilung ihrer Tat, sollte diese Ansicht des Pg. Zeller den Mädchen zum Glück gereichen und strafmildernd wirken.

Unten war niemand zu sehen. Die Mädchen hatten sich verkrochen. Der Papierhaufen war schon verkohlt. Mit zitternden Händen versuchte Fräulein Kuczinsky, noch lesbare Schriften aus der verglimmenden Asche herauszuholen. Vergeblich. Wie leichte, schwarze Flocken begannen die Papierreste dahinzuschweben.

Neunzehntes Kapitel

Ausgestoßen

Das dem Lager nächstliegende Städtchen K. an der Oder hat etwa zwanzigtausend Einwohner. Ein großer Teil der Bevölkerung findet seinen Unterhalt in den Ziegeleien und in einigen mittleren Filzhutfabriken. Unsichtbar herrscht Herr von Trettau über die Stadt. Ihm gehören das angrenzende Rittergut, die Ziegeleien; er ist Bauernführer und Gefolgschaftsführer, sein Wort gilt bei den hohen Amtsstellen. Aber sichtbar ist der mächtigste Mann des Städtchens Pg. Zeller, früherer Inspektor des Herrn von Trettau, der etwa anderthalb Jahre vor Hitlers Machtantritt die Ortsgruppe K. an der Oder und Umgebung gegründet hatte.

Es war der Einfall Pg. Zellers, dass die Mädchen im Beisein der ganzen Stadt die Verkündung ihrer Strafe entgegennehmen müssten. Sie sollten wissen, dass sie mit ihrer Auflehnung gegen die Nation, gegen alle ihre staatserhaltenden Elemente, gesündigt hatten. Pg. Zeller mochte Fräulein Kuczinsky komisch finden, nichtsdestoweniger sollte ihre Person auf dem Platz, an den die nationalsozialistische Partei sie gestellt hatte, unantastbar, sozusagen geheiligt, bleiben.

Gleichzeitig sollte das groß aufgezogene Schauspiel, die Bestrafung des Lagers Ost 2/68, zur Belebung der Geister des Städtchens K. an der Oder beitragen. Man müsse den Menschen Gelegenheit geben, zu marschieren, zu singen, ihre Überlegenheit zu fühlen. Das lulle den kritischen Geist ein und die unzufriedenen Gedanken.

K. an der Oder wurde nur in geringem Maße von den wohlstandbringenden Wellen der Aufrüstung berührt. Die Ziegeleien waren zwar nicht schlecht beschäftigt, aber die Löhne blieben niedrig. Die Filzhutfabriken dagegen arbeiteten, wenn sie überhaupt arbeiteten, nur mit gekürzter Zeit. Gefolgschaftsführer Billinger pflegte sauersüß lächelnd zu sagen: »Wenn Mars regiert, tragen die Männer keine Filzhüte. Aber wir wollen stolz sein, in einem heroischen Zeitalter zu leben.« Doch gab es Leute auch in K. an der Oder, die sich nicht allein mit dem Stolz begnügen wollten.

Jetzt sollte ihnen wieder einmal Gelegenheit gegeben werden, ihre Gewichtigkeit zu fühlen, gleichzeitig aber müssten sie anschaulich die schnell strafende Hand des Staates auch seinen jüngsten Bürgerinnen gegenüber wahrnehmen.

Die Mädchen hatten schon im Hof in gleichmäßigem Abstand Aufstellung genommen. Keine durfte sprechen, keine durfte singen, die Augen unverwandt geradeaus gerichtet, unbeweglich, sollten sie im Angesicht K.s an der Oder, das für sie die ganze Nation versinnbildlichen sollte, ihre Schande fühlen. Sie mussten wissen, dass sie sich gegen die ganze Nation versündigten, auch wenn sie sich gegen eine Einzelperson auflehnten, die der allmächtige Staat auf seinen Posten stellte.

Ganz abgesondert, isoliert noch zwischen den Isolierten, stand Elisabeth. Ihr war die schwerste Strafe zugedacht. Während alle Hitlermädchen degradiert wurden, sollte sie aus der Hitlerjugend für alle Zeiten ausgestoßen werden. Keines der Mädchen sollte in den nächsten zwei Jahren die Arbeitskarte erhalten, der Ausgestoßenen aber blieb sie für immer verwehrt.

Die Untersuchung hatte klar ergeben: Elisabeth Weber war die Anstifterin. Sie hatte die Verbrennung der kostbaren Dokumente vorgeschlagen. Klara hatte es verstanden, sich auf das glänzendste reinzuwaschen, sie wusste dramatisch ihren Versuch, die Schriften doch noch zu retten, zu schildern.

Ein Teil der Mädchen sollte in besonders verschriene und strenge Straflager kommen, andere würden einzeln und abgesondert bei Bauern in den abgelegensten Teilen Ostpreußens arbeiten. Elisabeth aber wurde nicht mehr des Dienstes an der Nation für würdig befunden. Sie sei ausgestoßen aus der Gemeinschaft.

Heimatlos, ausgestoßen, dachte Elisabeth. Aber morgen bin

ich frei. Um vier Uhr nachmittags in der Bahnhofswirtschaft Frankfurt an der Oder. Das Schicksal hat gesprochen. Ich bin frei, und wenn auch nur an diesem einzigen Nachmittag.

Auf erhöhtem Stand hatte wartend Fräulein Kuczinsky Platz genommen. Sie fühlte sich selbst gestraft, selbst in Ungnade gefallen. Sie hatte es erst erkämpfen müssen, den Scheidenden eine Rede halten zu dürfen. Das Lager wurde aufgelöst. Aber sie würde sich nicht geschlagen geben. Sie würde es mit ihrer ganzen Kraft, mit stärkstem Willen erzwingen, dass man ihr ein anderes anvertraute.

Neben ihr saß Ortsgruppenleiter Zeller in PO-Uniform und die Kreisleiterin des BdM, die eigens aus Frankfurt an der Oder hergekommen war, um die Degradierung der Mädchen durchzuführen. Auch Dr. Meißner, der Lagerarzt des Kreises, ließ es sich nicht nehmen, dem Strafgericht beizuwohnen.

Schon strömte Musik auf den Platz, der aussah wie ein Gefängnishof, den unbewegliche Sträflinge säumen.

Die Frauenschaft nahte. In der vordersten Reihe schritt rüstig und aus voller Kehle singend Frau Direktor Haller aus, besser gesagt, die Ortsfrauenschaftsleiterin. Sie war unbestritten die erste Frau in K. an der Oder. Zweifellos verdankte Herr Direktor Haller nur ihr, dass er Herr Direktor wurde. Früher hatte er, immer unter den strafenden Blicken seiner Gattin, die Nationalsozialisten unverantwortliche Abenteurer genannt. Dann aber hatte er sich eines Besseren besonnen. Genau zwei Wochen vor Hitlers Machtantritt trat er der Nationalsozialistischen Partei bei. Hatte ihn seine Frau oder Herr von Trettau bekehrt? Jedenfalls erhielt der rechtzeitig Bekehrte seinen Lohn, und er wurde aus dem einfachen Geschäftsführer Direktor der Ziegelei. Zu Hause aber fiel sein Ansehen, und es wurde ihm schwer, je seiner Frau gegenüber, die solchen Scharfsinn bewiesen hatte, recht zu behalten.

Ihre Stimme beherrschte jetzt siegreich den Chor. Sie sang mit Gefühl:

»Wir wollen still das Gute wirken
In Freud und Leid, nach Frauenart,
Und neigen uns wie fromme Birken,
Die neben Eichen stehn so zart.
Wir gehen im selben Gewande
Dem Mann zur Seite, eine Macht!
Wir wollen deutsch die deutschen Lande,
Dem Zeichen treu, dem Zeichen treu,
Das mit uns wacht.«

Das blitzende Hakenkreuz auf der Fahnenstange der Frauenschaft erglänzte in der Sonne, als wollte es selbst ein Zeichen geben. So wenigstens war die Meinung der Frau Direktor Haller.

Frau Zeller, die Gattin des Ortsgruppenführers, die ihr auf
dem Fuße folgte, fand das Vordrängen der Frau Haller widerlich.
Sie hatte sich nun einmal, wie es sich einer rechten deutschen
Frau geziemt, nie um Politik gekümmert. Arbeitend hatte sie
immer ihrem Mann beigestanden, und die Herrschaft hielt
große Stücke auf sie. Die Deputantenfrauen hassten sie allerdings. Sie behaupteten, dass sie bei der Milchverteilung mogele.
Aber das war nur, weil sie streng war. Streng und gerecht. Aber
sollte sie abseitsstehen, nur weil sie sich um die Wirtschaft
gekümmert hatte? Die Ehre, die ihr Mann genoss, müsse auch
auf sie voll zurückstrahlen. Waren Mann und Frau nicht eins?
Und war ein Parteileiter nicht mehr als die Leiterin einer Gliederung?

Bei dem neuen Lied, das frisch eingesetzt wurde, würde sie
die Führung an sich reißen. Ihre Stimme war nicht schön, aber
kräftig, und sie übertönte mit Leichtigkeit Frau Direktor Haller.

Sie betonte dramatisch:

»Völkischen Geist verbreiten,
Hungernde zu erfreun,
Frierende wieder kleiden,
Soll unser Streben sein.

Deutsche Frauen lieben
Fremde Rassen nicht.
Treu dem Hakenkreuze
Ist auch unsere Pflicht.«

Auch die Frau Gefolgschaftsführerin Billinger sang, aber ihre schleppende Stimme gab auch den heldischen Liedern einen müden Unterton:

»Mutterschaft aus Heldenblut
Wird ein stolzes Volk erschaffen.
Erz, das in der Tiefe ruht,
Schmiedet zu der Zukunft Waffen.
Liebe lobjauchzet!
Die heilige Schar baue das Reich uns,
Und lebe es dar!«

Die Handarbeitslehrerin, die Postsekretärsgattin, die Besitzerin des Papierwarengeschäfts gegenüber der Volksschule sangen eifrig, aber doch bescheiden. Sie waren erst Frauenschaftsanwärterinnen. Sie wären schon gern endgültig »drin« gewesen. In dieser Probezeit konnte man nicht vorsichtig genug sein; man wusste überhaupt nicht, was man sprechen sollte. Aber singen konnte man aus Herzenslust:

»Priesterin im Heim, am Herd,
Sollt ihr Schwestern den erlösen,
Der, von Waffen hart umwehrt,
Mutig streitet mit dem Bösen,
Tapfer seid Mütter, ein Heldengeschlecht,
Kämpfet für Freiheit, für Ehre und Recht.«

Den Frauen folgte bald die SA. Dem Sturmbannführer Hohlbaum machte es entschieden Spaß, an der Spitze seiner Leute zwischen so vielen Weibern dahinzuschreiten. Zwischen gerechten und sündigen. Die schwarzen Lämmchen waren entschieden leckerer und zarter als die weißen Mutterschafe. Man müsste es ihm überlassen, die kleinen Verbrecherinnen zu strafen. Wie sie da standen, wie kleine Steinpuppen, und bohrten die Augen in die Luft. Sie sollten lieber nach ihm gucken, was für ein Mann er war.

Die SA-Männer, »alte« und »neue« Kämpfer, dachten durcheinander: Für so einen Blödsinn wieder den ganzen Sonntag zu opfern. – Besser immerhin als Geländeübung. – Der Kolberg ist einfach nicht gekommen. So was kann man doch gar nicht machen. Man hat doch Familie. Und was machste, wenn du die Arbeit verlierst? – Gibt's recht Hübsche unter ihnen? Die hätten sie nicht so einsperren sollen. Wenn sie an ein paar feste Kerle geraten wären, hätte es ihnen hier gleich besser gefallen. – Schade, die Mädels haben mehr Mumm wie wir. 'ne Schande.

Durcheinanderstolpernd quoll der Gesang:

>>Der schwarze Tod ist mein Gesell
Bei Tage und bei Nacht,
Auf wildem, sturmbewegtem Meer,
In heißer, blut'ger Schlacht.
Trutz, Grab und Trän',
Ich fürcht euch nicht!
Heil! Hakenkreuz voran!
Dem Feind ins Aug schaut frank und frei
Der Sturmabteilungsmann.<<

Der Hof hatte sich schon ganz in zwei Lager geteilt. In das der Guten und Bösen. Die Guten standen dicht beisammen mit geröteten Gesichtern, zwischen Fahnen und blitzenden Musikinstrumenten. Die Bösen waren abgesondert, unbeweglich, stumm. Sie fühlten ihren Körper wie von Tausenden Nadelstichen gepikt und gestichelt.

»Ich begreife nur nicht«, flüsterte Herr Doktor Meißner dem Ortsgruppenleiter zu, »wieso man diese ganze Mädchenbande einer einzigen Aufsichtsperson anvertrauen konnte.«

»Deutschland ist arm, Herr Doktor. Wir können nicht viel Personal bezahlen. Aber wir haben ja auch ein anderes Ziel. Im nationalsozialistischen Staat soll jeder Untergebener, aber auch jeder Vorgesetzter sein, soweit ihm das seine Rassezugehörigkeit und politische Einstellung ermöglichen. Dieses System muss noch vollkommen ausgebaut werden.«

»Aber könnte es nicht versagen?«

»Kaum, wenn es richtig durchgeführt ist. Auch der kleinste Pimpf muss überzeugt sein, er sei nicht nur Untergebener, sondern auch Vorgesetzter. Ist er auch der Dienstjüngste, soll er wissen, schon am nächsten Tage kann ein Junge seinen zehnten Geburtstag feiern und in das Jungvolk eintreten.«

Mit Trommeln und Flöten näherte sich die Jugend. Jungvolk und Jungmädels, Hitlerjungens und der Bund deutscher Mädel. Hart und soldatisch klapperten die Sohlen.

Hell erklangen die Töne:

»Vorwärts! Vorwärts schmettern die hellen Fanfaren.
Vorwärts! Vorwärts! Jugend kennt keine Gefahren.
Deutschland, du wirst leuchtend stehen,
Mögen wir auch untergehen.«

Ein Zug Jungvolk streifte leicht Elisabeth, die ganz abseits und einsam dastand. Die Jungens warfen ihr einen scheuen Blick zu und stolperten dann eilends davon.

Elisabeth sah ihnen wie beschwörend nach: Nein, ihr dürft nicht untergehen. Ihr sollt nicht untergehen. Wie könnte Deutschland glänzend dastehen, wenn die Jugend untergeht. Warum singen sie alle vom Tod?

Jetzt kam der Zug der Arbeitsdienstler aus dem Nachbarlager.

Elisabeths Herz schlug heftiger. Nie noch hatte sie Erwin in seiner Uniform gesehen, und doch lebten sie so nahe beieinander. Wie würde er aussehen in der hohen grünen Mütze?

Die Spaten geschultert, marschierten die Arbeitsdienstler über den Hof. Ein Junger, ganz braun im Gesicht, mit braunen

Augen, guckte sich immerfort nach Elisabeth um, die sich sehr gerade hielt, aber doch ein bisschen aussah wie eine arme Sünderin.

Der Raum wurde jetzt ganz erfüllt von dem Lied der Arbeitsdienstler:

>>Es tönt auf grüner Heide
Das Werksoldatenlied,
Im grauen Arbeitskleide
Ziehn wir in Reih und Glied.
Wir tragen Beil und Spaten
Statt Kugel und Gewehr,
Wir sind die Werksoldaten,
Wir sind das graue Heer.<<

Zuletzt wurde das Lied noch dröhnender:

>>Und wenn ein neuer Morgen
Den Freiheitskampf entfacht,
Und über Not und Sorgen
Das deutsche Volk erwacht,
Dann lassen wir vom Spaten
Und greifen zum Gewehr.
Wir sind die Werksoldaten,
Wir sind das graue Heer.<<

Herr Ortsgruppenleiter Zeller stand auf und gebot mit weiter Armbewegung Ruhe. Sofort erstarben alle Laute. In die große Stille hoben sich seine Worte, scharf und bedeutsam:

>>Parteigenossen, SA-Männer, Mitglieder der NS-Frauenschaft, Hitlerjugend, Bund deutscher Mädel, Jungvolk, Jungmädel, Amtswalter und Amtswalterinnen, Arbeitsdienstler sowie alle Volksgenossen und Volksgenossinnen, ich heiße sie alle willkommen.

Wie sich in einer Familie Jung und Alt zusammenfinden, so

haben wir uns hier zu einer großen nationalsozialistischen Familie vereinigt. Wir haben uns hier versammelt, um über die unwürdigen Mitglieder dieser Familie zu beschließen. Das heißt, Mitglieder unserer Familie sind sie nicht länger. Sie haben sich selbst ausgeschlossen. Eine von ihnen, die Haupttrödelsführerin, zwiefach verantwortlich, weil sie schon seit Jahren des Führers Kleid trägt, soll für immer ausgestoßen bleiben.«

Seine Augen waren strafend auf Elisabeth gerichtet, jetzt wies seine Hand sogar nach ihr hin. Sie trug heute ihre Uniform, alle Mädchen, die in der Hitlerjugend waren, mussten sie tragen, mit den Abzeichen und Auszeichnungen, nur damit sie ihnen schmählich, vor aller Welt, abgerissen werden sollten. Wie die Frauen tuschelnd, mit Verachtung in den Blicken, zu ihr hinübersahen. Einige zeigten sogar mit den Fingern nach ihr.

Ihre Augen wanderten wie auf der Flucht zu den Jungen in Grün. Ein brauner Blick aus braunem Gesicht traf sie, als wollte er ihr Mut zusprechen, als wollte er ihr sagen, dass sie stolz sein müsse und nicht zerknirscht. Und er trug dasselbe Kleid wie Erwin, dieselbe hohe grüne Kappe. Eine warme Welle lief zu ihrem Herzen, als hätte sie eine tröstende Hand berührt. Sie reckte sich ein wenig und begegnete frei den Blicken der Frauen.

»Nein, ist die frech«, flüsterte Frau Direktor Haller der Frau Gefolgschaftsführer Billinger zu.

Die Kreisleiterin des BdM war aufgestanden und schleuderte weitschallend ihre anklagenden Worte gegen die Mädchen.

Cilly staunte mit weit aufgerissenen Augen über solche Stimmenkraft. Plötzlich aber drang es in ihr Bewusstsein, dass die männlich dröhnende Frauenstimme, die ihre Bewunderung erregte, sie und die Kameradinnen verdammte. Welch verworfene Geschöpfe waren sie doch, dass sie sich gegen die Nation auflehnten.

Die Leiter waren von dem höchsten Führer auf ihren Platz gestellt, und wer sich gegen sie auflehnte, verriet das deutsche Volk.

Sie würde auch nicht die faule Ausrede verschiedener Mädchen gelten lassen, die behaupteten, sie hätten von den schändlichen Ereignissen, die sich im Lager abspielten, keine Ahnung. Es sei Pflicht und Schuldigkeit jeder Einzelnen, die Taten und Worte der Kameradinnen zu beobachten und darüber den vom Führer eingesetzten Leitern zu berichten.

Die härteste Strafe soll gerade jene treffen, die sich unwürdig erwiesen, sich Nationalsozialistinnen zu nennen. Aber auch die anderen würden die Arbeitskarte nicht erlangen, bis sie nicht durch jahrelange gute Führung den Fehler, den sie begangen hatten, auswetzten.

»Ja, umsonst arbeiten, dazu sind wir gut genug«, zischte Grete Barth. Auf ihre Wangen malten sich krankhaft zwei kreisrunde rote Flecken.

»Mein Schatz wird sich eine andere nehmen, wenn ich dort oben in Ostpreußen hocke«, flüsterte Hanna Köhler.

»Rück doch aus.«

»Zum Heiraten verdient er nicht genug, und auf Ehestandsbeihilfe können wir auch nicht mehr rechnen.«

»Wir Erwachsenen werden wie Kinder behandelt, und die Kinder, als wären sie richtige Soldaten.«

»Von der Gilda wird kein Wort gesprochen.«

»Die leiern nur ihre Redensarten.«

Ein streng warnender Blick aus Fräulein Kuczinskys Augen traf sie, darauf verstummten sie.

Die Leiterin hielt jetzt ihre Rede. Sie musste sich ganz kurz fassen. Sie erklärte den Mädchen, dass sie die Milde des Urteils nur ihren Vermittlungsversuchen verdankten; durch ihre Tat hätten sie Fürsorge oder Gefängnis verwirkt. Aber im Sinne des Nationalsozialismus seien sie vorbestraft, und würden sie noch einmal straucheln, könnten sie nicht mehr auf Erbarmen rechnen.

»Ichweißwas« gluckste wie erstickt vom zurückgehaltenen Lachen: »Mich können sie nicht mehr strafen. Mir können sie nichts mehr tun.«

Sie wurde von der Kreisleiterin unsanft beiseitegeschoben. Die Hitlermädchen mussten in Reihe vortreten.

Der Musikzug des Sturmbannes begann blechern dröhnend das Horst-Wessel-Lied zu intonieren.

Einzeln mussten sich die Mädchen in Positur stellen, laut ihren Namen und ihren Rang in der Hitlerjugend sagen. Dann ging die Kreisleiterin zu ihnen hin und riss ihnen von Brust und Schultern die Schnüre, die Abzeichen, die Auszeichnungen.

Jetzt, da alles Blut aus ihren Wangen gewichen war, sahen die Mädchen gebrechlich und verfallen aus. Die Sonnenbräune verwandelte sich in durchscheinende Tünche, die das schlecht genährte Fleisch nicht mehr verbergen konnte. Spitz drangen die Knochen durch die engen Kleider.

»Das ist keine gesunde Generation«, flüsterte Dr. Meißner dem Ortsgruppenleiter zu. »Auch die Robustesten unter ihnen haben zu empfindsame Nerven. Sehen Sie dort das Mädchen mit den weißen zitternden Lippen.« Er zeigte auf Tina.

Herr Zeller blickte ihn von der Seite scharf und misstrauisch an. Was fiel dem guten Mann da eigentlich ein?

»Die Jugend im nationalsozialistischen Staat muss gesund sein. Der Staat fordert es. Er gibt ihr jede Möglichkeit dazu. Er führt sie zurück zur Natur und stählt sie.« Fast wäre Dr. Meißner etwas Unvorsichtiges über Ernährung und Körperstählung entschlüpft, aber er entsann sich noch schnell im richtigen Moment. Was gingen ihn im Grunde diese Fremden an, er hatte eigene Kinder. Die Wissenschaft war dazu da, ihren Mann zu ernähren, nicht ihn zum Märtyrer zu machen. »Ich meine natürlich, die Jugend, die im nationalsozialistischen Staat aufwächst, wird die gesündeste der Welt.«

Ein Mädchen mit hellblonden Schnecken, die sich um ihre roten dicken Wangen schlängelten, sammelte in einen seidenen Kissenbezug die den Mädchen entrissenen Medaillen, Tressen, Schnüre. Da lag auch das schwarze Halstuch, die braune geflochtene Lederschluppe Elisabeths.

Die Blondschneckige trug eine weiße Bluse mit Bordüren besäumt, die sie eigenhändig mit winzigen roten Hakenkreuzchen bestickt hatte.

»Der Streberin möchte ich am liebsten in die Fresse hauen«, knurrte Tina. »So was war doch nie im Leben ›Alte Kämpferin‹.«

Die Kolonnen begannen sich wieder in Marsch zu setzen. Wie Kulissen schoben sie sich vor die Mädchen.

Die Musik spielte:

»Deutschland erwache! Juda den Tod!
Volk ans Gewehr! Volk ans Gewehr!«

»Die Trompete könnte ich eigentlich hierlassen. Die brauche ich nicht mehr«, sagte Minna.

»Wieso denn«, rief Tina. »Um zu wecken, brauchst du doch keine Charge zu haben.«

»Ich will aber gar nicht mehr trompeten.« Minnas Miene hatte sich ganz verdüstert.

»Ich mach mir gar nichts daraus, dass ich nicht mehr Dienstälteste sein werde. War doch ein großer Mist, immer das auszufressen, was die anderen eingebrockt haben. Aber scheußlich war es, wie sie die Abzeichen abgerissen haben. Du, das Erinnerungsabzeichen an den Coburger Parteitag, das hat mir einen richtigen Stich gegeben. Wenn die mit den Schnecken nicht dabei gewesen wäre, hätte ich vielleicht geheult. Ich war noch ein Gör, als ich damals nach Coburg tippelte. Nicht eine Kröte hatte ich in der Tasche, aber ich wollte den Führer sehen. Und jetzt kommt so ein Niemand, und man nimmt es mir.«

»Mir haben sie die Nürnberger Abzeichen genommen. So viele Erinnerungen, so viele Hoffnungen. Sie haben mir noch mehr genommen. – Das Kleid. Aber ich frage mich –«

»Was fragst du dich, Elisabeth?«

»Ich könnte es dir noch nicht klar sagen. Kommst du denn wieder in ein Lager, Tina?«

»Ich komme zu Bauern nach Ostpreußen. Aber das ist nichts für mich. Ich werde ausrücken. Ich wollte doch Lagerleiterin werden. Das ist vorbei.«

»Warum denn?«

»Weißt du, wenn ich Lagerleiterin geworden wäre, die Mädchen hätten bei mir nichts zu lachen gehabt. Aber ich wäre gerecht gewesen. Doch hier, hier ist keine Gerechtigkeit.«

»Nein, keine Gerechtigkeit.«

»Wenn ich nicht in ein Lager komme, werde ich Landstreicherin. Ich tauge nicht zum Zivilleben.«

Eine Marschkolonne wurde weitergespült, und die Mädchen wurden sichtbar wie auf einer Insel.

Wieder stand Elisabeth abseits, wie von allen verlassen und verfemt.

Da nahten die grünen Reihen der Arbeitsmänner. Der Junge vorne mit dem braunen Gesicht und den guten braunen Augen blickte sie an, als wäre sie jemand, den man bewundern, auf den man stolz sein kann, dem man folgen möchte.

Elisabeth schämte sich. Sie dachte: Er hält mich ja für eine ganz andere. Er denkt, ich bin mutig und tapfer; aber alles, was mit mir geschehen ist, war ja nur Zufall. Ich habe etwas gesagt, ohne es selbst ganz ernst zu nehmen, aber die anderen haben es durchgeführt.

Der Junge sang ihr zugewandt:

»Und wenn ein neuer Morgen
Den Freiheitskampf entfacht,
Und über Not und Sorgen
Das deutsche Volk erwacht,
Dann lassen wir den Spaten
Und greifen zum Gewehr.
Wir sind die Werksoldaten,
Wir sind das grüne Heer.«

Wie er sang. Die Worte bekamen eine geheime, zukunftsfrohe Bedeutung. Und er trug ein Kleid wie Erwin.

Zwanzigstes Kapitel

Schatten preußischer Könige und das Glück

Der Zug schlich langsam durch die Landschaft, als langweilten ihn die platten, grün und gelb gewürfelten Felder, die Häuser, die aussehen, als hätte sie jemand zufällig achtlos stehengelassen.

Elisabeth fühlte sich auf der unsanft schaukelnden Holzbank so nackt, so kahl, so schutzlos wie ein Neugeborenes. Sie hielt den Brief Erwins in der Hand, sie las ihn, zum wievielten Male.

Dann ließ sie ihn sinken. Sie sah hinab auf ihre Schuhe. Die Sohlen ließen schon wie nachlässige Wächter Wasser, Schnee und Schmutz zu ihren Füßen dringen. Sie hielt mit sich selbst Zwiesprache:

Elisabeth aus der Schuhabteilung Alderman, du hast keine Schuhe mehr. So arm bist du. – Dein Erwin.

Du bist ausgestoßen. Du kannst von Tür zu Tür gehen und um Arbeit betteln. Du wirst keine bekommen. – Dein Erwin.

Du bist eine Verfemte. Deine alten Kameraden, mit denen du zusammen gekämpft hast, werden den Kopf abwenden, wenn sie dich aus der Ferne kommen sehen werden. – Dein Erwin.

Deine Eltern, die es dir einmal vorausgesagt hatten, werden dich voll Hohn und Spott empfangen. – Dein Erwin.

Wenn du die alten Kameraden suchen wirst, mit denen du dich entzweit hast, werden sie dir nur mit Misstrauen begegnen. – Dein Erwin.

Mein Erwin? Bin ich denn wirklich arm? Nein. Werden wir nicht den Kampf aufnehmen können mit der ganzen Welt! Du wirst mir etwas Wichtiges, Neues mitteilen. Ich weiß, was es sein wird. Sollten wir nichts voneinander wissen, nur weil wir uns fern sind? Haben wir nicht dasselbe erlebt, dasselbe erlitten?

Fühlte ich dich nicht, wie von einer warmen Hand angerührt, oft neben mir? Flüsterten wir uns nicht unsere Zweifel zu und unsere Liebe?

Da stand sie im Warteraum. Ihr gegenüber erhob sich die weiße Scheibe der Uhr, auf der die Zeiger, als webten sie geheimnisvoll die Netze des Schicksals, sich langsam, mit unausweichlicher Gleichmäßigkeit vorwärtsbewegten.

Zwischen schrillem Zuggepfiff, Glockengeläut trat ihr Erwin aus einer Rauchwolke entgegen. In seiner grünen Uniform sah er wie ein Jäger aus. Die Pfeile seiner Augenbrauen erschienen wie geweißt in seinem tiefbraunen Gesicht.

Ihre Hände trafen sich in dem Durcheinander der Wartenden, der aus Umarmungen sich Scheidenden, der sich in Küssen wieder Vereinigenden.

»Elisabeth.«

»Erwin.«

Nach so langer Zeit saßen sie wieder an dem gleichen Tisch.

»Erzähle.«

»Erzähle du.«

Die Kellner in den Bahnhofswirtschaften haben einen Gang, als wollten sie ständig an die Vergänglichkeit der Zeit mahnen. Sogar wenn sie stehen, sehen sie aus wie Vögel, die sich auf Telegraphenstangen niederlassen. Die Uhrenzeiger sind voller Heimtücke. Als schrieben sie unsichtbar immerfort: vorbei, vorbei.

Die kostbare Zeit, und man sagt sich nichts.

»Elisabeth.«

»Erwin.«

Ihre Hände ruhen nebeneinander, als müsste sich ihr Blut dem gleichen Kreislauf anpassen.

»Erwin, du wolltest Wichtiges, Neues sagen.«

»Und du, wie ist es dir ergangen, wie hast du gelebt?«

»Sprich du zuerst.«

»Also gut, höre, Elisabeth. Mein Lebenstraum wird in Erfüllung gehen. Ich brauche mich nicht mehr zu ängstigen, ob die

Bank die Gnade haben wird, mich wieder aufzunehmen. Ich brauche mich nicht mehr vor dem Herrn Prokuristen Melchior zu ducken. Meine Lebensaufgabe soll nicht mehr sein, die Zinsscheine der Herren Kapitalisten zu berechnen.«

»Du hast recht. Etwas wird sich schon finden. Wir werden von unserer Hände Arbeit leben. Ich dachte mir, dass du einmal nicht mehr so weiter wirst können.«

»So, genauso, dacht ich mir, würdest du sprechen. Aber auf Händearbeit werden wir nicht angewiesen sein. Weißt du, was aus mir werden soll? Höre und staune. Ich werde Offizier.«

»Nein, das kann nicht wahr sein.«

»Und ob es nicht wahr sein kann. Natürlich muss man, um das zu erreichen, so ein tüchtiger Kerl sein wie ich. Und ich habe noch den richtigen Moment erwischt. Stell dir vor, wenn ich zu alt geworden wäre. Nach vierundzwanzig Jahren ist es ausgeschlossen, dass man als Offizier ausgebildet wird. Es hätte geschehen können, dass meine Zeit schon vorüber gewesen wäre. Wie unausdenkbar schrecklich. Oder ich hätte die Prüfungen nicht bestanden. Ich hätte gar nicht weiterleben mögen.«

»Und das sagst du mir, Erwin.«

»Aber Elisabeth, willst du mich missverstehen. Bist du denn nicht auch glücklich? Ein zukünftiger Offizier liebt dich. Leicht war es nicht, alle Erfordernisse zu erfüllen. Ich musste mein Abiturientenzeugnis einreichen. Berühmt ist es nicht, aber auf die Zivilwissenschaften kommt es gar nicht an, und in Geschichte und Mathematik war ich immer gut. Natürlich musste ich den Beweis meiner arischen Abstammung erbringen. Dass in unserer Familie irgendwelche jüdische Ahnen spuken, brauchte ich ja nicht zu befürchten, aber es war gar nicht so einfach, alle Urkunden der Großeltern und Urgroßeltern väterlicherseits und mütterlicherseits zu beschaffen. Meine Mutter hat mir dabei redlich geholfen. Überhaupt, man muss es den alten Damen lassen, zu solchen Aufgaben eignen sie sich ganz ausgezeichnet. Mein Gott, was musste ich nicht noch alles besorgen: den Beweis körperlicher Tauglichkeit aufgrund heeresärztlichen Urteils, ein Unbescholtenheitszeugnis, ein Attest, dass ich körperlich, sittlich und geistig hervorragend bin. Jawohl, mein liebes Kind, du liebst einen Mann, der durch und durch hervorragend ist. Er kann es dir schwarz auf weiß beweisen. Oder liebst du ihn gar nicht? Elisabeth, was machst du für ein Gesicht? Sag, freust du dich denn gar nicht?«

»Erzähl nur weiter.«

»Das war aber beileibe nicht alles. Drei hervorragende Persönlichkeiten mussten über mich Auskunft erteilen. Die Hervorragenden über den Hervorragenden. Es ging natürlich glänzend. Ich habe mich bei einem Potsdamer Truppenteil gemeldet, bei dem mein Vater gedient hatte. Es ging alles wie geschmiert. Ich erhielt Bescheid, dass ich in die engere Wahl komme. Mein erster Gedanke war, dir sofort zu schreiben, aber dann überlegte ich: wenn ich durchsause, welche Schande!«

»Aber deiner Mutter hast du geschrieben?«

»Was ist denn mit dir los, Mädchen? Klar habe ich ihr geschrieben. Das musste ich doch. Wen hätte ich um Rat fragen sollen?«

»Ja, wen?«

»Sei doch nicht so ungemütlich. Für dich sollte die Überraschung sein. Ich habe mir eingebildet, du würdest dich genauso freuen wie ich.«

»Und was war dann?«

»Dann bin ich einberufen worden zur psychologischen Prüfung. Zwei Tage lang sollte sie dauern. Vom Lagerleiter bekam ich natürlich Urlaub. Dem hat's ja mächtig imponiert, dass einer von seinen Leuten Offizier werden soll. Der schlägt ja jetzt geradezu die Hacken vor mir zusammen.«

»Du fühlst dich jetzt als Herr.«

»Als Herr? Was ist das für eine Redensart? Ich fühle mich nur stolz. Und mit Recht stolz, glaube ich. Ich werde auf wichtigstem Posten dem Vaterland dienen. Und du fragst mich gar nicht, wie ich die Prüfung bestanden habe?«

Sein Gesicht ist nicht mehr eine kleine Welt mit allen Freuden und allen Leiden. Es ist das Gesicht eines hübschen jungen Mannes, der ehrgeizig von seiner Offizierslaufbahn erzählt.

Er sprach weiter und versuchte nicht, in ihrem Gesicht zu lesen.

»Natürlich habe ich die Prüfung glänzend bestanden. Das kannst du dir leicht vorstellen, bei meiner glänzenden Begabung für Strategie. Ich glaube, die Offiziere bei der Prüfungsstelle der Wehrmacht haben selbst gestaunt. Ich weiß doch Bescheid, wie man das Gelände am besten übersieht, die Schwächen des Gegners auskundschaftet, gegen den Feind vorgeht und auch aus verzweifelter Lage sich und seine Truppen rettet. Wie großartig wäre es, ein neuer Moltke zu werden! Die Franzosen einkreisen, zermalmen.«

»Aber dann müsste es einen neuen Krieg geben.«

»Deutschland kann nur durch einen Sieg wieder groß werden. Nicht der Krieg ist schlimm, sondern der Verrat. ›Der Krieg ist der Vater aller Dinge‹, hat Friedrich der Große gesagt. Siehst du, alles Große ist im Krieg entstanden. Wenn man ihn verdammt, ist es dasselbe, als ersehnte man die unbefleckte Empfängnis.«

»Warum soll das dasselbe sein? Weil Friedrich der Große so was gesagt hat? Als ob der sich nicht irren konnte. Ein schöner Vater, der Krieg.«

»Und weißt du, was Friedrich Wilhelm gesagt hat? Das preußische Volk verdankt seine Erziehung der Armee. Vielleicht verwechsle ich auch die Zitate, aber darauf kommt es ja gar nicht an, sondern auf den Geist.«

»Was gehen mich die preußischen Könige an?«

»Elisabeth, du bist anders als sonst. So gereizt. Du weißt sehr gut, dass ich es dir klarmachen möchte, wie groß die Sache ist, der ich mich widmen will.«

»Aber an mich denkst du nicht.«

»Ihr Mädels seid doch alle gleich. Auch du denkst nur an dich.«

Wie hart und scharf sein Kinn ist. Wie fremd, wie unwirklich sein Gesicht. Da sitzt er neben ihr und denkt an die preußischen Könige. Er ist wie ein Schatten in deren Schatten.

»Hast du mich gefragt? Wolltest du meinen Rat?«

»Es gibt Sachen, bei denen man keinen Rat brauchen kann.«

»Aber deine Mutter hast du gefragt?«

»Ich musste ihre Einwilligung haben. Ich brauche von zu Hause einen Zuschuss. Als Fahnenjunker kann ich von dem Sold allein nicht leben. Man erwartet auch von uns, dass wir von unserer Familie unterstützt werden.«

Wohin war der Erwin der Träume verschwunden? Der Erwin, der litt wie sie, der die gleichen Enttäuschungen erlebte, der zweifelnd wurde, der Erwin, der ihr tröstend nachts erschien, sie befreien wollte.

Seine Finger glitten sanft über ihren Scheitel.

»Elisabeth, wir müssen Geduld haben. Zwei Jahre Geduld. Zwei Jahre lang dauert die Ausbildung. Erst werde ich in der Front ausgebildet. Da werde ich ja mächtig exerzieren müssen. Dann komme ich in die Kriegsschule, dort werde ich an Sonderlehrgängen in den einzelnen Waffen teilnehmen. Vielleicht komme ich später in den Generalstab und werde etwas Großes. Ein zweiter Moltke, der Deutschland groß und mächtig macht.«

»Erwin, schau jetzt her.«

Elisabeth hatte ihren Regenmantel mit einer Gebärde herabgezogen, als entblößte sie sich.

Erwin suchte erst nur in ihrem Gesicht, das grau geworden war, als hätte sich der Rauch eines abfahrenden Zuges wie eine Maske darübergelegt.

»Merkst du immer noch nichts?«

Jetzt erst blickte er auf ihr Kleid. Er sah, dass das schwarze Halstuch fehlte und die braune Schluppe. Er sah die Kahlheit des Ärmels, an dem sich die Spuren der Abzeichen wie Blatternarben eingefressen haben.

»Was ist denn los? Wolltest du nicht, dass man weiß, dass du ein Hitlermädel bist?«

»Was los ist? Kannst du es nicht erraten? Ich bin ausgestoßen.«

»Ich verstehe nicht. Soll das ein schlechter Witz sein? Aber es
gibt Sachen, die zu gut sind für einen Spaß.«

»Du weißt, es ist Ernst.«

»Aber was hast du denn angestellt, Elisabeth?«

»Vielleicht hat man etwas mit uns angestellt? – Kanntest du
die Gilda aus dem Warenhaus Alderman?«

»Die Kleine mit den braunen Locken und den blauen Augen?«

»Ja, sie war mit mir im Lager. Sie hat Selbstmord begangen.«

»Aber warum hat man dich deshalb bestraft? Hattest du denn
Schuld daran?«

»Ja, bin ich denn nicht auch schuld? Haben wir denn deshalb
gekämpft? Damit die Jugend zur Verzweiflung getrieben
wird?«

»Was redest du da? Wer wird zur Verzweiflung getrieben? Einige Schwache, die die harte Disziplin nicht vertragen. Aber die
gesunde Jugend will eine starke Hand fühlen.«

»Es gibt aber keine gesunde Jugend. Sie tun nur so, als ob sie
nach den rassisch Wertvollen und den rassisch Wertlosen suchten, aber sie wollen nur verbergen, dass wir die Kinder von kranken und toten Soldaten sind. Und wenn unsere Väter noch nicht
krank waren, als sie uns zeugten, in unserer frühesten Jugend
haben wir doch nur Gift und Verzweiflung eingeatmet.«

»Elisabeth, ich muss dich bitten, schweig.«

»Wie kann ich schweigen? Hast nicht du gesagt, der Krieg
wäre der Vater aller Dinge? Was aber geschähe mit den Kindern,
wenn ein Krieg käme? Gleich, ob wir verlören oder siegten?«

»Ich begreife dich nicht. Du bist eine andere geworden.«

»Du bist also nicht enttäuscht? Du nicht?«

»Enttäuscht? Hat der Führer nicht wieder Deutschland groß
gemacht? Haben wir nicht unsere Ehre? Unseren Platz an der
Sonne?«

Ihre Hand lag an der kahlen Stelle des Ärmels, wo die Spuren
der Abzeichen sich rau anfühlten.

»Weißt du noch, Erwin, wann ich mein Kleid so getragen habe?«

Ihre Augen suchten in den seinen etwas Verlorenes, Unwiederbringliches.

»Elisabeth, das hättest du nicht sagen dürfen. Wir müssen auch vergessen können, wenn es die Pflicht fordert.«

»Du wirst mich also leicht vergessen können. Deine Pflicht wird es fordern.«

»Elisabeth, ich werde dich immer, glaube es mir, immer werde ich dich lieben. Was ich jetzt sagen werde, klingt vielleicht großschnauzig, aber ich könnte es nicht anders ausdrücken: Elisabeth, ich gehöre erst meinem Vaterland. Auch wenn ich die Offizierslaufbahn nicht ergreifen würde, hättest du mit deiner Tat unseren Bund gelöst. Du hast dich gegen den Staat aufgelehnt, dem ich mit Leib und Seele angehöre.«

Sein Gesicht verwandelte sich; es wurde steinhart. Es war wie das Antlitz preußischer Soldaten auf alten Bildern. Erbarmungslos gegen andere, aber auch gegen sich selbst.

»Wollten wir aber das? Wollten wir den Tod? Kämpften wir denn nicht für das Glück?«

»Was nennst du denn das Glück?«

»Ruhig und zufrieden mit dir zu leben, so dachte ich mir das Glück.«

»Hättest du in deiner Ungeduld nicht alles zerstört, wäre es auch so gekommen.«

»Ruhig und zufrieden leben, wenn alles um uns brennt, wenn ich befürchtete, du müsstest in den Krieg.«

»Ja, war es nicht immer so? Hatte man je ruhige Gewissheit?«

»Das ist es ja. Die Menschen konnten nicht miteinander ruhig und zufrieden leben. Immer kamen Kriege dazwischen und zerstörten alles. Immer hungerten die Menschen bei vollen Scheunen. Ich dachte mir, es müsse kinderleicht sein, das zu ändern, wäre man nur guten Willens. Alle Menschen könnten in Frieden leben und ohne Angst vor der Zukunft. Und niemand würde hungern, und niemand würde frieren.«

»Keiner soll hungern, und keiner soll frieren. Das ist es ja, was der Führer sagt.«

»Ja, das klingt so schön. Keiner soll hungern, und keiner soll frieren. Aber haben wir nicht gehungert, haben wir nicht gefroren? Gerade wir, auf die es doch ankommt? Du warst fern, und doch lagst du oft nachts bei mir im Lager und hast gefroren und hast gehungert wie ich. Und wir haben einander unser Leid geklagt. Aber du weißt nichts davon.«

»Auch du kamst oft zu mir. Aber du kamst tröstend. Du hast mir von einer großen Zukunft gesprochen.«

»Ja, habe ich dir versichert, dass nichts glorreicher ist als Tod, Elend und Vernichtung?«

»Nein, aber dass nichts schöner ist als Opferbereitschaft, Heldentum und Kampfesmut.«

Schon hatte der Zeiger einen Kreis um die weiße Scheibe gezogen, wie einen Ring der Vergänglichkeit.

Vom Bahnsteig her wehte Gesang herein:

»Im Volk uns geboren erstand uns ein Führer,
Gab Glaube und Hoffnung an Deutschland wieder.«

Ein Mann kam und rief Städtenamen aus, während ihn seine Klingel schrill begleitete.

Erwin stand auf. Er stülpte seine hohe Mütze über den Kopf. Wieder sah er aus wie ein Jäger. Man hörte das Fauchen einer Lokomotive. Jeder Augenblick riss sie weiter auseinander, wie ein Blitzzug, der sie in entgegengesetzter Richtung entführte.

»Es ist mein Zug«, sagte Erwin.

Seine Hände umfassten ihre Schultern, als beschwörten sie ein halbvergessenes Traumbild. Sein Gesicht näherte sich ihren Wangen. Sie spürte seinen Atem, den Duft seiner Haare. Ihre Körper erinnerten sich, dass sie eins gewesen waren.

»Nie werde ich dich vergessen, Elisabeth, nie.«

Ihre Finger erfühlten die kurzgeschorenen Haare am Nacken, den harten, gewölbten Hinterkopf, sie zeichneten den Schwung der hellleuchtenden Augenbrauen nach. Das war doch Erwin, ihr Erwin.

»Elisabeth, hörst du mich. Wir müssen uns noch sehen, so in der Eile kann man sich nichts sagen. Du musst nach Dresden kommen. Wir lieben uns ja. Nur niemand darf es wissen. Wir müssen vorsichtig sein.«

Sie ließ die Arme sinken.

Das Lied von draußen drang lauter herein:

»Deutschland erwache! Juda den Tod!
Volk ans Gewehr! Volk ans Gewehr!«

»Ach, du willst mich im Geheimen lieben, als wäre ich eine Jüdin.«

»Elisabeth, wie sprichst du. Hast du denn alles vergessen?«

»Nichts habe ich vergessen. Nichts.«

»Elisabeth, vielleicht könnte ich dich doch begreifen. Aber die anderen –«

»Die anderen.«

»Die über unser Schicksal entscheiden.«

Weit hallten Kommandorufe und vermengten sich mit den Tönen des Liedes und den klappernden Stiefeln.

»Hörst du, ich werde dir noch schreiben.«

»Du sollst mich vergessen.«

»Nein, nie, nie.«

Seine Füße traten hart auf und fügten sich ohne zu zögern dem Gleichtritt der anderen. Als wäre er schon Soldat und zöge in den Krieg mit einer Armee.

Wie sinnlos, dass der Zeiger auf der weißen Scheibe weiterkroch. Es war gleich, ob die Zeit stillstand oder dahinraste.

Elisabeth aus der Schuhabteilung Alderman, du hast keine Schuhe mehr. Jetzt aber hast du auch keine Hoffnung mehr. So arm bist du.

Du bist ausgestoßen. Du kannst von Tür zu Tür gehen und um Arbeit betteln. Du wirst keine bekommen.

Du bist eine Verfemte. Deine alten Kameraden, mit denen du zusammen gekämpft hast, werden den Kopf abwenden, wenn sie dich aus der Ferne nahen sehen werden.

Deine Eltern, die es dir einmal vorausgesagt haben, werden dich voll Hohn und Spott empfangen.

Wenn du die Menschen suchen wirst, mit denen du dich entzweit hast, weil du nach deinem eigenen Kopf gingst, werden sie dir nur mit Misstrauen begegnen.

Und dein Freund, dein Geliebter, ist nicht mehr dein, nicht mehr dein Erwin, oder bin ich vielleicht ungerecht zu ihm. Will er sich nicht opfern für die Nation? Wollte ich nicht zu ihm halten, was immer auch geschähe? Wenn er ein Jude wäre oder ein Kommunist. Ist es nicht gleich, ob man im Geheimen liebt oder offen? Aber er braucht mich nicht. Nicht wirklich. Nicht zum Leben.

Unversehens wurde sie von einer Kinderhand aufgeschreckt. Die kleine Hilde stand vor ihr und betrachtete sie mit aufmerksamen, forschenden Augen. Sie hatte ein dünnes, kleines Täfelchen Schokolade vor ihr auf den Tisch hingeschoben.

»Du, es ist für dich. Ich konnte vom Zug aus in den Warteraum hineinschauen, und da habe ich dich gesehen. Wir haben fünfzehn Minuten Aufenthalt; natürlich ist es nicht erlaubt, auszusteigen, aber siehst du, ich habe es doch geschafft. Kaum war die Aufsicht im anderen Wagen, bin ich herausgeschlichen. Die Mädchen, die passen gar nicht auf. Alle sind wütend und schlechter Laune.«

»Aber dass du so Geld ausgibst.«

»Ich habe noch Erspartes, für Porto. Ich kann Geld so verstecken, dass es niemand findet. Jetzt darf ich meinen Eltern nicht schreiben, aus Strafe. Ich könnte schon einen Brief herausschmuggeln, so dumm bin ich nicht, wenn das Lager noch so streng bewacht wird, man kommt doch auf die Schliche, wie man sich helfen kann. Aber wenn meine Mutter oder mein Vater einen Brief bekämen, würde man sie bestrafen. Zu ihnen sind sie noch viel strenger als zu mir.«

Ihr Gesicht war ganz dunkel geworden, als läge darüber der Schatten ihrer großen, schwarzen Augen.

Elisabeth zog sie neben sich: »Das war sehr schön, dass du an mich dachtest. Du weißt gar nicht, wie sehr du mir damit geholfen hast.«

»Willst du die Schokolade nicht kosten? Ich glaube, sie muss sehr gut schmecken.«

Elisabeth nahm das Schokoladenstück, das grau angelaufene Spuren der schwitzenden Kinderhand aufwies.

»Wollen wir geschwisterlich teilen.«

Hildes Gesicht entfärbte sich. Sie machte eine Gebärde, als müsste sie einer großen Versuchung widerstehen.

»Nein, nicht solange meine Eltern –. Du verstehst doch, ich möchte keine Freuden haben, solange sie leiden.«

»Du Kind, du hast, weiß Gott, nicht zu viel Freuden.«

»Wir haben nur noch ganz wenig Zeit. Ich muss gleich zurück. Ich habe sehr gute Freunde in Berlin. Es sind Freunde von meinen Eltern. Auf die kann man rechnen, sage ich dir. Ich gebe dir die Adresse. Du kannst hingehen und sagen, ich habe dich geschickt. Warte, ich gebe dir einen Zettel.«

Ernst und bedächtig schrieb sie mit großen Buchstaben ihren Namen.

»Sie werden von meinen Eltern Nachricht haben. Ich werde dir auch dorthin schreiben. Ich werde schon einen Brief herausschmuggeln können, verlass dich darauf. Vielleicht gelingt es mir herauszufinden, wie du mir schreiben könntest.«

Sie sah aus wie eine kleine Maus, die in großer Gefahr gegen übermächtige Feinde ihre Behändigkeit und Unscheinbarkeit zu Hilfe nimmt, um zu entrinnen.

»Geh hin zu meinen Freunden.«

Sie sagte es wie ein Vermächtnis.

Die dünnen eckigen Arme umklammerten schnell den hellen Kopf. Plötzlich spürte Elisabeth milde und kindlich die schmalen Lippen auf ihrem Mund. Dann war die kleine Hilde verschwunden. Da schlängelte sie sich heraus zwischen den Uniformierten, ein winziger Soldat aus einer anderen Armee. Aus der Armee der Mageren, Grauen, aber Zähen, die an ihrem Ziel festhielten, auch wenn es ungewiss blieb, ob sie es selbst erreichten.

Elisabeths Kopf lag jetzt geborgen in der Krümmung des Ellbogens, als könnten sich die Gedanken klarer im Gehirn abzeichnen, wenn Bilder der Außenwelt ausgeschlossen blieben:

Gehöre ich zu dieser Armee? Und ist Erwin in der anderen, der feindlichen? Wohin gehöre ich? Das Glück für mich, ja für mich, aber auch für die anderen. Immer nur wollte ich das Glück. Immer nur suche ich das Glück.

Anhang

Zu dieser Ausgabe

Die Erstausgabe erschien 1937 in der Exilzeitung Pariser Tagblatt als Fortsetzungsroman. Der vorliegende Text beruht auf der folgenden Ausgabe:

Maria Leitner: Elisabeth, ein Hitlermädchen. Roman der deutschen Jugend. Hrsg. von Helga W. Schwarz. Berlin/Weimar: Aufbau-Verlag, 1985.

Orthographie und Interpunktion wurden behutsam modernisiert. Der Wortlaut wurde beibehalten, auch bei Begriffen, die heute als diskriminierend gelten.

Nachwort

Der 1. Mai 1933 ist meteorologisch ein besonders schöner Frühlingstag. »Gestern drohte noch Regen, heute strahlt die Sonne. Richtiges Hitlerwetter!«, notiert Propagandaminister Joseph Goebbels in sein Tagebuch. »Nun wird alles zum Besten verlaufen …« Über dem Tempelhofer Feld in Berlin kreist das Luftschiff »Graf Zeppelin«, erstmals mit Hakenkreuzfahne; die Stadt ist mit Girlanden und Transparenten geschmückt. Ein Gesetz aus dem April hat den 1. Mai nämlich erstmalig zum »Feiertag der nationalen Arbeit« erkoren. Das Perfide daran: Am nächsten Morgen beginnen Rollkommandos mit der Zerschlagung und Entmachtung der Arbeiterbewegung.

Die »Schwarzen Listen«, auf denen die Bücher stehen, die ab dem 10. Mai in ganz Deutschland in Flammen aufgehen werden, sind längst erstellt. Unter »Schöner Literatur« befindet sich – neben Anna Seghers, Irmgard Keun, Erich Kästner und vielen anderen – auch die zu dieser Zeit recht bekannte Journalistin und Schriftstellerin Maria Leitner mit ihrem Romandebüt *Hotel Amerika* aus dem Jahr 1930: einem sozialkritischen, antikapitalistischen Angestelltenroman mit Krimi-Plot, der in New York spielt und ein breites, weibliches Publikum in der Weimarer Republik gefunden hat.

Dass die 1892 im österreichisch-ungarischen Warasdin (Varaždin, im heutigen Kroatien) geborene Leitner Jüdin ist, wissen die Nazis nicht. Die in Bukarest groß gewordene Schriftstellerin besitzt zu diesem Zeitpunkt bereits einen österreichischen Pass, der sie als Ungarin mit römisch-katholischer Konfession ausweist. Dieses »frisierte« Dokument macht sie zudem um fast ein Jahr jünger.

Im Mai 1933 ist sie längst in Sicherheit, das heißt im Exil. Ihre erste Station ist Prag, nachdem sie kurz in Berlin untergetaucht war; es folgen Wien und am Ende Paris. Leitner droht allein wegen ihrer politischen Überzeugungen und journalistischen Aktivitäten in Nazi-Deutschland Lebensgefahr, wie sie später in einem Brief an den kommunistischen US-Romancier Theodore Dreiser noch einmal betonen wird: »Das geschah hauptsächlich, weil viele Berichte von den Lebensumständen in Deutschland und der bereits frühen Manifestierung der geheimen Unternehmungen der Nazis handelten.«

»Auf dem Tempelhofer Feld«, so jubelt Goebbels weiter, »herrscht ein unbeschreibliches Menschengewimmel. Der Berliner ist schon unterwegs mit Kind und Kegel ... Ein toller Rausch der Begeisterung hat die Menschen erfasst.« Aber nicht nur er ist von dieser Massenversammlung ganz berauscht, die Albert Speer bis ins Kleinste durchkomponiert hat. Auch Leitners Romanfigur Elisabeth unterliegt inmitten dieses »Menschenlabyrinths« der Massenhypnose: »Diese Menge schien wie das Meer ganz ohne Grenzen«, denkt sie. Die nationalsozialistische Propaganda wird von anderthalb Millionen Menschen sprechen, die sich versammelt haben sollen, der britische Hitler-Biograph Ian Kershaw relativiert diese Zahl Jahrzehnte später auf eine halbe Million. Gleichwohl sind die demokratischen Dämme, die in den letzten Jahren der Republik zu erodieren begannen, nicht nur allein wegen dieses reißenden Menschenmeeres längst gebrochen.

Am Abend hält Hitler eine Rede, der Rundfunk übertragt sie. Elisabeth bekommt von den Worten ihres geliebten Führers nichts mit. »Aber wir stehen hier und haben gar nicht die Rede des Führers gehört«, sagt sie zum jungen SA-Mann Erwin, den sie gerade kennengelernt hat. Der Hass, der »auf ihre Person übersprang«, scheint verflogen zu sein. »Er galt ihrem Kleid. Ihrem Ehrenkleid, auf das sie stolz war. Dem blauen Rock, der weißen Bluse, dem schwarzen Tuch, das von einem braunen geflochtenen Lederschlupf gehalten wurde, der braunen Kletterweste.«

Noch prägt ihre Uniform nicht komplett das Straßenbild Berlins. Denn erst Ende 1933 sind 17 Prozent der 14- bis 18-jährigen Mädchen im Bund deutscher Mädel (BDM) aktiv, danach steigt die Zahl, wie wir wissen, rasant und stetig.

Im fernen London jedoch wird man Hitlers Rede sehr wohl gewahr. Der Kunstmäzen und Schriftsteller Harry Graf Kessler schreibt am folgenden Tag in sein Tagebuch: »Lauter leeres Geschwätz. Nichts, Nichts, mit ungeheurem Schwulst vorgetragen. Das Ganze wirkt wie ein Riesenzirkus mit brüllenden Anreißern, der, wenn man hineingeht, völlig leer und tot ist.« So brüllt Hitler an einer Stelle: »Wir wollen in einer Zeit, da Millionen unter uns leben, ohne Verständnis für die Bedeutung des Handarbeitertums, das deutsche Volk durch die Arbeitsdienstpflicht zu der Erkenntnis erziehen, dass Handarbeit nicht schändet, sondern vielmehr wie jede andere Tätigkeit dem zur Ehre gereicht, der sie getreu und redlichen Sinnes erfüllt.«

Hier erwähnt Hitler bereits jenen Arbeitsdienst, der auf Elisabeth zukommen wird. Aber selbst wenn sie ihm zugehört hätte: Wäre sie darüber verstört gewesen? Sie hätte sich das Lagerleben noch nicht ausmalen können. Zumal das linientreue und naive BDM-Mädchen, das nicht einmal den bekannten Schriftsteller Theodor Storm kennt, eine deutsche Frau werden will, die ihre Pflicht erfüllt. Sie will nicht »hundert Jahre« auf das Paradies warten wie die Kommunisten, mit denen sie in der Nachbarschaft, in der »roten Gegend« im Norden Berlins, gesprochen hat. »Ich will jetzt glücklich sein, wo ich jung bin«, sagt sie zu Erwin. Sie will eine Familie, und sie will »ihre Natur« erfüllen; dass sie Monate später von Erwin zur Abtreibung gezwungen wird, kann sie noch nicht ahnen. Zudem will sie als BDM-Mädel einen neuen Krieg verhindern. Anders als ihr Erwin, der davon spricht, dass ein Krieg ganz anders sein werde als der letzte, in dem sein Vater gefallen sei.

An dieser Stelle wird erstmals deutlich, dass die beiden diametral entgegengesetzte Vorstellungen vom »Glück« im Leben haben, hier scheint bereits die Diskrepanz zwischen der propagierten »Volksgemeinschaft« und der tatsächlichen Spaltung der Gesellschaft auf. Auch in materieller Hinsicht: Elisabeth kommt aus einem proletarischen Milieu, Erwin aus der Mittelschicht mit Wohnung in Ku'damm-Nähe.

Warum genau Elisabeth in den BDM eingetreten ist, wissen wir nicht, sie hätte es ja noch nicht gemusst. Aber obgleich sie aus Elternhäusern stammten, die den Nationalsozialismus ablehnten oder ihm zumindest kritisch gegenüberstanden, glaubten viele Mädchen wie sie, dass sie eine Mitgliedschaft dazu nutzen könnten, sich von der Autorität ihrer Eltern zu lösen und so ihre Milieugebundenheit zu überwinden. Ihnen war nicht bewusst, dass sie die elterliche Aufsicht gegen eine wesentlich umfassendere, staatliche Beaufsichtigung tauschen würden. Diesen Generationenkonflikt wussten die Nazis zur Gewinnung von Mitgliedern auszunutzen.

Über diese Verführungskraft schreibt auch Inge Scholl, die Schwester der ermordeten Sophie und Hans Scholl in *Die weiße Rose* (1953): »Wir hörten viel vom Vaterland reden, von Kameradschaft, Volksgemeinschaft und Heimatliebe. Das imponierte uns ... Und Hitler, so hörten wir überall, Hitler wolle diesem Vaterland zu Größe, Glück und Wohlstand verhelfen, er wolle sorgen, dass jeder Arbeit und Brot habe ... Wir fanden das gut, und was immer wir beitragen konnten, wollten wir tun.« So sieht das auch Elisabeth. Ihr Name leitet sich im Übrigen aus dem Hebräischen ab, man könnte ihn mit »mein Gott ist mein Schwur« übersetzen. Elisabeths Gott ist Hitler, ihm schwört sie die Treue. Noch.

Leitner wusste, worüber sie schrieb. Ihr publizistisches Werk gleicht einem Seismographen, mit ihm spürte sie die zunächst kaum merklichen Erschütterungen innerhalb der Gesellschaft auf, die sich in Eruptionen verwandelten und nicht nur Europa, sondern die ganze Welt zerstören sollten. In ihrer Reportage *Unruhiges Südamerika* (1931) etwa, in der es um den Kampf der Monopole um das Erdöl geht, fällt am Ende der fast prophetische und noch immer gültige Satz: »Kein Ereignis bleibt isoliert, nirgends, auch in den entferntesten Winkeln der Erde kann etwas geschehen, das nicht alle gleichmäßig anginge. Die Welt ist ein organisches Ganzes, auch wenn sich die einzelnen Teile noch so heftig bekämpfen.«

Aus bürgerlichen Verhältnissen stammend – ihr Vater war Baustoffunternehmer –, genoss sie für ein Mädchen der damaligen Zeit eine ungewöhnlich gute Ausbildung. Sie wuchs zweisprachig im weltoffenen Klima von Budapest auf, in dem sich bereits feministische Strömungen zaghaft etablieren konnten. Die antimilitaristische Gesinnung im Ungarn des Ersten Weltkriegs führte junge Menschen wie sie in linksintellektuelle revolutionäre Kreise. Ihre zwei Brüder wurden zu Agitatoren und Teil der kommunistischen Räterepublik von 1919. Als die Weißgardisten an die Macht gelangten, flohen sie nach Wien, hier organisierte sie sich auch jenen Pass, der sie später vor vielen Gefahren retten sollte.

Leitner zog spätestens 1921 nach Berlin und begann, dokumentarische Reportagen zu schreiben. Das wurde ihre neue Existenz, ihre Passion. Als Sympathisantin des Kommunismus und der Sozialdemokratie wurde sie zur Anklägerin der herrschenden Zustände ihrer Zeit, vor allem was die Frauenrechte betraf. Das würde ihr heutzutage womöglich den nicht gerade schmeichelhaften Ruf einer journalistischen »Aktivistin« einhandeln. Doch das mediale Selbstverständnis war ein anderes, und die Presse war zu dieser Zeit sehr ausdifferenziert. Gegen die sich radikalisierenden »Filterblasen« oder »Echokammern« der Demokratiefeinde war diese Art des Journalismus die einzig wirksame.

So entstand 1931 eine fast schon prosaisch anmutende Artikelreihe über den Abtreibungsparagraphen 218. Leitner sprach hierfür unter anderem mit »früheren Hebammen«, die zwischen den Schwangeren und den Ärzten, die in heruntergekommenen Zimmern illegal abtrieben, vermittelten. Von ähnlich furchtbaren Zuständen im Frankreich der Nachkriegszeit wird die Nobelpreisträgerin Annie Ernaux viele Jahre später berichten.

Es gab aber für gutbetuchte Frauen Mittel und Wege, in schicken Sanatorien das Gesetz zu umgehen, um sich »nächste Woche im Grün-Gelb-Klub« gut gelaunt wiederzusehen. Das Thema Abtreibung greift Leitner in *Elisabeth* noch einmal auf. Auch unter den Nazis stand sie unter Strafe – nun allerdings wegen übergeordneter Ziele der Rassen- und Bevölkerungspolitik.

Elisabeth will sich freiwillig ins Arbeitsdienstpflichtlager begeben, um die »heiligste Pflicht der Jugend« in der neuen »Volksgemeinschaft« zu erfüllen. Doch sie ist schwanger, der erste Arzt übersieht dies sogar. Erwin weiß Rat, denn er kennt einen »ganz zuverlässigen, nationalsozialistischen« Kollegen. Das macht aus seiner Sicht den Eingriff »gesetzlich und gar nicht gefährlich«. In Elisabeth wachsen gleichwohl Zweifel an der offiziellen Familienpolitik der Nazis, die den realen Vorgängen im Dritten Reich widerspricht. Zudem nutzt Leitner das verstörende Kapitel »Das Reich der Ungeborenen«, um das Thema »Zwangssterilisation« im Zuge des »Gesetzes zur Verhütung erbkranken Nachwuchses« zu thematisieren. Das ist bemerkenswert, denn erst nach 1945 wurden die Verbrechen in ihrer ganzen Dimension wissenschaftlich untersucht.

Über die politische Stimmung im Land wiederum schrieb sie bereits 1932, als sie auf »Entdeckungsfahrt durch Deutschland« ging, sie besuchte Gegenden, in denen die Nazis bei den Wahlen gut abgeschnitten hatten und in denen heute die AfD ebendort große Erfolge erzielt. »In diesem Strelitzer Dorf zum Beispiel votierten von 160 Wählern 114 für Hitler«, heißt es zu Beginn ihrer kurzen Geschichte *Im Krug eines Hitler-Dorfes*. Auf die nüchterne, nachrichtliche Feststellung folgt eine eindringliche Analyse: »Die Nazis kamen auf die Dörfer, schimpften mit den Bauern und versprachen ihnen das Blaue vom Himmel: keine Zinsknechtschaft, keine untragbaren Steuern mehr, keine hohen Zölle, die die Viehhaltung, die einzige Verdienstmöglichkeit der Kleinbauern, unmöglich machen. Es leuchtete allen ein. Hier kamen die Retter, man musste ihnen in den Sattel helfen. Nun aber sitzen sie im Sattel, auch weichen Ministersesseln, und nichts hat sich verändert.«

Anfang 1933 erschien dann in der linken *Welt am Abend* die Artikelfolge »Frauen im Sturm der Zeit«, Leitner porträtierte Berlinerinnen »zwischen Arbeitsstätte, Stempelstelle und Familienheim«. Während die Serie erschien, wurde Hitler Reichskanzler. Anders als etwa Erika Mann, deren kritische Befunde erst im Exil entstanden, hatte Leitner in ihren Sozialreportagen schon eine Ahnung davon, was sich in Deutschland zusammenbraute.

Aber nicht nur diese Geschichten dienten ihr später für die Entstehung von *Elisabeth, ein Hitlermädchen*. Denn nach 1933 bereiste sie illegal Nazi-Deutschland – mindestens fünfmal. »Wir jungen Menschen unter 25 sind, seitdem das Gesetz über den Arbeitsplatztausch eingeführt wurde, vogelfrei«, lässt Leitner in einem 1934 erschienenen Artikel eine junge Schreibkraft in Köln sagen. »Man kann uns ausbeuten, wie man will ... Wir sind Sklaven. Wir leben unter Zwang. Auch im Privatleben. Auch das Verhältnis zwischen Mann und Frau ist widernatürlich geworden. Wir dürfen ja niemanden lieben, wenn wir nicht wissen, welcher Religionsgemeinschaft seine Urgroßeltern angehört haben ... Wie es auch kommen mag, wir können sagen: Unsere Jugend ist vergiftet worden.« Elisabeths allmählicher Sinneswandel, der nicht erst nach dem Suizid ihrer Freundin Gilda einsetzt, findet hier seinen realistischen und dokumentierten Hintergrund. Leitner fängt zugleich bereits die denunziatorische Atmosphäre in Deutschland ein. Sie spricht beispielsweise mit einem Arbeiter aus der Berliner Siemensstadt, »den ich schon lange Jahre kenne«. Er erzählt ihr in dem 1936 in Prag erschienenen Artikel: »Die Siemensstadt ist voller Beobachter und Spitzel.«

Alles, was wir über das Leben dieser mutigen und scharfsinnigen Chronistin wissen, haben wir – das soll an dieser Stelle nicht unerwähnt bleiben – zuvorderst den unermüdlichen Recherchen der 1938 in Chemnitz geborenen Helga W. Schwarz zu verdanken. Bereits 1962 begann sie in der DDR ganz autonom, dieses Leben, das selbst einem Roman glich, zu ergründen und zu begreifen. Diesen Lebensroman könnte man mit dem Titel ihrer Novelle *Sandkorn im Sturm* (1929) recht gut charakterisieren. Schwarz war es auch, die *Elisabeth, ein Hitlermädchen* – neben ebenjener Novelle und diversen Reportagen – 1985 bei Aufbau erstmals in Buchform mitherausgab. Denn ursprünglich war *Elisabeth* ein Fortsetzungsroman; die *Pariser Tageszeitung* kündigt ihn am 21. April 1937 wie folgt an: »Morgen beginnt unser neuer Roman. Er führt mitten in Deutschland von heute ... Elisabeth, ein Hitlermädchen, erlebt das Schicksal eines jungen Mädchens im heutigen Deutschland. Sie geht durch die Hitlerjugend und Arbeitsdienst, macht Gasschutzübungen mit und streift durchs Gelände. Sie träumt vom blauen Waldsee und grünen Wiesen, aber der heroische Geist der neuen Ära will nur Geländeübungen und Nachtmärsche gelten lassen. Zwischen den Disteln dieser Zeit blüht dennoch Liebe, beglückend, verderbend ... Maria Leitners Roman ist dichterische Gestaltung des Jugendschicksals unserer Tage.«

Die Zeitung, die 1933 gegründet wurde und sich bis 1940 halten konnte, richtete sich an deutsche Leser und Leserinnen in Frankreich. So gab es einen extra auf die Bedürfnisse von Exilanten mit Orientierungshilfen zugeschnittenen Lokalteil. Im Feuilleton druckte man Texte wie diesen ab, die auf dem deutschen Buchmarkt naturgemäß nicht erscheinen konnten.

Schwarz fasst in dem 2024 erschienenen Band *Für Visionen gelebt. Fünf Kapitel zersplitterter Schicksale* noch einmal all ihre oftmals sehr mühsamen Offlinerecherchen in Zeiten des Kalten Krieges zusammen, dokumentiert ihre Gespräche und Korrespondenzen mit Zeitgenossen Leitners. Schwarz hörte mit ihren Untersuchungen nach dem Fall der Mauer nicht auf. Im Gegenteil, jedes noch so kleine Mosaiksteinchen ergänzte sie und widmete sich zugleich den nicht minder aufregenden Lebensgeschichten von Leitners Geschwistern.

Doch zurück zum Roman. Sein Titel spielt offenkundig auf den 1933 erschienenen Jugendroman *Ulla, ein Hitlermädel* von Helga Knöpke-Jost an. Dabei war dieses Machwerk eher ein Beispiel für den missglückten Versuch, ein nationalsozialistisches Vorzeigebuch zu produzieren. Es entsprach überhaupt nicht dem Geschmack der kommentierenden Literaturlenker. Das »bürger-

liche Milieu« werde nämlich »einfach nationalsozialistisch über-
tüncht«, hieß es. Die Verfasserin habe »keine blasse Ahnung von
dem Geist, der die Bewegung zum Sieg geführt hat«. An anderer
Stelle wurde kritisiert, Ulla sei ein »Trotzköpfchen in der Verklei-
dung eines Hitlermädchens«.

Leitner hat sich das Buch trotzdem als Gegenstück ausgesucht. »Dann stand er vor ihr, groß und breitschultrig wie Ulla
ihn kaum erwartet hatte. Braungebrannt lachte das Jungmänner-
gesicht«, heißt es in dem Buch, als Ulla ihren Neffen am Bahnhof
abholt. Als Elisabeth Erwin erstmals erblickt, denkt sie: »solche
blauen Augen und zwei goldenen Pfeile im tief braunen Gesicht,
das brauner ist als seine braune Uniform.« Am Ende des Buches,
kurz bevor ihr das Abzeichen abgerissen wird, sieht sie einen
Arbeitsdienstler in den Hof hineinmarschieren: »Ein Junger,
ganz braun im Gesicht, mit braunen Augen.«

Leitner montierte – neben diesem plakativen Farbmotiv –
NS-Gesetzesblätter, zeitgenössische Reden und Lieder in den
Roman hinein. Das von Arno Pardun 1931 gedichtete und ver-
tonte Lied »Siehst du im Osten das Morgenrot« zieht sich leit-
motivisch durch die Kapitel. Dieses ständige »Deutschland erwache! Juda den Tod! / Volk ans Gewehr! Volk ans Gewehr!« ist
ein grausamer Soundtrack. Zu Beginn, als Elisabeth und Erwin
durch den Tiergarten bummeln, ist er eine »Ouvertüre der chaotischen, ziellosen Erwartung«, wie Leitner kommentierend als
Erzählerin bemerkt. In ihr wird offen zum Judenmord aufge-
rufen. Die Reichsreferentin des Bundes deutscher Mädel, Jutta
Rüdiger, hingegen schrieb in den 1980er Jahren – auch das gehört
leider zur bundesrepublikanischen Erinnerungskultur –: »Die
Möglichkeit einer leiblichen Vernichtung des jüdischen Volkes
war unvorstellbar. Äußerungen von Hass gegenüber Juden oder
Anstiftung dazu wird man im Schulungsmaterial der Hitler-Ju-
gend oder des Bundes Deutscher Mädel nicht finden.« Ihr Buch
fand in der Bundesrepublik legal einen Verlag.

Leitner nahm es mit der historischen Wahrheit ernst: Elisabeth meldet sich (mehr oder weniger) freiwillig zum Arbeits-

dienst. Im Vergleich zum männlichen Arbeitsdienst, der von der NSDAP nach 1933 als paramilitärische Einrichtung organisiert wurde, verfolgte die Arbeitsdienstpflicht für Frauen andere Intentionen, die sich vor allem an familien- und bevölkerungspolitischen Zielsetzungen orientierten. Ähnlich »freiwillig« verhielt es sich mit dem euphemistisch etikettierten Arbeitstausch.

Die zu entlassenden Jugendlichen sollten »besonders in der Landwirtschaft, im freiwilligen Arbeitsdienst oder in der Landhilfe, bei weiblichen Arbeitskräften auch in der Hauswirtschaft« untergebracht werden. So weit decken sich die gesetzlichen Vorgaben mit der Romanhandlung.

Allerdings war seit Anfang 1934 die Dienstzeit auf einheitliche 26 Wochen festgesetzt, also auf nur sechs Monate. Kurz zuvor kamen auch neun in Frage, aber niemals ein ganzes Jahr wie im Roman. Ob dies aus Unwissen oder mit der dramaturgischen Absicht geschah, der inneren Entwicklung Elisabeths, ihrer Abkehr von der nationalsozialistischen Weltsicht, mehr Platz und Intensität einzuräumen, ist unklar.

Leitner wollte mit ihrem Fortsetzungsroman die literarisch interessierte Öffentlichkeit in Frankreich und die Kreise der deutschen Emigranten über die Integration der deutschen Jugend in das System nationalsozialistischer Herrschaft informieren und zugleich die Triebkräfte aufzeigen, die dieser subjektiv zugrunde lagen. Schwarz spricht in diesem Zusammenhang von einer sich »als illusorisch erweisenden Hoffnung« der Schriftsteller und Künstler im Exil, »durch ihre Werke den Sturz der Hitler-Regierung herbeizuführen und so bald nach Deutschland zurückkehren zu können«.

Analogien, das heutige Deutschland betreffend, drängen sich bei der Lektüre naturgemäß auf: Die politischen Ränder stellen in manchen Parlamenten bereits die Mehrheit, die Zahl extremistischer Straftaten steigt Jahr für Jahr, die Zufriedenheit mit der gelebten Demokratie nimmt laut der Leipziger Autoritarismus-Studie von 2024 ab, und die AfD spricht in einem Entwurf ihres Wahlprogramms von einer »Willkommenskultur für Kinder« (Schwangerschaftsabbrüche sollen nur in Ausnahmefällen erlaubt sein). Jens Bisky, Autor des Buches *Die Entscheidung. Deutschland 1929–1934*, weist aber zu Recht in einem Interview darauf hin, dass in der Bundesrepublik – »Gott sei Dank« – nicht Hunderttausende Menschen »in Uniform und paramilitärischen Verbänden auf den Straßen« seien. Die Weimarer Republik, mit der man die Bundesrepublik von heute gern gleichsetzt, sei vergangen, gehöre als Vergangenes aber auch noch zu unserer Gegenwart.

Elisabeth wendet sich am Ende nach all den Erfahrungen im Lager ganz autark von der Nazi-Ideologie ab. Leitner zerbricht an den äußeren Umständen. »Die Lage der emigrierten Schriftsteller wird immer schwieriger. Sie verlieren durch die Hitler'schen Gewaltmethoden nacheinander ihre Leser«, schreibt Leitner 1938 in Paris. »Viele von ihnen mussten wiederholt flüchten, viele konnten nur das nackte Leben retten, viele hungern, alle sind von der Heimat abgeschnitten.«

Später in Marseille versucht sie alles, um ein Visum für die USA zu bekommen. Es geht ihr schlecht, sie hat kein Geld mehr, sie hungert. Als sie begreift, dass es keine Rettung geben wird, bekommt sie einen Tobsuchtsanfall. Sie verstirbt am 14. März 1942 auf der Straße vor einer Psychiatrie. Sie habe wohl in »einem lichten Moment panisch aus der Klinik zu fliehen versucht«, mutmaßt Schwarz.

Drei Jahre nach Leitners Tod, am 1. Mai 1945, begeht Goebbels zusammen mit seiner Frau Magda Suizid, zuvor ließen sie ihre sechs Kinder mit Zyankali umbringen. Es ist ein warmer Frühlingstag in Berlin, aber diesmal kein »Hitlerwetter«, der Führer ist tot. Seit Tagen haben sich Qualm und Staub über die Trümmerlandschaften im Zentrum der Stadt gelegt. So dicht, dass selbst mittags das Sonnenlicht kaum mehr durchdringt. Wo mag Elisabeth jetzt sein?

Philipp Haibach

Inhalt

I. Teil

5

II. Teil

103

Zu dieser Ausgabe

221

Nachwort

223